中国自動車道
広島自動車道
山陽自動車道
広島市
山陽新幹線
因島
燧灘
瀬戸内しまなみ街道
（西瀬戸自動車道）
今治市
川之江市
いよ西条IC
新居浜IC
新居浜市
伊予三島市
西条市
東赤石山
西赤石山
寒風山
道後温泉
松山市
伊予鉄道
石鎚山
瓶ヶ森
笹ヶ峰
松山自動車道
伊予富士
平家平
瀬戸内海
皿ヶ峰
冠山
手箱山
伊予灘
愛媛県
雨ヶ森
仁淀村
高知IC
鏡村
伊野IC
大洲市
内子町
越知町
横倉山
土佐市
高知市
天狗ノ森
黒滝山
佐川町
大洲IC
天狗高原
不入山
須崎市
宇和島市
高月山
予土線
鬼ヶ城山
三本杭
豊後水道
中村市

四国の山を歩く

尾野益大
Ono yasuhiro

ナカニシヤ出版

扉＝剣山山頂の宝蔵石

一ノ森から望む厳冬期のジロウギュウ（左）と剣山

白骨樹が目立つ 一ノ森と槍戸山の稜線

紅葉したコメツツジが美しい三嶺

ヒメシャラ林が広がる黒滝山

請ヶ峰の麓にある
轟の滝

寒峰を目指すパーティ

諭鶴羽山から
紀伊水道を望む

石鎚山山頂から
霧がわく北壁を
見下ろす

さわやかな尾根歩きが
楽しめる伊予富士

「讃岐富士」と
呼ばれている
飯野山

一面ササ原になった瓶ヶ森

赤茶色の奇観をみせる東赤石山山頂付近

白髪山（奥）と吉野川

満開になった高越山のオンツツジ群落

千本山の大杉の並木道

序

昨今、第二次登山ブームといわれ、多くの中高年登山者が山登りを楽しんでいる。「百名山登山」に端を発した巡礼的登山は、今や隆盛を誇る。それまでの長い人生を一生懸命働いてきた人たちにとって、手軽で安全に自然景観のすばらしさに触れることのできるツアー登山が人気である。一九五六年、日本隊は念願の八〇〇〇《メートル》峰マナルスの頂上に立った。ヒマラヤのジャイアント初登頂の快挙は、戦争に破れ荒廃の中にあった日本人に大きな感動と自信を与え、多くの人たちが海外登山への雄飛を夢見た。第一次登山ブームの到来であった。当時の山登りは「より高く、より厳しく」をモットーに、ヒマラヤの高峰をめざしての切磋琢磨のステップアップ登山であった。そこでは目的の山に向かうための研究と計画作成、目的を達成するための体力や技術向上のためのトレーニングが執拗に繰り返された。

行きたい山に安全に快適に行くためのツアー登山もそれなりの楽しさと満足感が得られるのは否定できないが、「計画を作る楽しさ」と「その計画に従って安全に登山する喜びを感じる」ことこそが自然と対峙する本来の姿ではないだろうか。一枚の地図と先人達の登山記録は我々に無限の目標と多くの夢を与えてくれる。尾野益大さんの文章にはそんなエッセンスが詰まっている。単にその山に登ったという記録だけでなく、歴史を通して山と人との交わりを浮き彫りにしてくれる洞察がある。

高校時代の瓶ヶ森～石鎚山縦走に始まり、一九九六年の日本百名山連続踏破以降年に何度か訪れている四国山地の山々の、山肌に刻まれた襞のような深い谷の遥か高みに点在する家屋と青い空の広がりは私の好きなネパールの光景に似ている。

「ようやく辿り着いた念願の山頂から、遥かに霞む来し方を振り返った時『既知の領域が増えた喜びと未知の領域が一つ減った寂しさ』が、絡まってもつれた糸のように複雑な形で頭をもたげてくることがある。そんな感情を覚えた時の山登りというものは、苦難の多かった反面、必ずその数倍の喜びを伴っている」と尾野さんは前著『徳島やま歩記』のあとがきで述べている。

一歩一歩踏みしめて辿り着いた頂上の彼方に広がる峨々たる連山の中から次の目的の山を定め、次から次へと登りついで行く山行こそ四国の山にふさわしい。

二〇〇二年　初夏

登山家　重廣　恒夫

もくじ

香川・愛媛の山を歩く　一二三

高知の山を歩く　二〇五

徳島の山を歩く

（付 淡路島 諭鶴羽山）

剣山中腹の「大剣岩」
石灰岩の巨岩で剣山の山名の由来になった

徳島・剣山山系

剣《つるぎ》山《さん》

一九五五メートル

四国の名山、東の横綱

［地形図］二・五万図＝剣山　五万図＝剣山

四国の山岳は、剣山と石鎚山《いしづちさん》にはじまるといっても言い過ぎではない。ともに標高では西日本一、二位を争う指折りの名峰である上に、『日本百名山』にも名を連らね、春夏秋冬を問わず登山道に響く人声は絶えない。

例えば、五彩七色の朝の光を浴びた剣山の天辺に立つ。冷気に包まれ、まだ完全に目覚めきらない体をブルブル震わせながら、三嶺《みうね》のまだ向こう遥か西方に視線を投げかけると、雲の上にちょっぴり尖峰状の頭を出した石鎚の峰が見える。四国のその西の横綱は、名の通り峻険な岩山を形成している。ここ東の横綱は「剣」とは似ても似つかない緩やかで丸い山体をなし、クマザサの衣をまとった頂上は「平家の馬場」と呼ばれ、野球でもできそうなぐらい広大な面積を誇る。

両秀峰は、有名というだけではない。ほかにも、いろいろ共通点を持つ。二〇〇〇㍍にわずかに手が届かない身の丈。暖地性の樹種から亜高性のそれへと下から上まで分布させた森林構成、とりわけ中腹に群立する豊かなブナの夏緑林と頂上部のシコクシラベ林は美事というほかない。麓から中腹まで登山者の助っ人としてありがたがられている登山リフトの存在も大きい。そして膨大な山体の胸部から腹部にかけて屈曲しながら延びる大規模な道路。夏の大祭も全国から大勢の信者を集める。

ジロウギュウ中腹からみた剣山(左)

偶然にも四国という小さな島で、これらすべてを東西対称に備えている。

異なる点を上げるなら、先に記した山容を除いて動物の生存状況があげられる。開発が早かった石鎚山ではツキノワグマ、ニホンカモシカ、ニホンジカなどの大型哺乳類が絶滅したといわれ、剣山周辺ではツキノワグマが極端に少ないぐらいで、ニホンカモシカにしてもニホンジカにしても植林に被害が出るほど個体数が多いといわれている。剣山の南に位置するジロウギュウでは、山頂付近のササの急斜面をカモシカが楽々と登る姿を見掛けたりする。そんな時、つい「動物のアルピニスト」という言葉が浮かんで頬が緩む。

急ぐ一点張りの登山ほど味気ないものはない。「すべての山頂に憩いがある」といってもガツガツと登るだけでは山全体を知ったことにはならない。ちょっぴり時間を多めにつくればいい。

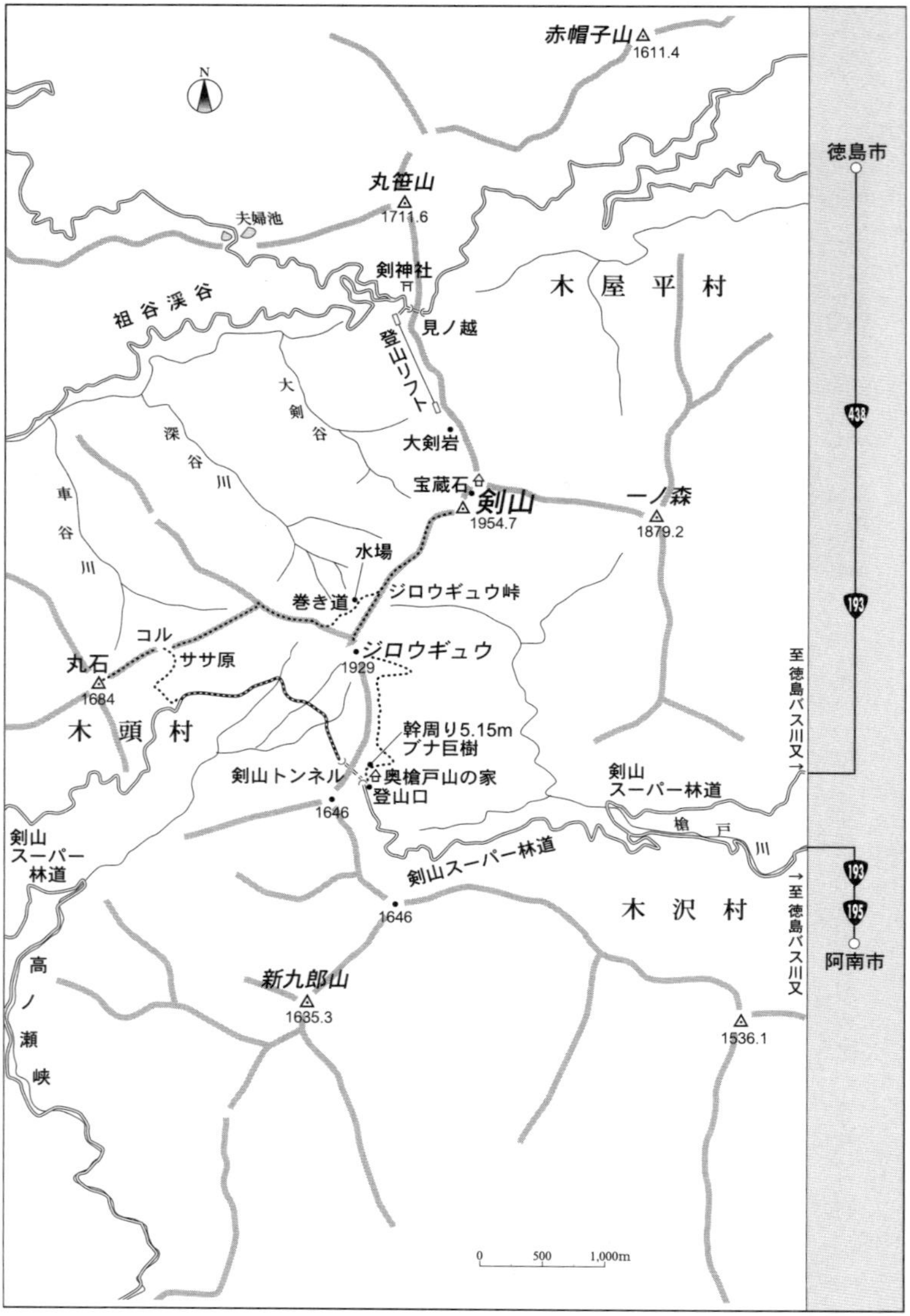
N
赤帽子山
1611.4
徳島市
丸笹山
1711.6
夫婦池
剣神社
木屋平村
祖谷渓谷
見ノ越
登山リフト
大剣谷
深谷川
大剣岩
宝蔵石
剣山
1954.7
一ノ森
1879.2
車谷川
水場
巻き道
ジロウギュウ峠
コル
ジロウギュウ
1929
丸石
1684
ササ原
木頭村
幹周り5.15m
ブナ巨樹
剣山トンネル
奥槍戸山の家
登山口
1646
剣山
スーパー林道
槍戸川
至徳島バス川又→
438
193
剣山
スーパー
林道
剣山スーパー林道
1646
木沢村
→至徳島バス川又
193
195
阿南市
高ノ瀬峡
新九郎山
1635.3
1536.1
0 500 1,000m

腰を下ろし、まず虫の目になって足元に視線を這わしたい。鳥の目で四周を見渡すと、きっと今まで見過ごしていた風物が見えてくるに違いない。

剣山を目指して、マイ・カーで徳島市から国道四三八、一九三号を経て、剣山スーパー林道に入り、剣山トンネル手前に建つ木沢《きさわ》村営レストハウス「奥槍戸《おくやりど》山の家」まで走った。

剣山スーパー林道は、昭和四七年（一九七二）に着工され、同六〇年（一九八五）七月に開通した総延長八七・七㌔の特定森林地域開発林道。剣山国定公園内の五町村を貫く本邦最長のスーパー林道といわれる。景観も優れ、訪れる人は登山者だけではない。オフロードバイクのコースとしても紹介されている。その道の乗り手からは評判がよく、雪のない季節なら四季を問わず、全国から大勢のライダーがはるばる走りにやって来る。林道はほぼ稜線を絡みながら一路剣山へ向かっているが、砥石権現《といしごんげん》、高城山《たかしろ》、天神丸《てんじんまる》、一ノ森を繋ぐ一大山稜は、かつては鬱蒼たる年代物の自然林に覆われ、昼でも光を閉ざした薄い闇の原始境だった。林道の建設中には、工事関係者がツキノワグマに遭遇したといわれるし、つい最近まで日奈田峠やニクブチ峠では、山仕事の最中、その森の王者の姿を見掛けた人は多く、安全のためによく檻が仕掛けられた。南の木頭《きとう》川を挟んだ勘場《かんば》山と権田《ごんだ》山の中間に源を発する勘場谷上流では、平成五年（一九九三）六月、雄一頭が生け捕られている。剣山にちなんで「ツルギ」と名付けられた彼は、探知機を装着され深い森林に放されている。

登り口に向かう途中、道幅が狭いのでカーブでの正面衝突には十分注意した。昭和五九年（一九八四）五月にオープンしたロッジ風の「奥槍戸山の家」の駐車場に車を置き、まずジロウギュウを目指すこ

ジロウギュウにある幹周り5.15mのブナの巨樹

とにする。

徳島県内第二位の高さを持つジロウギュウは、以前は剣山から往復するのがよく知られていたが、剣山スーパー林道と山の家ができたおかげで南斜面にもしっかりした幅広の登路が敷かれ、それを安心して利用できる。

一帯に残された自然林が素晴らしい。すっかり葉を落として寒々としているが、べったり地衣類にまとわりつかれ、ひと抱えでも収まらないブナやダケカンバ、シコクシラベ、コメツガなどの大樹があった。歩き始めて三分ほどの道の上に目通り五・一五メートルの大ブナも根を張っている。

稲妻状の登路を上がり切って、しばらく水平道を進むと急な東尾根に乗った。右前方に一ノ森と剣山が見えると、露岩とコメツツジの間を抜けてやがて山頂に立った。丸石、剣山、一ノ森の連山だけが伐採の憂き目から逃れているのが判る。東方脚下を見れば、車で今通って来た山体を鉢巻き状に切る白い林道が痛々しく目に映った。眼前で見て感動を呼び起こす立派な一本一本の木も、鳥の目で眺め下ろすと伐採地や植林に埋もれてしまい、盛り上がった感動も一瞬に覚まされ、また違う山の視点

大勢のハイカーでにぎわう剣山山頂

を得ることになる。

北へ延びた稜線を忠実に歩いて鞍部から根気よく登り返すと、待ちに待った剣山に到着した。広い頂の真ん中にある一等三角点を囲んだ大きなケルンが目に飛び込んできた。そしてすぐに真新しい木道や、クマザサの生え際に引かれたトラロープに気付いた。「ここより外へは出ないように」と無言で訴えている。昭和四五年（一九七〇）に観光登山リフトが設置された後、年々歳々観光客が増えているのと、最近のアウトドアブームによっても剣山は格好の舞台となっているのだが、反面、かつてはフサフサ生えていたササが踏み付けられてどんどん後退してしまった。山頂の裸地化を懸念して、自然保護団体や徳島県が力を合わせて植生回復へ向け努力しているわけだ。平成七年（一九九五）九月時点では、ササの戻っている兆しが見られ、高山植物の植栽効果も現れているという。

丸石山頂から剣山(左奥)とジロウギュウ(右)を望む

作家深田久弥《ふかだきゅうや》に「昼寝を誘われるようなのんびりした気持ちのいい所」といって気に入られ、『日本百名山』の選定にも及第点がとれた剣山だが、彼が登った当時とは随分風景が異なる。「ひと一人の幅のそま道が延びていたのとは訳が違う」「四辺に並ぶ山の位置以外は景観は月とスッポン」と、往時を知るハイカーの多くが語るのも無理はない。山も人の生活とともに変化していくということだろう。

北に讃岐《さぬき》の連山、南に土佐《とさ》湾、西に石鎚山脈を望んだなら、剣山をあとにしよう。ジロウギュウ方面へ戻り、途中から三嶺へ至る縦走路に入って丸石《まるいし》を目指す。右下にジロウギュウと丸石から北へ派生する尾根が見え、ささくれ立ったブナの木々につい見とれてしまった。ずっと下方には、ロマン漂う平家伝説を秘めたV字谷・祖谷《いや》渓谷が静まっている。深田久弥も「一ぺん行ってみたい所」と記し、彼が剣山を登ったのはその祖谷ルートだった。
深谷《ふかだに》源流部の涸《か》れ沢が巻き道と交わる所で、高所では珍しく水がわき出ていて一口すすった。主稜線に出てササを分けるとコルに出た。南に展望が開け、剣山トンネルから延びてきた剣山スーパー林道が、石立《いしたて》山の麓・高ノ瀬《こうのせ》峡に向かって下りているのが分かる。スーパー林道がどれほど広域にわたっているかをあらためて認識できた。時間と余力が許したので丸石を往復した。丸石からは見晴らし抜群だった。剣山とジロウギュウが、仲良く背比べしているかのように見えた。引き返したコルからは、シグザグ道を林道まで下り、緩やかな砂利道の歩行を経て車を置いた地点に帰った。

（一九九五年六月歩く）

コースタイム

登山口（一時間）ジロウギュウ（一時間）剣山（三〇分）トラバース分岐（二五分）コル（一五分）丸石（一〇分）コル（一五分）スーパー林道（四〇分）登山口

登山口までの交通

マイ・カーでない方は、ＪＲ徳島線徳島駅から徳島バスで川又下車。タクシーで登山口まで行く。

周辺の見どころ

剣山の北側中腹には石灰岩の大剣岩がそそり立つ。剣のような形から山名の由来になった。基部に「大剣《おおつるぎ》神社」がある。さらに神社の下を少し下ると四国の高山では珍しく高所に湧き出た天然水がある。「御神水」と呼ばれ、日本百名水にも数えられる。山頂の真ん中に古い鉄筋の旧剣山測候所がある。富士山に次ぐ高所の測候所として知られた。昭和一八年（一九四三）に開設、特に台風の進路予想に力を発揮したが、平成一三年（二〇〇一）に閉鎖された。

槍戸山《やりどやま》

一八二〇メートル

剣山、ジロウギュウを間近に望む、白骨樹と静寂の山

［地形図］　二・五万図＝剣山　　五万図＝剣山

山岳信仰の対象として知られ、西日本第二の高峰でもある剣山を筆頭に、ジロウギュウや一ノ森《いちのもり》など徳島の代表的山群を木や岩の邪魔を受けず間近に望めることが槍戸山の最大の魅力である。次いでハイカーの心を打つのは、頂稜《ちょうりょう》を比類ない雰囲気で包む白骨樹の群れ、さらに天辺の静寂がある。

山名が地形図に載っていないため、四国の岳人でも槍戸山の存在を知る人はまれといえる。若干踏み跡が薄い箇所もあるが、明瞭な尾根は濃霧の発生などよほどアクシデントがない限り、人を迷わせる確率は低い。登れば必ず「来た甲斐があった」と喜んでもらえると思う。この日の登山は、前半は由緒ある剣山の旧表参道を上り、後半は奥山の風景を堪能できるルートで至福感に酔うことができた。

徳島市から徳島自動車道で脇《わき》町の脇町ＩＣで下り、国道四九二号で木屋平《こやだいら》村へ向かった。最後の集落・川上を過ぎ、コリトリで標識通りコンクリート橋を渡った。砂利道を通って龍光寺《りゅうこうじ》がある富士ノ《ふじの》池《いけ》まで車で入った。まず一ノ森を目指し、そして槍戸山の山頂を目指した。

今も七月には、柴灯大護摩をたく恒例の剣山の大祭が開かれる龍光寺。付近には昭和五〇年（一九七五）ごろまでは茶屋や民宿があった。境内の左側からいきなり急坂が続いた。坂に取り掛かる前、足

白骨樹が多い槍戸山の山頂付近

元の富士ノ池谷の光景を見て息をのんだ。昭和五一年（一九七六）九月に来襲した台風一七号によって起きた大規模な崖崩れが広がっていた。台風の総雨量は実に一八九八ミリに達し、穴吹《あなぶき》川流域全般で五九ヘクタールの大災害が発生した。再発生を食い止めるため至る所に防護ネットが張られている。南正面上部に広がるニクブチ峠から一ノ森にかけてのブナ林の自然美とは対称的だった。心をかき乱されてしまった。

剣山登山口の見ノ越《みのこし》まで車道が延びた現在は、春から秋までシーズン中でも登山道に落ちる人影はほとんどない。しかし段々と組み重なった足場の石角は丸みを帯び、鈍い緑光を放つコケが、昔日の賑わいと過ぎた永い時間を想像させてくれた。

登山道は一度林道を横切った後、すぐにまた勢いよく空に枝を突き出したブナの森に導かれた。このルートが剣山の表参道だった昭

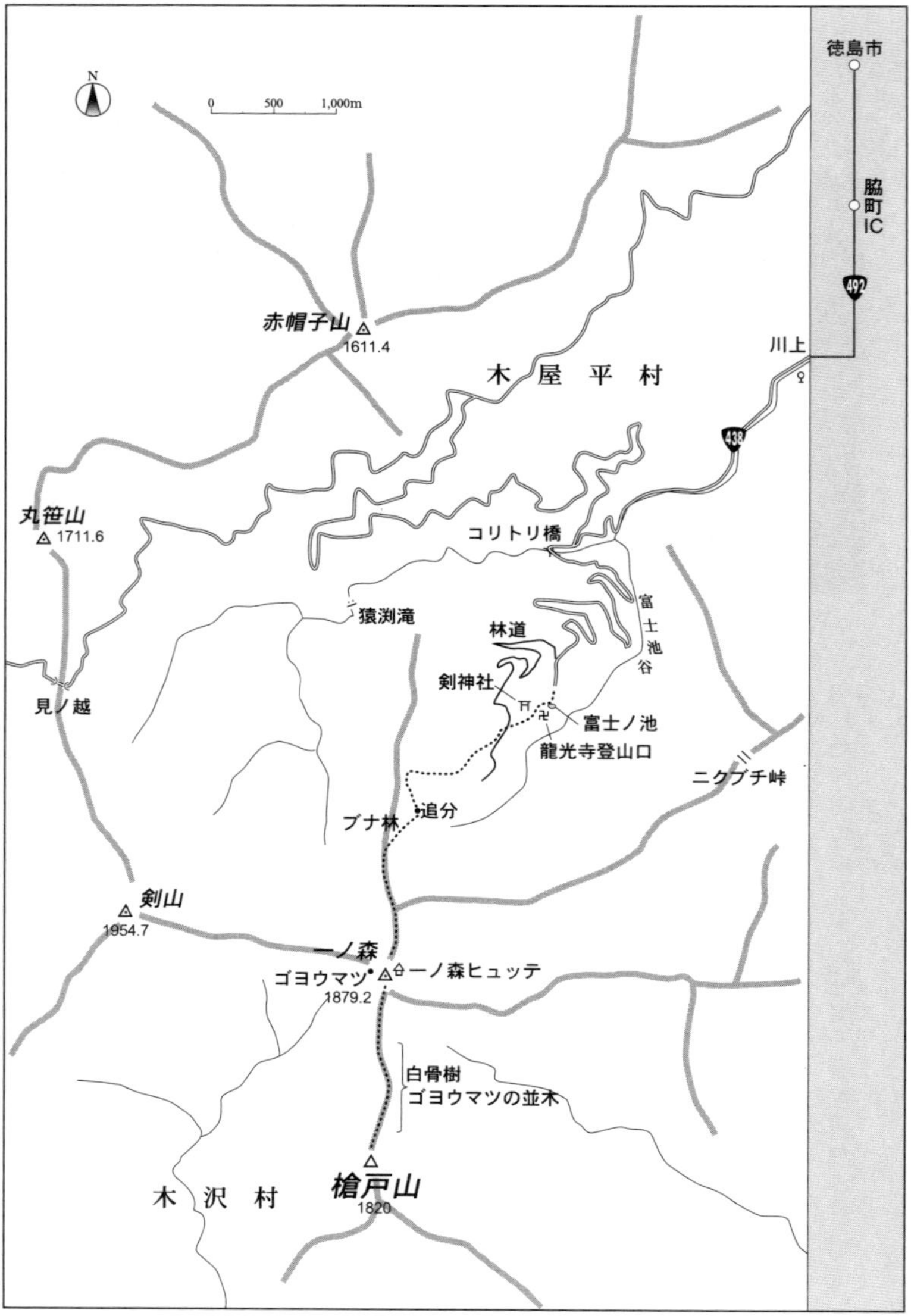
N
0 500 1,000m
徳島市
脇町IC
492
川上
438
赤帽子山
1611.4
木屋平村
丸笹山
1711.6
コリトリ橋
富士池谷
猿渕滝
林道
剣神社
富士ノ池
龍光寺登山口
ニクブチ峠
見ノ越
追分
ブナ林
剣山
1954.7
一ノ森
ゴヨウマツ
一ノ森ヒュッテ
1879.2
白骨樹
ゴヨウマツの並木
木沢村
槍戸山
1820

和四〇年代まで、道脇に手で動かせるほどの「鏡岩」と呼ばれる岩があったという。断層によって岩肌の一部が鏡のように磨かれていて、その面に顔が映らない人はそれ以上登らなかったと伝えられるが、真偽は疑わしい。

二又に別れる通称・追分《おいわけ》で剣山へ直接至る道を右に見送ると、しばらくブナ、カエデ、ミズナラ林が続くが、やがて針葉樹が優勢になった。階段状の岩道にあえいだのも束の間、辺りは東眼下に展望が効くミヤマクマザサの刈り分け帯に代わり風景は一変した。龍光寺から見上げたニクブチ峠をずっと下に見下ろすことができた。

ほどなく青い屋根のモダンな一ノ森ヒュッテに到着した。ヒュッテは昭和四八年（一九七三）に建て替えられたが、初代ヒュッテは昭和一二年（一九三七）に建設され、近くの樹木を使った丸太小屋だったものの、剣山山系で最も早くできた山小屋として有名だった。

一ノ森から槍戸山を望む

山頂は右手の斜面を登った地点で西の剣山、ジロウギュウをはじめ両山の間に頭をのぞかせる三嶺《みうね》、北に丸笹《まるざさ》山、赤帽子《あかぼうし》山、東宮《とうぐう》山などが見渡せる絶好のロケーションだ。一ノ

登山道はゴヨウマツの脇をぬけていく

森はまた、剣山周辺で日の出を最も美しく拝める山としても名高い。

　檜戸山へは、一ノ森の最高地点から尾根伝いに東に少し歩いた所にある三角点から、真南に尾根を進む。約五〇《メートル》進んだ山肌の露岩地が取りつきで、そこから南正面、指呼の間に目的のお結び型の端整な峰を見た。

　岩の左基部から薄い踏み跡に乗った。道は細尾根上に途切れることなく刻まれていて木の小枝に目印の赤テープも点々とあった。はじめ下り坂だが、全体的に膝ほどのササと背丈を越える灌木が繁茂していた。手で分けたり屈伸したりする煩わしさは免れなかった。最低鞍部からは極端に傾斜が緩くなり、上り坂でも楽に前進できた。一帯は一抱えでも収まらないゴヨウマツの大樹をはじめシコクシラベ、コメツガ、ダケカンバなどの大自然林が広がっていた。特に四国で希少なシコクシラベの遺伝資源を保存するため、森林管理署が「檜戸保護林」に指定したエリアと隣接した国有林の核心部を突き進んだ。

　また、白骨樹が無数に立ちはだかり、陽の光を反射して白銀色に輝いていた。檜戸山の白骨樹の林は県内一の規模ともいわれる。暴風雨や吹雪に耐えながら、完全に朽ち果てるまで半世紀か、それ以

一ノ森頂上手前のササ原

上かかる個体もある。斜面から突き出した牙か骨のように見え、異様な光景ともいえた。

コケに覆われた道や木の根が見ごたえがあった。踏み固められたり踏み荒らされたりした形跡は一切なく、滅多に人が来ていないことを物語っていた。

最後はササを鷲掴みにしながら体を引き上げて斜面を登りきり、倒木を何回か乗り越えて進むとやがて山頂に達した。ど狭く、切れ落ちた東斜面に滑らないよう注意しなければならなかった。山肌と戯れていた周りの雲が散り散りになりながら風に吸い込まれて消えていった。

僕が頂に立つのを待っていてくれたかのように剣山とジロウギュウ、辿って来た一ノ森が全貌を現した。剣山は山系の盟主にふさわしく堂々とその身を横たえ、ジロウギュウは山の模範生のような三角形をして毅然としていた。二つのメジャーピークが喧騒に満ちていることを考えれば槍戸山の静けさは貴かった。一層、周囲に目を配って、南東に新九郎山《しんくろう》や平家平《へいけだいら》がきれいに見えていることを確かめた。

過去には山頂から南西に下る尾根を経て剣山スーパー林道に下山した経験があるが、この日はすんなり往路を戻った。

再び一ノ森に立ち寄り、ゆっくり休んだ。往きに見過ごした山頂一帯のゴヨウマツなど、人の手とは無縁に構成された山上の庭園風情を心ゆくまで味わった。そして『日本百名山』を著した作家深田久弥が「剣山は一ノ森から眺めるのが最上」と記した剣山の英姿を瞼の奥深くに焼き付けて龍光寺を目指した。

（二〇〇一年九月一六日歩く）

コースタイム

龍光寺登山口（一時間）追分（一時間二〇分）一ノ森（一時間）槍戸山（一時間）一ノ森（一時間一〇分）登山口

登山口までの交通

JR徳島駅から徳島線に乗り穴吹駅で下車。木屋平村営バスで同村川上まで行き、国道四三九号線を経て富士の池まで歩く。または穴吹駅からタクシーで。

周辺の見どころ

木屋平村川井に「大桜温泉」があり、入浴のほか食事、宿泊もできる。温泉の前にはエドヒガン桜の巨樹がある。同村森遠には山岳武士が築いたという「森遠城跡」があり、同村三ツ木には江戸初期の民家で国指定重要文化財「三木家」がある。

徳島・剣山山系

丸《まる》石《いし》

東の剣山、北の矢筈山、西の三嶺、南の石立山など、三六〇度の眺望が楽しめる

一六八四メートル

［地形図］二・五万図＝剣山　五万図＝剣山

風も吹かないのにゆらゆら――。糸か、蜘蛛の巣か――。山中に自生する丈夫なシラクチカズラで編んだ吊り橋「祖谷《いや》のかずら橋」。屋島《やしま》の戦で破れた平家の落ち武者が逃れたと言い継がれる徳島県西部の祖谷地方が誇る貴重な文化財だ。水底まで透き通る藍色の祖谷川の上約一〇㍍に横たわる網目のかずら橋は、チベットやインドの奥地で今も散見できるという原始的な吊り橋で、ここ、四国の山峡にひっそりと残っているのだ。

一説には、外敵が攻め寄せたとき、容易に切り落とすことができ平家の残党は、怖々《こわごわ》渡るその姿勢から侵入者と見破ったとか。別の説は、四国の多くの霊場を開いたとされる弘法《こうぼう》大師が祖谷巡幸の際考案した橋、とも起源が伝えられる。現在、姿をとどめるのは西祖谷山村善徳《ぜんとく》の国指定重要文化財のかずら橋と東祖谷山村名頃《なごろ》の奥祖谷二重かずら橋（男橋、女橋）の二つ。両方、通行料を払って渡る観光資源になったが、善徳では車用のコンクリート橋が横にできるまで生活の中に生きていた。子供が通学に、大人はその橋を通って仕事に向かった。牛が渡ることもあった。名頃では林業従事者や猟師らが主に利用した。

一七世紀から日露戦争のころまでは祖谷川と支流・松尾川に七～一三箇所あったとされ、剣山山系の

かずら橋（男橋）を慎重に渡る観光客

かずら橋（女橋）

尾根を跨《また》いだ那賀郡木頭《きとう》村に三箇所、高知県香美郡韮生《にろう》にも二カ所あった。大正八年（一九一九）ごろ、祖谷地方では四カ所に減り、二年後には善徳を除いて針金を使った吊り橋に改良。さらに二年後、善徳の橋も針金を組み込んだかずら橋に変わった。名頃には女橋、男橋が並んであるが、昭和四五年（一九七〇）女橋が、昭和五九年（一九八四）男橋が復元された。

四国のヘソといわれる徳島県池田町方面から祖谷川に沿う国道四三九号を溯ると最奥の集落名頃に達し、奥祖谷二重かずら橋がある。剣山の登山口まで車なら約三〇分の距離だ。丸石へ直接登るにはどうしても奥祖谷かずら橋を渡る必要があった。スリルに満ちた男橋を注意して渡り、剣山と三嶺を結ぶ四国屈指の人気の縦走路にある丸石《まるいし》を目指した。

かずら橋は駐車場の横にある土産物店の前

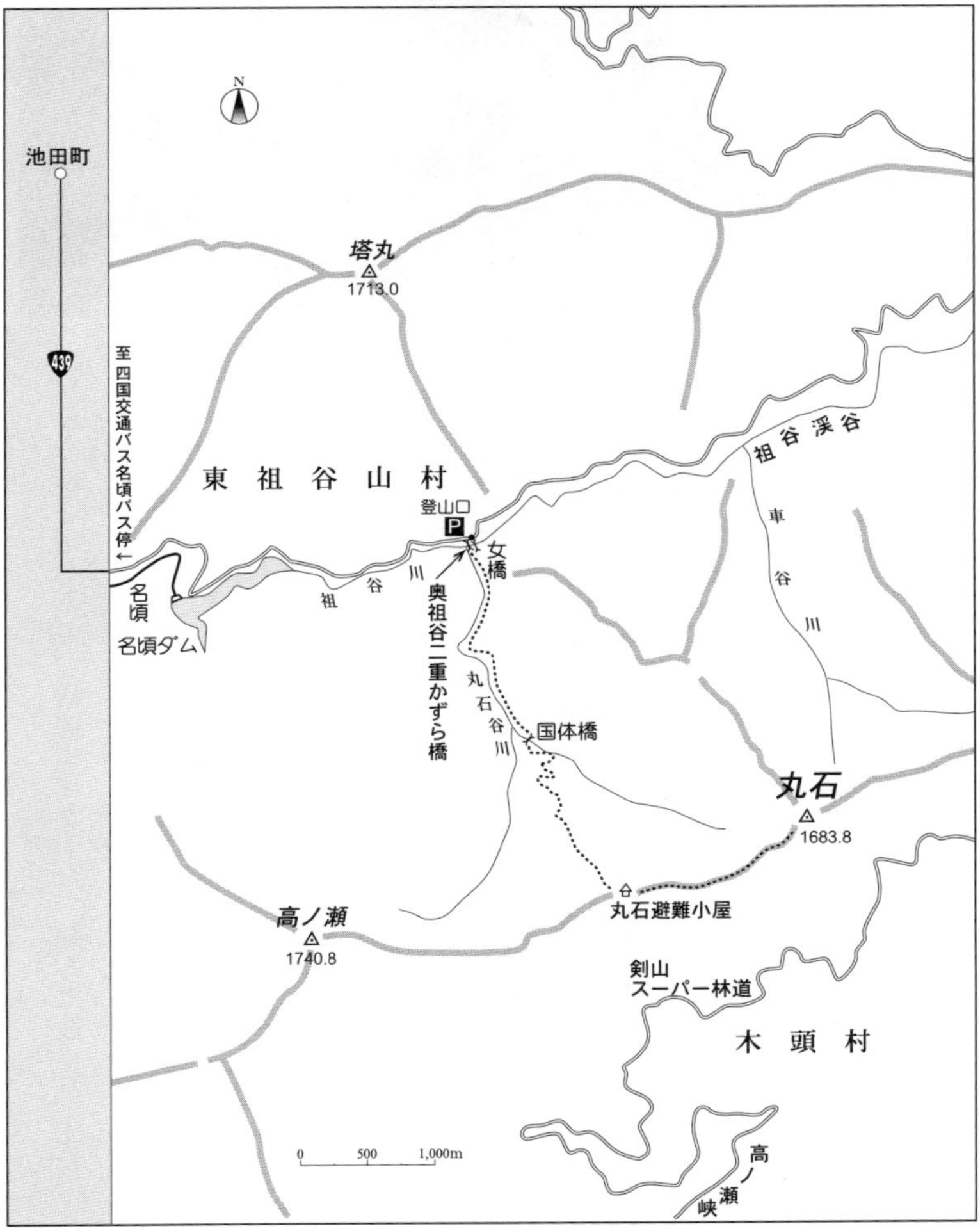

丸石谷川に沿って登山道が延びる

から祖谷川へ下る。店頭にはかずらで編んだ籠《かご》やリースが売っている。登山前半、そこかしこで自生のかずらを観察できるので、かずらがどんな植物かをあらかじめ知っておいて損はない。

登路は、夏なら初級者の沢登りやアマゴ釣りで賑わう丸石谷川に沿ってよく踏まれていた。碧淵、小瀑など丸石谷川の渓谷美は見逃せない。地には白いヤマシャクヤク、ニリンソウ、ヤマアジサイなどの草花が彩り、ミズナラやクルミ、カエデなどが深い森をつくっていた。

樹肌にグルグルに巻き付いたり、頭上の枝から垂れ下がっているのがかずら橋の主材料になるシラクチカズラ。直径二センチぐらいから五センチ程度まで多様だが、よほど細いかずらを除いて強く引っ張っても千切れたりはしない。試しにぶら下がってターザンの気分を味わうのも面白い。かずらは自然状態ではしなりはするものの曲げにくく、円形を作ったりねじったりするのは非常に困難だ。火であぶって柔軟にする。祖谷地方では自然の素材を使って日常品に仕上げるごくふつうの生活形態が定着しており、かずら橋は代表格だろう。その頑丈なかずらを採取して三年に一度、かずら橋は掛け替えられている。

ジロウギュウ西側中腹から丸石（中央手前）を望む

登山道は平成五年（一九九三）の第四八回国体の登山競技のルートに選ばれ、大幅に整備された。その際、中腹の丸石谷川に「国体橋」という名の橋が新たに設けられた。橋までは傾斜が緩く、楽に歩けた。顎が出たのは国体橋から上。ササが埋め尽くす尾根道をひたすらジグザグに登っていく。人工林に出合わなくてすむのが最上の喜びで、ブナ科の落葉広葉樹が無数に散らばっていて清々しい。

国体橋から約一時間半も汗をかくと平らな尾根に出た。標高一五八〇メートル。剣山から三嶺へと続く稜線だ。リュックを背負った登山者に出会う事は珍しくない。大きなブナもあるが、ウラジロモミなどの針葉樹が目に立つようになり、辺りは薄暗くなった。陽射しが強ければ紫外線が防げて助かるし雨の日は濡れにくい。やがて無人丸石小屋。約二〇人の宿泊が可能だが残念ながら水場はない。

階段状のようなきつい傾斜に変わるが山頂は遠

くなかった。景色が開けた途端、三等三角点がある狭い山頂に到着した。樹林限界を越え、視界は三六〇度のほしいままだ。圧巻の眺望は東側のジロウギュウと剣山。そして北正面の塔ノ丸、その向こうの矢筈《やはず》山、黒笠《くろがさ》山の連嶺と、西には三嶺、南には石立山が見え、胸がすく思いがした。

一帯では時折、四国では絶滅寸前のツキノワグマが目撃され自然が豊かな事実を教えてくれる。超観光地化した『日本百名山』の一つ剣山の目と鼻の先にありながら、丸石は真に祖谷地方らしい環境に包まれた山といえる。登山途中、ニホンカモシカには度々出合うこともできる。

山肌に民家が張り付くように点在

平家の落人が丸石の頂に立ったかどうか詳らかでないが、南に下った木頭村高ノ瀬《こうのせ》峡には「平《たいら》」という集落が現存する。人が住まなくなって久しいが、平家の子孫が切り開いたとされる点や東祖谷山村と接している点から考えると、丸石が交差点になっていた可能性が全くないとは言い切れないだろう。

登ってきた名頃を見下ろしたが麓のかずら橋は濃い緑の中に隠れていた。遠くの山の杉林や斜面に張り付いた民家だけが人の暮らしがあることを示していた。高い壁のような山々に囲まれ、村人は最近まで隣村へ行くにも高さ一〇〇〇メートル以上の峠越えという厳しさを素直に受け入れるしかなかった。

過疎振興のため立派な二車線道路が奥へ奥へ延びるに従い、皮肉にも村の人口は流出。過疎に拍車をかける状況が四国の山村で相次いでいるが、東・西祖谷山村にはまだ約四五〇〇人が住んでいる。長い時間、車に揺られて苦労して辿り着くからこそ私たちも秘境気分を満喫できるのだろう。秘境はもはや消えたといわれる日本の奥山で、かずら橋は、まだ秘境の趣を残す山村文化に思いを巡らせてくれる二つとない遺産といえる。

（二〇〇一年六月歩く）

コースタイム

登山口（四〇分）国体橋（一時間）尾根（三〇分）丸石（三〇分）尾根（一時間三〇分）登山口

登山口までの交通

ＪＲ徳島駅から徳島線に乗り阿波池田駅で下車。四国交通バスで東祖谷山村名頃で降り、奥祖谷かずら橋まで歩く。

周辺の見どころ

東祖谷山村菅生に江戸期天保年間に建てられた国指定重要文化財の民家「小采《こうね》家」、同村阿佐には平家の赤旗が残る平家屋敷「阿佐家」がある。同村大枝の大枝八幡神社にある杉は徳島県内一の巨杉「鉾杉」で幹周りは一一・八メートル。西祖谷山村善徳にも国指定重要文化財の「かずら橋」がある。

丸石《まるいし》から石立山《いしたてやま》

一七〇八メートル

徳島、高知県境の山々を結ぶ
クラシックな秘境ルート

［地形図］二・五万図＝谷口・剣山・北川
五万図＝北川・剣山

長年、憧れていた高知、徳島県境と重なる石立山と丸石とを結ぶ縦走路へ初めて足を踏み入れたのは平成五年（一九九三）五月、山青葉の季節だった。入山者が多い有名な剣山山系の一角を占めながらこの尾根はエスケープルートがなく、また迷いやすく密藪に覆われた秘境ルートだった。当時、尾根に無数の凹凸を持つ両山を約一〇時間かけて歩ききり、パーティー五人のうちだれ一人としてけがをせず迷うこともなく計画通り実現した。藪こぎの経験を積み、あれから七年たってもう一度、今度は丸石から石立山へ歩いた。

徳島市から阿南市桑野町を通り国道一九五号を経て木沢村の剣山スーパー林道へ入る。木頭《きとう》村と木《き》沢《さわ》村を隔てた剣山トンネル東口にあるレストハウス「奥槍戸《おくやりど》山の家」の前の駐車場にテントを張り、一夜を過ごした。車のもう一台はその日の夕方、縦走登山終点の石立山下山口の木頭村日和田《ひわだ》に置いていた。

翌朝、まだ日の出前に車で剣山スーパー林道を木頭側へ抜け、丸石の登り口から登山を開始。空が濃い藍色に変わり、七色の神秘の色に変わってきたころ、剣山と三嶺《みうね》を結ぶ縦走路に出た。左に進んで丸石山頂、丸石避難小屋を過ぎ、高ノ瀬《こうのせ》の頂が見えだしたころ、日の出を迎えた。朝焼けだった。明るい道を歩くのは、闇の中を懐中電灯の灯を頼りに歩くのと比べ疲労度が全く違った。

高ノ瀬山頂は通らず南斜面のトラバース道を選んだ。スズタケが登山道に倒れてきていて転びやすかった。大岩の壁が迫った通称「伊勢《いせ》の岩屋」の前で休憩した。明治時代初期、高知の伊勢安左衛門という剣山信者が剣山へ行くのに白髪《しらが》山から剣山を結ぶこの縦走路を開拓するため、岩屋周辺に寝泊まりしたことにちなむ名前だそうだ。

石立山（丸石と中東山の間から望む）

しばらく行くと絶対に見過ごせない石立分岐に到着した。前回来たときよりも、赤テープが増えている上に木が切られて分岐が分かりやすくなっていた。ここからモミ林の道なき斜面を南下した。昭和三〇年（一九五五）ごろまでは、縦走登山者の他に高知県物部村別府《べふ》から奥東谷《おくひがし》を詰めて稜線に出て剣山へ通じる道がここ

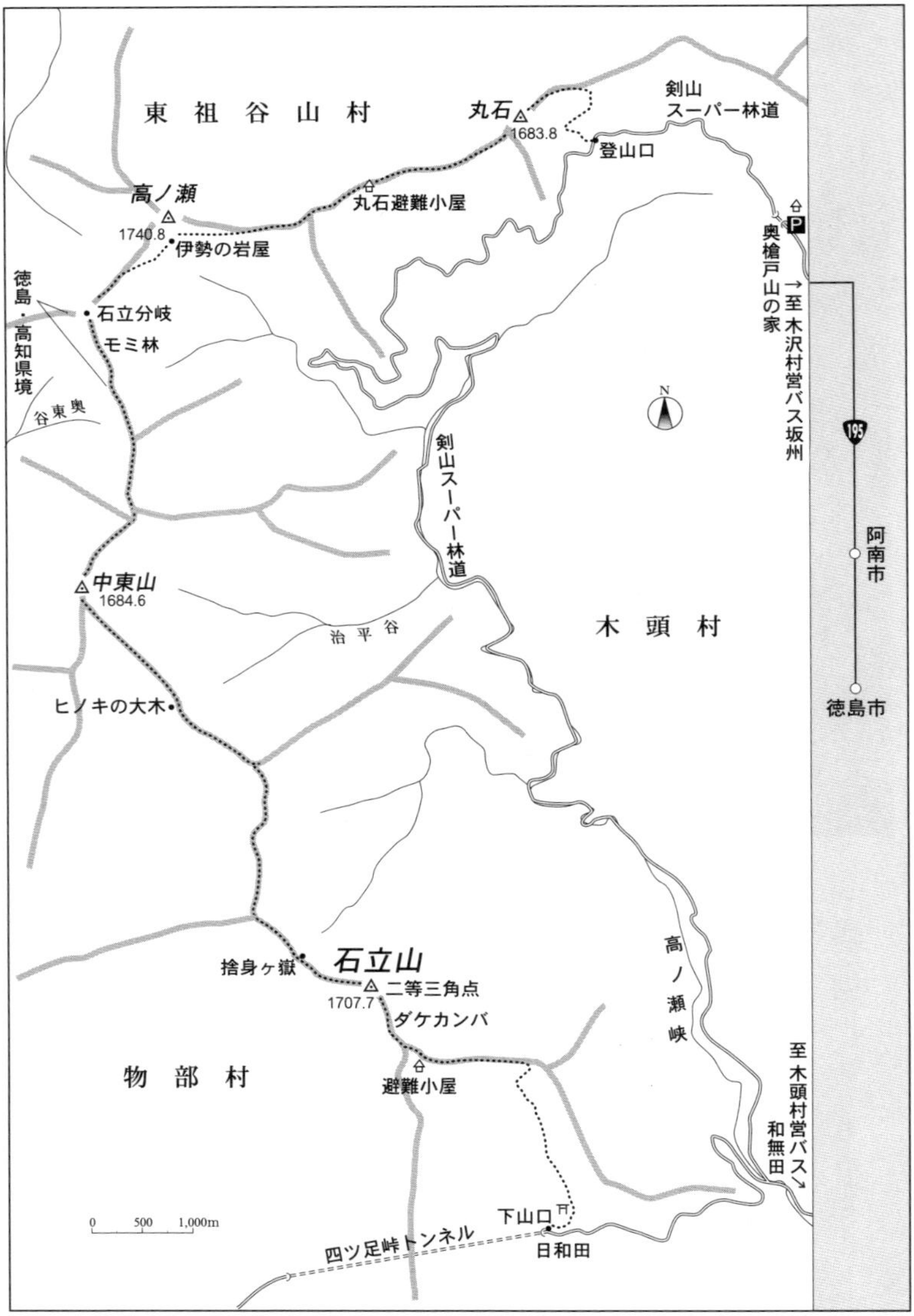
東祖谷山村
丸石
1683.8
登山口
剣山
スーパー林道
高ノ瀬
1740.8
丸石避難小屋
伊勢の岩屋
奥槍戸山の家
徳島・高知県境
石立分岐
モミ林
谷東奥
→至木沢村営バス坂州
剣山スーパー林道
195
阿南市
中東山
1684.6
治平谷
木頭村
ヒノキの大木
徳島市
石立山
捨身ヶ嶽
二等三角点
1707.7
ダケカンバ
高ノ瀬峡
物部村
避難小屋
至木頭村営バス
和無田
0 500 1,000m
下山口
四ツ足峠トンネル
日和田

を通っていて多くの人が行き来した。今は登山者でもほとんど歩かない道になった。高知側からの合流点と思しき地点を横目に見て、下り切ると緩やかな尾根道になり、やがてスズタケの上り斜面に変わる。左にジロウギュウと剣山を眺めながらゆっくり写真を撮りながら歩いた。目がカメラ・アイになると立ち止まる回数が増えてなかなか前へ進まなかった。

中東山北側の縦走路

中東《なかひがし》山の山頂の手前で東側に崩壊地があり、見渡して愕然とした。足元から斜面が切れ落ち、裾野まで砂と岩が灰色一色で露になっていた。登山道に戻って右側を見ると、別府側の奥東谷を詰めてくる森林管理署が開いた尾根道ルートが上がってきているのに気付いた。

間もなく中東山に到着。ピラミダルな石立山、富士山のように端整なジロウギュウの眺めがよかった。中東山から急坂を下った。スズタケをつかみながら恐る恐る下りる箇所もある。下り切り、徳島側の高ノ瀬峡支流の治平《じへい》谷に沿って登ってくる登山ルートとの合流点手前で右下にヒノキの大木が見えた。胸高の幹周り約七《メートル》。この木の穴で昭和六二年（一九八七）一月九日、高知県物部《ものべ》村別府の猟師によってツキノワグマの雌一頭（八歳、五七《キロ》）が射殺された。射止めた猟師によると、それ以前に一頭、三頭が別々の年にそれぞれ捕られていたことを知っていて、このときもたまたま立ち寄ると猟犬がヒノキの前に来た途端、激しく吠えたという。

四国ではツキノワグマは風前の灯になっており、実は高知県は昭和六一年（一九八六）から捕獲・狩猟禁止に、翌年からは徳島県も同様の措置をとった。猟師によって四国で最後の獲物になったツキノワグマが、このヒノキで射殺されたのだった。

道を少し進むと、小さなコブに達した。この辺からも物部村別府から木頭村の治平《じへい》谷へ越える道が昭和中期ごろまで付いていたという。別府集落の人は治平谷周辺で栽培したミツマタを肩に担いでここを越えたが、残念ながら踏み跡は見つからなかった。

中東山と石立山の間はスズタケのブッシュ

この縦走踏破の先駆けは昭和二年（一九二七）、旧制松山高校山岳部員だといわれる。しかし剣山から石立山直下まで達しながら道に迷って別府へ下ったという。そのときの下降路でもあったのだろう。

スズタケは相変わらず密生して背丈をすっぽり隠した。標高一四六二メートルから一六〇〇メートルにかけての尾根は広く慎重に行かないと進行方向を間違いかねない。下ばかりでなく時折、空に視線をやった。すると赤や黄に染まる葉が幾何学模様を描いて美しかった。元気が出て、ヤブを抜けた所で正面にいよいよ石立山が現れた。石灰岩の白い壁がそそり立っていた。もう間近だった。

石立山の登りは、落差約八〇《メートル》はある石灰岩の断崖のバンドをうまく辿っていかなければならなかった。もちろん滑ったり踏み外したりすると転落死か大けがは免れない。規模は極端に小さいが、四国の山の一般縦走路では珍しい岩歩きといえるだろう。登り切ると南麓の別府側から登って来た道と合流する山頂西端だった。別府ルートのヒノキ科のミヤマビャクシン（シンパク）の巨樹の姿が思い出された。赤銅色の幹が細工したように大きくねじれ、荒々しく寂寥感を漂わせていた。この山のビャクシンは山頂部から麓までブナ帯からシラベ、ダケカンバ帯にかけて石灰岩約一二一《ヘクタール》に根付き、森林管理署が昭和四八年（一九七三）に「学術参考林」に指定、保護されていた。

北端に出ると展望が開け、丸石から歩いてきた尾根が全部見渡せた。長い長い樹林の山と尾根が曲がりくねりながらこちらへ向かっていた。スリルと展望をもっと楽しむには、ここから北側の眼前に張り出した「捨身《しゃしん》ケ嶽《がだけ》」と呼ばれる断崖のコブへ細尾根を歩けばよかったが、この日はやめた。

最高地点の二等三角点へは、東へ一本道を歩いた。頂はダケカンバなどの林になっていて南側に若干展望がある程度で他にこれといった魅力はないように思えた。しかし座って地図を広げ、行程を振り返っていると、しみじみと充実感が湧いてきた。

木頭村日和田集落への下り道は階段状の急な尾根を辿った。途中、緊急時の一時凌ぎにはなる朽ちた避難小屋があった。尾根からスギの斜面のジグザグ道に変わると、やがて沢の音がしてきた。民家の横を通り車が見えたころ、ホッとした安心感からかどっと疲れが出てきた。
平成一二年（二〇〇〇）秋、森林管理署は、石立分岐から石立山までの登山道の大半を約四〇年ぶりに刈り分け非常に歩きやすくなっている。

（一九九九年一〇月三一日、一一月一日歩く）

コースタイム

登山口（三〇分）丸石（二時間）石立分岐（二時間）中東山（四時間）石立山（一時間）尾根分岐（四〇分）日和田

登山口までの交通

JR徳島駅から徳島バスで丹生《にゅう》谷線にのり相生町の川口で下車。徳島南部バスに乗り換え上那賀町出合で降り、木沢村営バスに乗って坂州で降りた後、タクシーを呼ぶ。帰りは木頭村日和田からタクシーで北川まで行き、木頭村営バスで同村和無田下車。徳島南部バス、徳島バスを乗り継いでJR徳島駅に帰る。

周辺の見どころ

紅葉のころなら「徳島観光百選」第一位に選ばれた石立山の北麓にある「高ノ瀬峡」の風景は圧巻。木沢村坂州の八幡神社には江戸期の人形芝居や建築手法を伝える徳島県民俗文化財「坂州の農村舞台」がある。相生町にある「もみじ川温泉」も登山者によく知られている。

徳島・剣山山系

三《み》嶺《うね》

一八九三メートル

雄偉なパノラマが楽しめるが……
怖い魔のトゲを隠しもつ山

［地形図］二・五万図＝京上・剣山・北川・久保沼井
五万図＝剣山・大栃・川口・北川

四国屈指の名峰三嶺を訪ねる登山者の十中八九は、優美な山容と雄偉なパノラマを期待している。剣山から望もうと、東の塔《とう》ノ《の》丸《まる》、南の白《しら》髪《が》山から望もうと、連山の一部を形成しながら、額にコブを持ったその三角錐は、まるで独立した無頼峰のように超然としてそば立って見える。過去にこの魅惑に引かれてやってきた登山者の幾人かは悪天候による悲運のせいでもあったが山頂のササ原で命を散らせ、彼らは年を重ねることもなく弔う人のない墓標の下に今も眠っている。

時に三嶺の美しさは、泉下の霊の力によるものではないのかと思われたりもする。ハイカーを必ず心酔に導く美しい山である反面、怖い魔のトゲを隠し持った

山頂付近のコメツツジの白花

三嶺山頂付近から西の稜線に広がるコメツツジ

姿がこの山の正体なのである。

梅雨が終ると、三嶺の旬が始まる。西の天狗《てんぐ》塚《づか》にかけて連なる七キロ余りの稜線に、落葉小低木のコメツツジが白く可憐な花を付けるのだ。字のごとくコメ粒のようで遠目なら綿雪に似て愛らしい。短い夏のあとにはその葉が真っ赤に染まって斜面を炎の色で包み、人の目を釘付けにさせる。一度でもそれを観察した者は、その後二度、三度と山行を重ね、そして知らないうちに〝三嶺の虜〟になってしまっているのだ。

平成六年（一九九四）九月一日、答申から一年四か月を経てコメツツジとミヤマクマザサとの群落が国の天然記念物に指定されたのは遅すぎたぐらいであった。

徳島市から徳島自動車道を利用し、美馬《みま》ＩＣで下りると国道四三八号を辿って剣山方面へ走った。剣山登山口の東祖谷山《ひがしいややま》村見ノ越《みのこし》を経て同

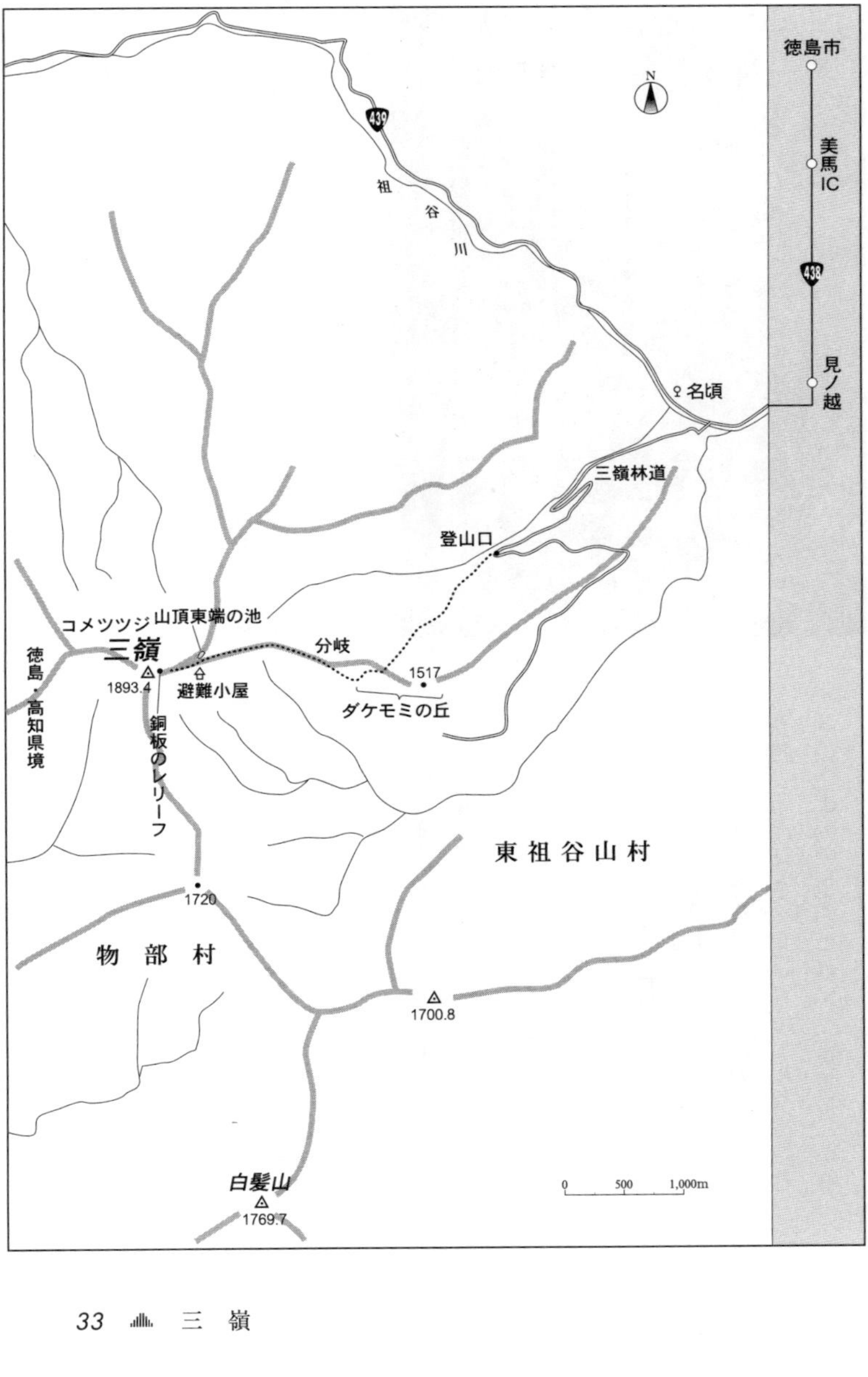

N
徳島市
美馬IC
438
見ノ越
439
祖谷川
名頃
三嶺林道
登山口
コメツツジ
山頂東端の池
三嶺
1893.4
避難小屋
分岐
1517
ダケモミの丘
徳島・高知県境
銅板のレリーフ
東祖谷山村
1720
物部村
1700.8
白髪山
1769.7
0
500
1,000m

村の名頃《なごろ》集落へ下った。標識に従って祖谷川を渡り、三嶺林道を途中まで入り、三つ目のカーブに車を止めた。よく崩壊してはハイカーを泣かせる三嶺林道も今日は機嫌よく通らせてくれた。平日のせいか、駐車場に先客はおらず「しめしめ」と早くも一人で貪る静かな山の頂に思いをはせた。

高校生の時、初めて登って一目惚れし、雪の朝も、雨の日も、月夜の晩にも山頂を目指したことがあったが、その後勘定してみると今回は五回目の登山だった。雷光状の山道の左右には、ひと抱え以上の幹周りがあるミズナラ、ヒメシャラがわんさとあって、そろそろ葉の色を変え始め、春の新緑にはない落ち着きと燃焼する山のエネルギーが醸し出される様子を垣間見る思いがした。

中腹のウラジロモミの林

林道終点から上がってきた道と合流する分岐点まで来ると、いつものことながら「もう登ったも同然」という気持ちになってきた。実際には、まだ半分の行程しか稼いでいないのだが山頂までの道のりを体が記憶していて無理に急《せ》かさない。その「ダケモミの丘」をあとにして、水場の分岐を過ぎ尾根を忠実に這うようになると実に風が心地好く流れる尾根である。木の枝さえなければ、祖谷山系と剣山山系の展望がどれほど素晴らしいものか、と思われて残念だった。

尾根の南側を巻くようになって間もなく、樹林の丈が低くなり、待ち兼ねていた種々相をした周囲の山々に出合うことがかなった。目の前上方には、今にも落ちてきそうな大岩が斜面からはみ出している。周りの山から見て、いびつだったコブのような岩は実はこれなのだ。あの岩上が山頂東端だと知っているから引き摺り気味の足が回復して気力も一層充実してくる。いつも不思議に感じるが、天辺が近付くほど元気が出てくる。いつこんなにセーブしていたのか、と。

雨の少ないせいか、山頂東端の池の水は少なく随分濁っていて手を洗う気にもなれない。予想通り、辺りに一人の人影もなかった。無人避難ヒュッテの中を覗いてみる。しんと静まり返り、ネズミ一匹足音をたてない。土間にゴミひとつ落ちてないのは、人が訪れていないからか、それとも心ある三嶺ファンのなせるわざか。「来た時よりも美しく」。一人一人がそう思うだけで山の環境はきっと守られるだろう。

広い稜線上には、縦横に踏み跡が乱れているが、池の西側の尾根を辿れば迷うことはまずない。素晴らしい眺望とわずかに残ったコメツツジの白花が迎えてくれる。切れ落ちた南面を覗き込むと、のみ込まれそうで怖いが高山ならではのこの爽快感がまたたまらないともいえる。

山頂がぐんぐん迫ってきて、ふと横をみると岩に銅製のレリーフが打ち付けてあった。落涙を誘う悲しい文字が綴られ、さっきまで喜色満面だった表情を一瞬硬くさせる。四国では容易に登れる有名峰ではあるものの、指折りの遭難者多発の山でもある。そもそも山自体が美しくそれに惹かれて数多くの登山者がやってくるのか、それとも、彼らの霊がますます山を美しく見せるのか。

山頂から紅葉したコメツツジの尾根を下る

猫額大の山頂だが評判通りの風景が展開した。いつ来ても、居並ぶ八方の山々の姿には目を奪われる。胸が透くパノラマとはこういう風景だと納得した。剣山とジロウギュウ、愛媛の石鎚連峰など見慣れたピークから、めったにお目にかかれない遠く南方の太平洋がかすんで見えた。もっと天気のいい日には遥か中国山地の盟主大山が見えるらしい。もしもそんな幸運に会えたとしたら狂喜でむせぶのもちろん、四国だけが狭いというか日本という国全体の窮屈な面積を実感してしまうに違いない。

無邪気に佇んでいると、足元から上がってきて体にまとわりつくガスの量がいつの間にか増えているのに気付いた。まだ昼を少し回ったところだというのに、天の邪鬼な天候だ。すぐに降りそうにはないが、光のトーンが落ち気温まで低くなってしまった。

一目散に小屋へ逃げ込みひと休みを決めた。それにしても急な変貌ぶりには恐れ入った。あまりの寒さにカッパを取り出して着たが夏とは思えなかった。霧で真っ白になった尾根を手探り状態で辿って来て、吹雪の遭難とは一体どういうものであるのか、を想像することもできた。怖かった。
暫くして外に出ると、少し回復した証拠に空は白と青のモザイク模様に変わっていた。もう一度山の天気が変わらないうちに下山することにした。樹林に入る手前で立ち止まり、山頂を振り返るとあの大岩が目に入った。相変わらずいかつい形相をしていたが、ちょっぴり優しく見えたのはなぜだろう。

（一九九四年八月中旬歩く）

コースタイム

登山口（一時間二〇分）ダケモミの丘（一時間二〇分）三嶺（五〇分）ダケモミの丘（三〇分）登山口

登山口までの交通

JR徳島駅から徳島線に乗り阿波池田駅で下車。四国交通バスで東祖谷山村名頃で降りる。祖谷川を渡って三嶺林道を歩く。

周辺の見どころ

東祖谷山村落合は祖谷そばの手打ち体験ができる「そば道場」がある。西祖谷山村善徳には国指定重要文化財「かずら橋」と、池田町松尾には祖谷川から湧き出る「祖谷温泉」がある。

天狗塚《てんぐづか》

一八一二メートル

コメツツジとササの雲表庭園——
山の滋味を堪能できる有名峰

［地形図］二・五万図＝久保沼井・京上
五万図＝川口・大栃

「二千メートル未満の低山」ということを忘れさせ、この山を四国有数の著名な山にしている理由はいろいろある。コメツツジとミヤマクマザサの大群落、大パノラマ、人工構造物が一切存在しない自然美——。数々の「個性」がそれだ。人里遠いことも幸いして喧騒から逃れ、静かに山の滋味を堪能できる魅力もある。登る途中、ダケカンバなど山を明るく演出する広葉樹、林を光から遮り奥深さを醸し出すをウラジロモミなどが植生の豊かさを教えてくれる。経験者もそうだが、初心者は少し苦しいかもしれないが、天狗塚と、西に広がる草原状の牛の背の風景を知っておいて絶対に損はない。

徳島県池田町方面からしばらく国道三二号を走り山城《やましろ》町大歩危《おおぼけ》から東祖谷《いや》山村方面に入った。祖谷《いや》川を溯り落合《おちあい》集落を過ぎてまもなく、天狗塚を案内した標識に従い、国道四三九号から西山林道方面に分かれた。途中から未舗装になった西山林道は一本道。凹凸が激しく、乗用車で苦労したが、登山口に至るまで標識が導いてくれた。

かつて天狗塚登山といえば北麓の久保集落から標高差約一一〇〇メートルを一気に登る一日掛かりの登山で、天狗塚の登山はすなわち「険しく非常に骨の折れる山」として経験の長い熟練者しか近寄れない

牛の背から天狗峠と天狗塚(右)を眺める

というイメージがあった。それが、乗用車を使えば楽々と標高約一一〇〇メートル地点まで達することができる。林道のおかげでコースの半分が短縮され、最近は登山者の大半がこの道を取り付きとして使っている。

僕もこの登山口を利用した。地元の東祖谷山村役場が設置した鉄骨の階段を頼りに杉林の斜面に取り付いた。はっきりした尾根上に植林帯が広がり、その間にきれいな踏み跡が付いていた。徐々に傾斜が増し、時折、木の根にすがるような階段状の苦しい箇所が交じった。

ササとダケカンバの自然林が高山の雰囲気を醸すようになると、中間地点のやや平たいササ原に出た。標高一四七六メートル。昔はここから西方向へ下る分岐道があったが今は痕跡が薄い。一度は行ってみたいと思いながら何年たっただろう。でもいつか分け入ってみたい。

天狗塚の新骨頂は、この付近から上部で発揮され

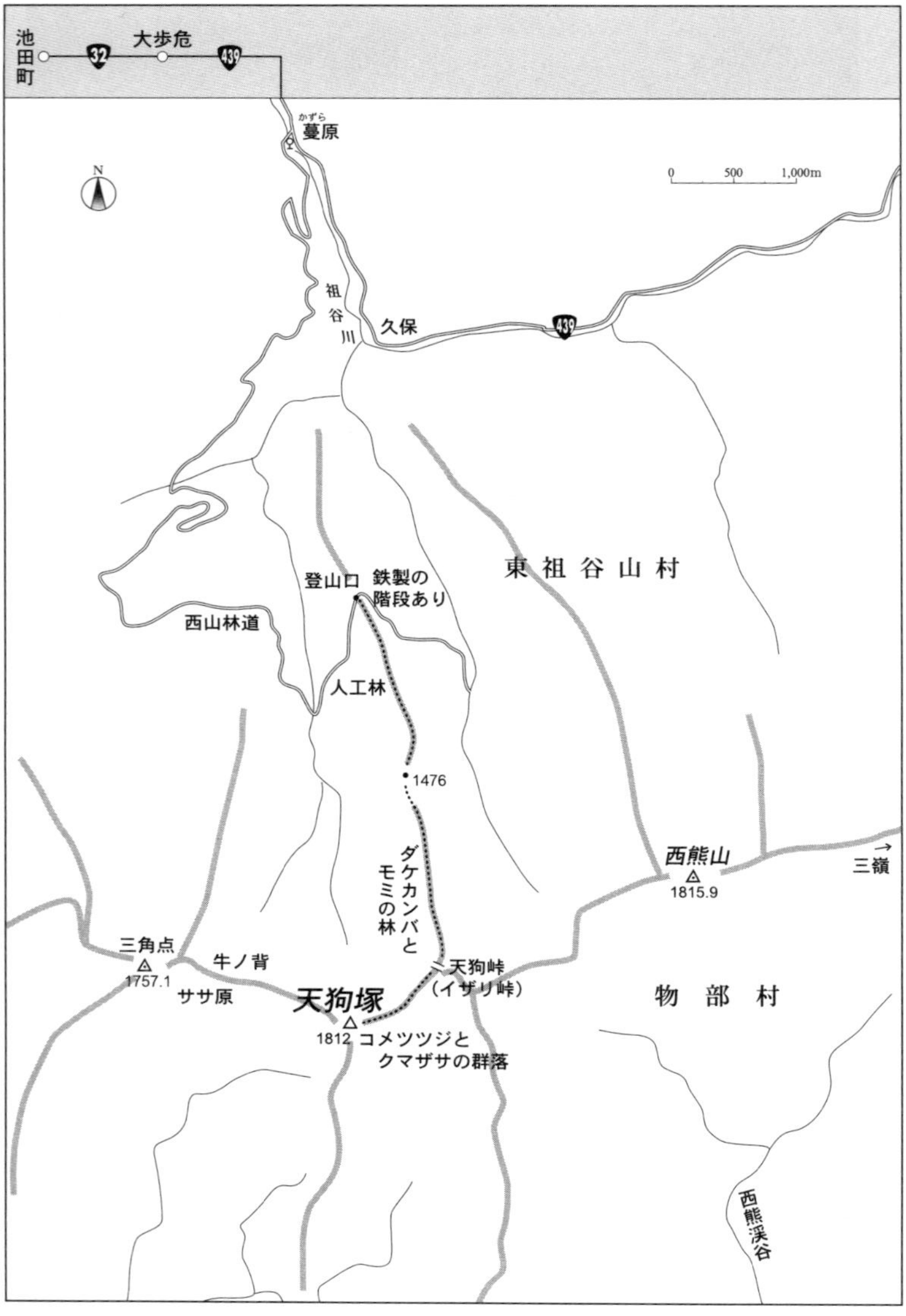
池田町
32
大歩危
439
蔓原《かずら》
0 500 1,000m
N
祖谷川
久保
439
東祖谷山村
登山口
鉄製の階段あり
西山林道
人工林
1476
ダケカンバとモミの林
西熊山
1815.9
三嶺
三角点
1757.1
牛ノ背
ササ原
天狗峠
(イザリ峠)
天狗塚
1812
コメツツジとクマザサの群落
物部村
西熊渓谷

た。坂道は益々きつくなる一方だったが、徳島県内では希少なダケカンバ、ブナの大樹が豊かだった。樹林限界を抜けた風景には言葉もみつからないほどだった。右奥に一面緑一色のササに覆われた草原が横たわり、北を振り返ると、剣山山系と平行して連なる祖谷山系の要所・落合峠周辺の諸岳が迫って見えた。圧巻だった。

深く掘れた道を息も絶え絶えにさらに歩みを継げば、イザリ峠に着いた。「大男がここを越える時、頭が天につかえ、いざって行くほかなかった」と祖谷の伝説に残された名所だ。しかし近年「イザリ」という言葉が足の不自由な人を指すという指摘があり、地元の村の教育委員会が「天狗峠」と改名。国土地理院も平成一一年（一九九九）年七月発行の地形図から天狗峠を採用した。

その峠は古くは、南麓の高知県人と北麓の徳島県人とが物資を運搬することなどに使われた交通の要所でもあった。

心地よい風がほてった体の熱を吸いとってくれるようだった。西方指呼の間に、三角錐に際立った天狗塚が聳えていた。手前に露岩とコメツツジが点在する庭園風のだだっ広い尾根があり、身心をゾクゾクさせるほどの風景の大傑作に見えた。

東には同じ稜線の巨峰である三嶺が存在を誇示して見えた。北には落合峠を中心にして矢筈山、寒峰、中津山、サガリハゲ山など一斉に気を引く山並みが全容を見せた。目移りというか、じっくり目を据えようとしても戸惑うほどだった。

視線を足元に移すと、山肌を覆うサンゴのような落葉低木コメツツジが見えた。六月末から七月中旬までの二〇日余り、小指先端ほどの小さな白花を無数に咲かせ、雪に似た白い衣となって一帯を

天狗塚山頂から三嶺，剣山，ジロウギュウを望む

「雲表の日本庭園」に変える。三嶺から天狗塚まで約七キロの稜線に根付くミヤマクマザサとの群落は、国内一壮大な規模といわれる。国から天然記念物に指定されたことで「笹」も付いた。

小さな起伏を過ぎて、最後の急登を踏ん張れば、待望の頂だった。今まで以上に優れたパノラマが展開した。山国、四国を実感せずにはおれない風景だ。

西側眼下には、山の上とは思えない「草原」が広がっていた。名付けた古人の気持ちを共感できる通称・牛《うし》の背《せ》と呼ばれる広大な尾根だ。しばらく休憩して西端にある三角点を目指した。二重山稜気味の頂稜の真ん中にかろうじて踏み跡も付いていた。途中、雨季しか水を溜めない池があった。今は乾季だが、直径五メートルの池全面に緑光を放つコケが覆い尽くして美しかった。山の光と微かな水の色と厳しい自然に生きる植物との代え難い共演だった。このときに持った印象は、僕の心からだれも消すことはできないだろう。

帰路は、天狗塚山頂を踏まず北側の巻き道を辿ってショートカットをした。林道までの急な下り道、疲れた足がもつれるので休み休み足を出した。

（二〇〇〇年六月中旬歩く）

コースタイム

登山口（二時間三〇分）天狗峠（四〇分）天狗塚（一時間）牛の背・三角点（一時間）天狗峠（一時間四〇分）登山口

登山口までの交通

JR徳島駅から徳島線に乗り阿波池田駅で下車。四国交通バスで東祖谷山村蔓原《かずらはら》で降り、西山林道を歩く。または久保で降りタクシーで登山口まで行く。

周辺の見どころ

東祖谷山村落合にある手打ち祖谷そばを食べさせてくれる「そば道場」では手打ち体験もできる。西祖谷山村善徳には「かずら橋」（国指定重要文化財）、池田町松尾には「祖谷温泉」がある。

赤帽子山《あかぼうしやま》

一六一一メートル

ササに覆われた赤く丸い山頂部、展望に恵まれた静かな山歩き

［地形図］二・五万図＝剣山・谷口
五万図＝剣山

ユニークな名前の山だと思う。一面ミヤマクマザサに覆われ山頂部が赤く丸みを帯びることに由来して付いた名前なのだろうか。西に少し高い丸笹山《まるざさ》があり、赤帽子山と合わせると峰続きの雄大な高原のようである。四国第二の高峰剣山が真南にそびえ、登山者の人気は決して高くはないが、展望に恵まれた静かな山歩きがかなう。夫婦池《めおと》から辿る人が圧倒的に多い中で、あえて中尾山《なこ》を出発したのは広葉樹の捨て難い魅力があったからだ。

中尾山高原に着いて車から下りた。標高一〇〇〇メートルを車で一気に稼いだ。山の中腹が広い平地に切り開かれ、木屋平村《こやだいら》が経営する宿泊施設「平成荘」とグラススキー場がよく目立った。このスキー場では数年に一度、皇室関係者を招いた全国大会が開かれ約一〇〇人の選手が集まって腕前を競う。

元々、皇室と村との関係は深く、村には二七代続く山岳武士の末裔で阿波忌部《いんべ》の正統・三木家がある。三木家は代々村で採れた麻を、天皇の一世一度の大嘗祭《だいじょうさい》に献上してきた家系である。徳島県一古いといわれる茅葺きの三木家の住まいは三ツ木地区の標高五九〇メートルにあり、国指定文化財として大切に保存されている。

サザに覆われた赤帽子山

　赤帽子山の登山は、まずグラススキー場がある中尾山を目指すことから始めなければならなかった。徳島自動車道・脇《わき》町ＩＣから木屋平村に入り、太合から右折した。道路の終点に車を駐車、道路西側の大きな池と民俗資料館の横から踏み跡が上へ向かっていた。杉林の中にきれいに刈り込まれていた。ウォーミングアップにふさわしい傾斜と長さの道のりを堪能しながら歩くと、約一時間で中尾山と赤帽子山を結ぶ主稜線に達した。

　一軒の東屋があった。懐かしさが込み上げてきた。というのも八年前、剣山を目指して八面《やつら》山から綱付《つなつき》山、保賀山《ほがやま》峠と縦走してきたとき、この東屋の下にテントを張って一夜を過ごしたのだった。正月の二日、疲れ切って到着し、一日中友として親しんだ空が茜色に染まる光景を見てあまりの美しさに体が震えた。澄んだ冷気が服を通して肌を刺し、広大な山の中に一人い

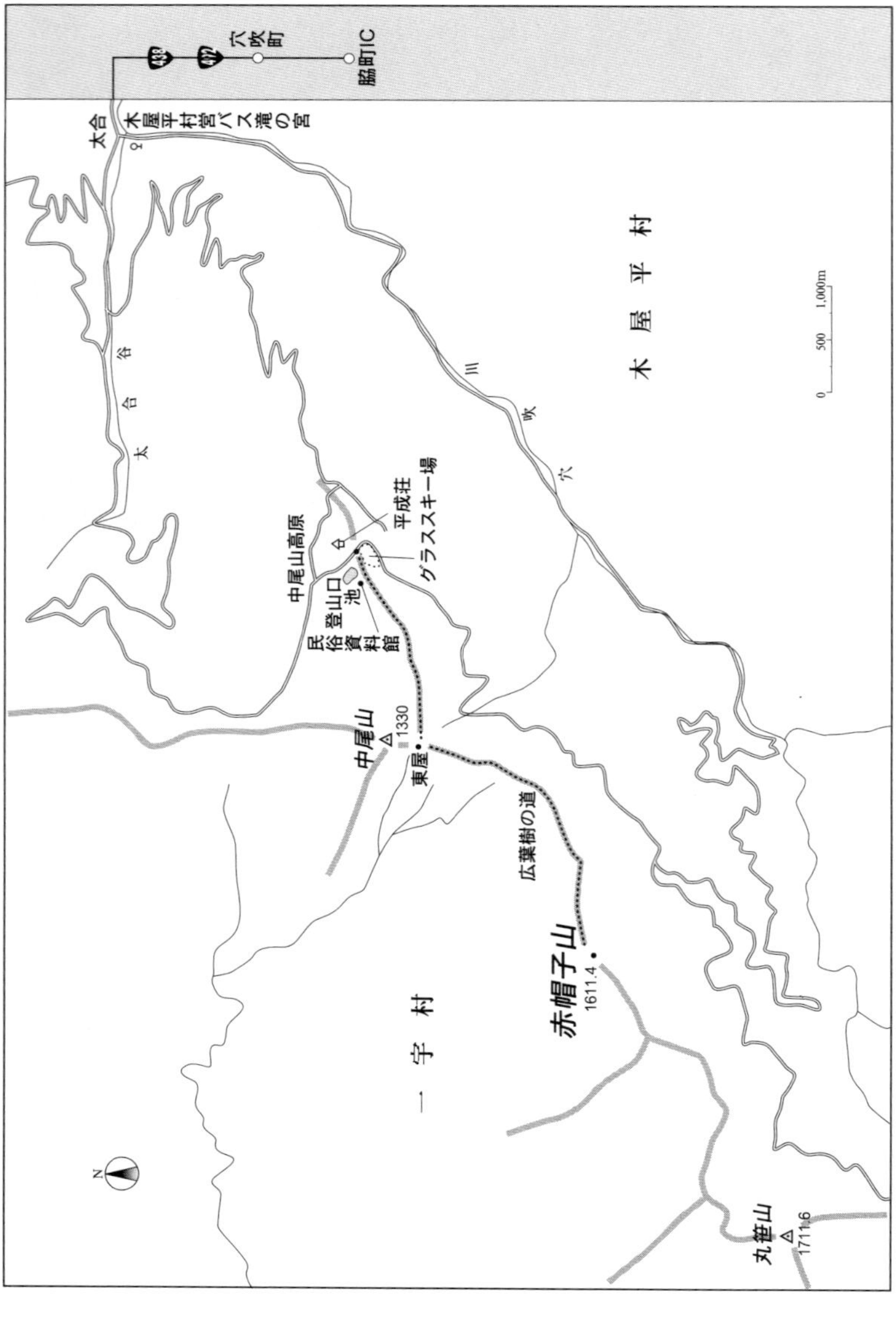

穴吹町
脇町IC
太合
木屋平村営バス滝の宮
太合谷
穴吹川
木屋平村
0
500
1,000m
平成荘
グラススキー場
中尾山高原
登山口
池
民俗資料館
中尾山
1330
東屋
広葉樹の道
赤帽子山
1611.4
一宇村
丸笹山
1711.6

る孤独に胸を締めつけられるとともに、風景を独占しているという至福に浸った。あれから年齢を重ね、季節が違っても思い出だけは鮮明だった。

赤帽子山につながる道は尾根を忠実に辿っているようだった。そこに足を踏み入れる前に尾根を少し北に辿り、中尾山の最高点をピストンした。ピークは雑木に包まれ展望はなく目立たない突起だった。相変わらず「山頂を踏んだだけ」という所だった。

東屋から赤帽子山への道は、周りをミズナラ、ブナ、トチなどの広葉樹に囲まれ、主稜線までの杉林の道と打って変わって魅力があった。東西両側の見晴らしもよく、順調に高度が上がっていることも知らされるようになった。東遥かにある剣山山系の一六〇〇《メートル》級の天神丸《てんじんまる》、高城《たかしろ》山などが遠目に見え、そのずっと手前には三角錐の容姿が優れた木屋平村の名山・東宮《とうぐう》山がそびえていた。

樹林限界を抜けると突然、高度感が増大し、視界に入る景色が広がった。急激に谷間に落ち込む南斜面の穴吹川を挟み、徳島第四位の高峰・一ノ森と西隣に連なる剣山の巨大な緑の塊が横たわっていた。剣山頂上ヒュッテの青い屋根が陽光に反射していた。

膝下ほどのササ道がきつい階段状になり、空が益々近付いてくるとササとススキでいっぱいの頂だった。だれもおらず、賑やかな剣山の弟分の山とは信じ難いほどだった。西方には塔ノ丸、丸笹山が属する尾根が大海原のように見えた。

僕は、赤帽子山は、剣山を北から眺める好適地だと確信しているが、この日も疑いを持たなかった。剣山は、昭和五一年（一九七六）九月、木頭村日早で最大日雨量一一一四ミリ、という現在も破られていない全国最大雨量を記録した台風一七号によって北斜面を深く傷つけられた。晩壮年期の穴吹川上流

山頂付近から三嶺（中央奥）を望む

部の宝蔵石谷、一ノ森谷に沿った森の木々がなぎ倒されたのだ。斜面を白いセメントで塗り固めるという復旧工事は現在も続けられている。台風の被害は剣山だけでなく、木屋平村全域に及び、村と他町とを結ぶ幹線道路が土砂で埋まり寸断した。村は完全に孤立してしまい、ヘリコプターで生活物資を運ばざるを得ない状況になった。「五一台風」という名で村人の記憶には刻まれている。

赤帽子山から剣山を望むたび、そんな惨事が思い起こされて山の人生に耐える人たちの強さが偲ばれた。朝、出発した中尾山高原も昭和一八、九年（一九四三、四）ごろ開墾が始まり、長い苦労の末に生まれた観光地だった。

時間が余れば眼前の丸笹山を往復してもよかったが、近く見えても行って戻るのに優に一時間半は要するので不可能だった。車の当てさえあれば、丸笹山を経て夫婦池まで縦走するのが理想だった。変わり映えしない風景が性に合わない人も、もちろん往復登山を避け、車を夫婦池に先に回して置くのもいいかもしれない。

中尾山までの帰りの行程はほとんどが下る一方だった。「上りは体力、下りは運動神経」という言葉通り実践しようと決心した。体力はほとんど使わなかった。膝を痛めたり転んでけがを負ったりしないよう注意して、運動神経をうまく操って下山した。

（一九九七年七月歩く）

コースタイム

登山口（五〇分）東屋（一〇分）中尾山（一時間三〇分）赤帽子山（五〇分）東屋（三〇分）登山口

登山口までの交通

JR徳島駅から徳島線に乗り穴吹駅で下車。木屋平村営バスで同村滝の宮まで行った後、標識に従って中尾山高原まで歩くか、穴吹駅からタクシーを利用。木屋平村川井に「大桜温泉」があり入浴のほか食事、宿泊ができる。温泉の前のエドヒガン桜の巨樹も有名。同村森遠には山岳武士が築いた「森遠城跡」、三ツ木には江戸初期に建てられた国指定重要文化財の「三木家」がある。

周辺の見どころ

新九郎山《しんくろうやま》

一六三五メートル

剣山の南にドーンと構える秀峰

［地形図］二・五万図＝北川　五万図＝北川

西日本第二の高峰・徳島県の剣山以南に展開する那賀《なか》郡の山系には、名前に「郎」のつく山がいくつかある。六郎《ろくろう》山、中太郎《しんたろう》山、八郎山、新九郎山。麓に轆轤《ろくろ》師が住んでいたといわれる六郎山と、矢野中太郎という役人が登った時、命名したとされる中太郎山を除いて、その他の山の来歴は明確ではない。しかしどの山も男子の美称を持つにふさわしいどっしりとした山岳であり登頂者に由緒を見いだすような売名臭のする由来なら返って知らなくていい気持ちにもなる。周囲をはばからずドーンと構えた勇姿にこそ、山が持つ先天的な魅力が伝わってくると視た方が単純でもすっきりしていいと思う。

今から何百年もさかのぼらない新しい昔、新九郎山には新九郎と名乗る木地びきが漆器作りを生業としながら、この辺りの山を庭のように歩き回っていたと想像するのは勝手過ぎるだろうか。山腹の小さな堀っ建て小屋の中で、うつむき加減にうずくまる寡黙な男が一人、かんなをかけ必死にのみを振っている姿が浮かんでくる。小屋を包み込んだ森には、男の息遣いと、木と金属が接したせつなに発する鈍い音だけが響き渡っている。

また屋島の源平合戦から命からがら落ちて来た平家の武士たちが住み着いたということも考えられる。敗走者の一軍は祖谷川上流の丸石《まるいし》谷か車谷を目一杯細流部まで詰め、すぐ北に聳える分水嶺ジロ

新九郎山(ジロウギュウの南尾根から望む)

ウギュウの西の鞍部に立ったはずである。そして八方に広大無限に展開する山波と、深林の奥行きと水底のような静けさに圧倒されたであろう。隔絶された僻地に寂しさを募らせるより源氏の手が届かない安全圏への逃亡を何より念願し、一帯がいかにもそうした隠れ里にふさわしいと小躍りしたに違いないだろう。きっと新九郎山の巨体もまぶたに映ったはずだ。「あの山の麓なら余生の地と決めて安心だろう」と判断したのは敗走団のリーダー格の人間だっただろうか。彼が新九郎と呼ばれていた、というのも、もちろん僕の独断である。この説は、しかし全く当てはまらないともいえない。というのも、新九郎山の約四キロ南に位置する杉生山《すぎうやま》の麓に、平《たいら》という集落が現在無人ではあるが、れっきとして存在するからだ。現在、新九郎山の由来を語ることのできる人は、しかし、平集落の近辺にも残念ながら住んでいない。点検のおぼつか

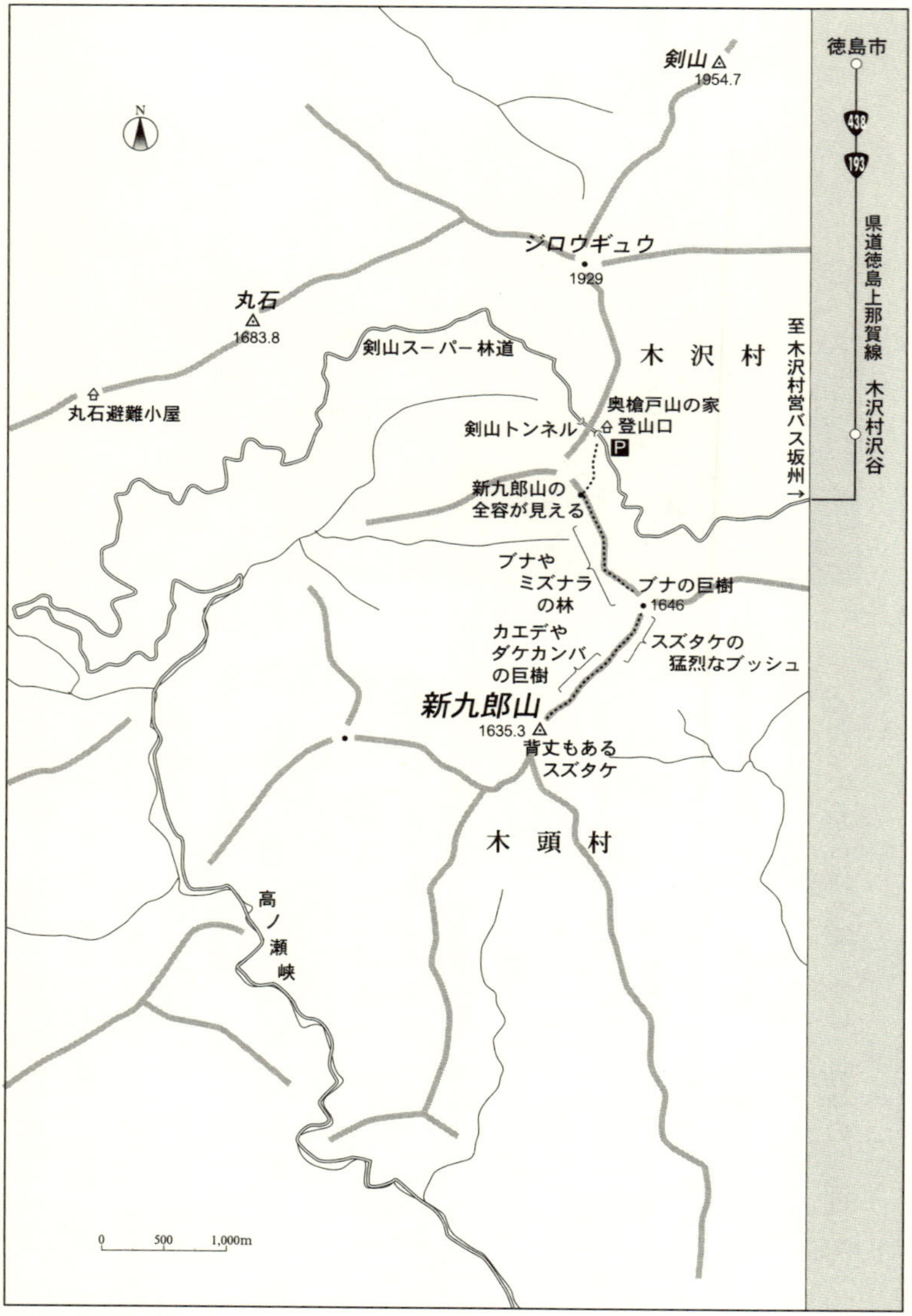
剣山
1954.7
徳島市
438
193
N
ジロウギュウ
1929
県道徳島上那賀線
木沢村沢谷
丸石
1683.8
剣山スーパー林道
木　沢　村
至木沢村営バス坂州→
丸石避難小屋
奥槍戸山の家
剣山トンネル
登山口
P
新九郎山の
全容が見える
ブナや
ミズナラ
の林
ブナの巨樹
1646
カエデや
ダケカンバ
の巨樹
スズタケの
猛烈なブッシュ
新九郎山
1635.3
背丈もある
スズタケ
木　頭　村
高
ノ
瀬
峡
0
500
1,000m

ない歴史というものは、当てのない推測で埋めていくのが関の山だと思う。

登路も確かなものがないと聞いていた。しかし地形図を見て木沢、木頭《きとう》村境にある剣山スーパー林道・剣山トンネルから登れると推し量った。徳島市から県道徳島上那賀線を経て木沢村沢谷まで走り、そこからは西へ剣山スーパー林道を目指した。紅葉シーズンでもあり、紅葉狩りが目当ての人が大勢いた。数年前、木沢村がトンネル東口から南の尾根に続く遊歩道を整備していた。

尾根道は膝下ほどのササの茂る気持ちのいい散歩道風だった。人工林はなくブナやミズナラ、モミを主体とした林だった。当初、灌木とスズタケを予想したが杞憂だった。スカッと晴れた秋の一日で、黄に枯れたジロウギュウがすぐ北隣りに望めた。ジロウギュウを経て剣山へ至る山道の入り口ともなっている「奥槍戸《おくやりど》山の家」の駐車場で見掛けたハイカーたちは、登りの途中からわれわれの姿がとらえられただろうか。既に山頂に辿り着いて、汗をぬぐいつつ、指差して「こんな上天気にヤブ山なんて物好きだ」と吹き出す口をもう一方の手で押さえた人もいただろう。

振り返ると、南側に目的の新九郎山がぽっかり浮かんでおり、私たちを手招いているように見えた。尾根通しに一六四六メートルまでは起伏はたいしたことはなかった。クマの爪跡でもないかとも目を凝らした。が、結局どの木の表面にもツメ跡らしき縦縞模様は発見できなかった。しかし本当のところは、新九郎山から東へ、折宇谷《おりうだに》山、権田《ごんだ》山、勘場《かんば》山を持つ稜線は四国有数のツキノワグマの楽園だった。平成五年（一九九三）六月、権田山の東で一頭、同六年八月杉生山の南麓で一頭が捕獲されていた。

通り過ぎないよう注意していた一六四六メートルの分岐点に達した。尾根の北側にずんぐりとして千手観

1646mの分岐にあるブナの巨樹

音さながらに枝ぶりが発達した巨大ブナがあった。徳島にはブナの巨樹が多いが、これほどの枝振りには滅多にお目にかかれない。

　この山が素顔を見せたのは腰を上げてから間もなくだった。スズタケが左右から容赦なくのし掛かってきて、広い下りの尾根ということもあって非常に難儀した。獣道つまり肩幅程度しか割り込む隙間がなく、油断すれば微妙にずれて、横這いしたり登り返したりと余計な苦労を強いられた。声を掛け合いながら進んだせいで鞍部へ着いた時は、喉がカラカラで腕も足もしびれていた。一五〇〇メートルのその鞍部はブッシュが切れ、木陰で風通しもよいのが救いで一息入れる間に体はかなり回復した。同行者はさすがに参ったようで口数は極端に少なく、時々僕と会う目は恨みが半分交じっているかのようだった。枯れているが幹周り四メートルを越す大ブナがあった。

　道があればどうってことない山だろうが「木地師《きじし》にしても落人《おちゅうど》にしても、今いる山中こそ住居を構えるのに適地だったかもしれない」と思ったように思われ、それは何百年も前のことではなく、むしろそうした時代が最近まで続いていたことを考えるに至って都市を中心に築かれた複雑な現代社会が

山頂付近からジロウギュウを望む

薄っぺらな構造にすぎないと思われた。また「こうして、わざわざ山へ入ってくる自分が果たして真の文明人なのか」と疑いたくなる始末で「僕の遠い先祖は山岳民族だったに違いなくコンクリートジャングルを脱して苦労とも同居できる山恋の心は脈々とＤＮＡに受け継がれているのかもしれない」と決め込むことになった。永遠に突き止められない謎だが……。

変形した天然ヒノキの大樹を過ぎ、坂を上りきり、ほぼ樹林限界を越えた。快適なササ歩きになって思わず仰天した。ダケカンバの見事な黄葉といったらない。過去に見たこともないほどの大木があちこちにあって、ことごとく鮮やかに染まった葉を広げ舞い散っていた。類いまれな「山上の美園」とはこんな景観をいうのではないかと納得させられた。ファインダー越しの風景は一段と眩しかった。写真の出来上がりを待ち遠しく感じたのは久しぶりのことだった。幹周り二〜三《メートル》級のダケカンバやカエデも次々に見つかった。

北にジロウギュウが聳え立ち、こちらに迫って来る勢いがあった。来る途中で見た時よりも断然優れていた。見慣れた北斜面と異なり山頂近くまで秋色の樹木に覆われていた。確かにジロウギュウといえば、剣山から見た風景が当たり前だっただけに驚きはひとしおだったわけだ。三等三角点はさらにスズタケを押し退けていった先にあった。

木地師か落人かが、もし麓に住んでいたのだったら、この頂稜に一度は立ったことだろう。そして苦しい山の人生に耐える心境を和ませ励ましたに違いない。遮る物のない秋晴れの山頂では、暑くて長居はしていられなかった。行動食を採り、石立山《いしたて》方面を眺めるだけの短い時間にとどまった。帰路、四人はもう一度ジロウギュウをまぶたに焼き付け、視界から消える地点で、僕はそのてっぺんに向かって「ここにも身を切るほど美しい宝のような山があるのに」と小さくつぶやいた。

（一九九三年一〇月一〇日歩く）

コースタイム

登山口（三〇分）尾根（二〇分）一六四六メートル（三〇分）鞍部（四〇分）新九郎山（四〇分）一六四六メートル（四〇分）登山口

登山口までの交通

JR徳島駅から徳島バスで丹生谷《にゅうだに》線に乗り相生町の川口で下車。徳島南部バスに乗り換えて上那賀町出合で降り、木沢村営バスに乗る。坂州で降りた後、タクシーを呼んで登山口まで行く。

周辺の見どころ

木沢村沢谷に「日本の滝百選」の一つ「大釜の滝」（落差二〇メートル）がある。同村横谷の木頭川沿いには「四季美谷温泉」がある。木沢村坂州にある徳島県有形民族文化財「坂州の農村舞台」は村の貴重な文化遺産である。

徳島・剣山の南

不入山《いらずやま》

一六五三メートル

原始性を遺す徳島山岳の深山

[地形図] 二・五万図＝北川　五万図＝北川

西日本第二の高峰・剣山があまりに近くにあるため不入山の存在感は薄い。年間一〇万人が登るともいわれるハイカラな剣山に比べてわずか数人規模のハイカーしか登らない。登山者の数が最も顕著な違いだが、明確な登路がない点も際立っている。しかし、剣山と向かい合う山は他に多くあるにもかかわらず、不入山から望む剣山と周辺のジロウギュウ、一ノ森、槍戸《やりど》山ほど優れた鳥かん図は他に代え難いと思える。

地図に記載がなく、地元の木頭《きとう》・木沢《きさわ》村で、古くから「迷い込んだら出られない入らずの窪地」と恐れられた不入山。車道が近付き、空前の登山ブームの昨今、どの山も秘境の面影は残り少なくなってしまった。山登りを十倍楽しむことができると確信して、不入山の山行を思い切って計画した。

徳島市から国道五五線を南下し、阿南《あなん》市橘から国道一九五号に入る。上那賀《かみなか》町出合からは国道一九三号に移り、約八㌔北上した後、県道・木沢上那賀線、剣山スーパー林道を経て、剣山トンネルの入り口手前右側にある「奥槍戸山の家」まで行った。

奥槍戸山の家から、北へ行けば徳島県第二の高峰ジロウギュウを経て剣山に登ることができるが不

不入山（槍戸山から望む）

入山へは正反対へ向かう。水筒に水をたっぷり入れ、トンネルの手前左側から山腹を緩やかに巻き気味に登り始めた。手入れのいき届いた道は広くて歩きやすい。

間もなくジロウギュウから南に派生した稜線に乗った。「ツキノワグマの保護地域」と記した看板が立っていた。ツキノワグマがここの辺りを生息地にしていることは間違いなく、遭遇したい気持ちと遭遇したときの恐怖とが心で入り交じった。

尾根の南北の斜面には胸ほどのミヤマクマザサが茂るが、登山道の周辺は下草程度で気持ちがいい。右奥にぽっかり浮き島のような新九郎《しんくろう》山が目立っていた。新九郎《しんくろう》山の山頂部からは、迫力に満ちたジロウギュウのパノラマを手にでき、ダケカンバやカエデの大樹もあった。ブナとミズナラ、モミを主体とした林をどんどん進んだ。

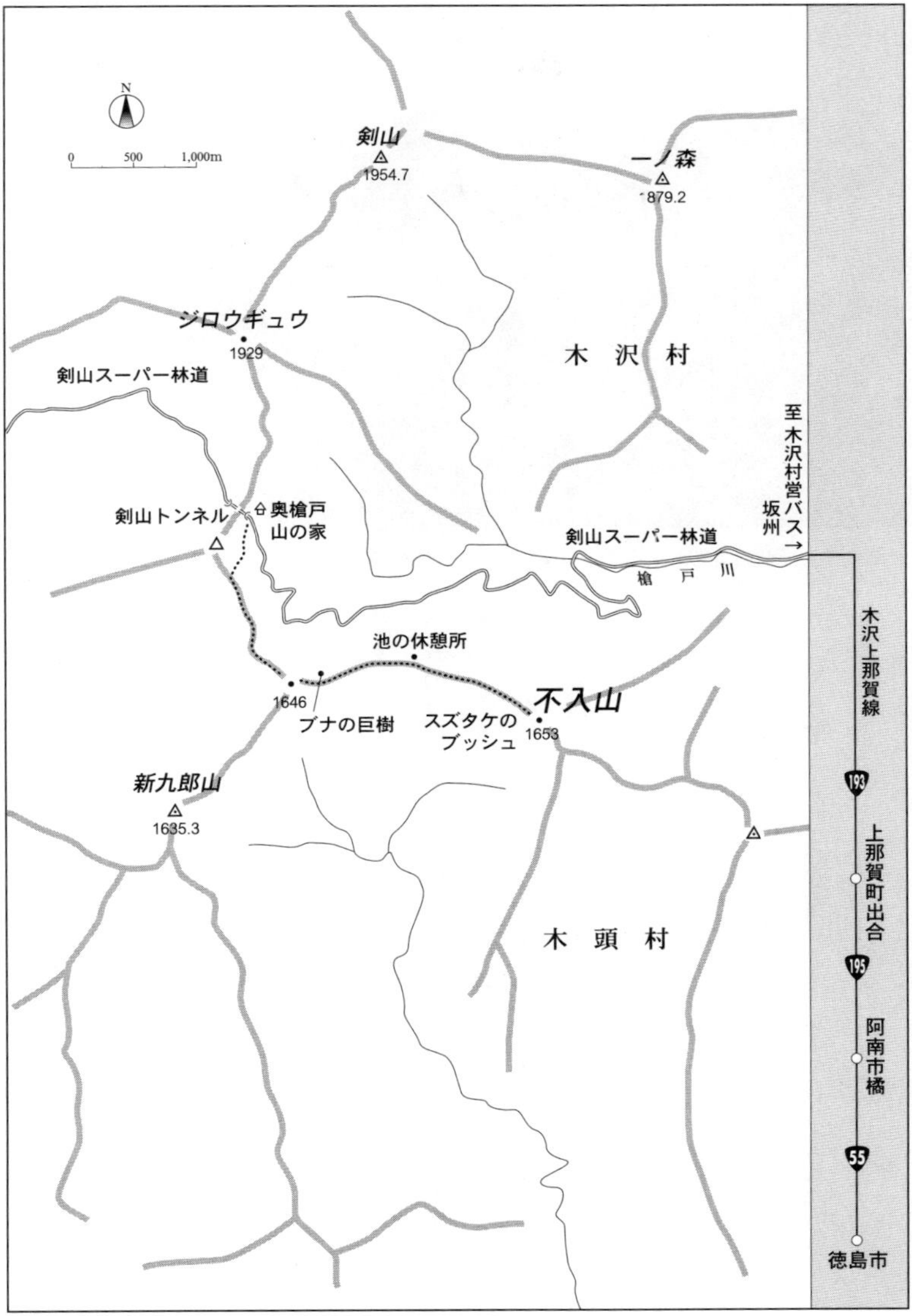
N
0
500
1,000m
剣山
1954.7
一ノ森
1879.2
ジロウギュウ
1929
木　沢　村
剣山スーパー林道
至木沢村営バス→
坂州
剣山トンネル
奥槍戸
山の家
剣山スーパー林道
槍　戸　川
木沢上那賀線
池の休憩所
不入山
1646
ブナの巨樹
スズタケの
ブッシュ
1653
新九郎山
1635.3
193
上那賀町出合
木　頭　村
195
阿南市橘
55
徳島市

登山道は標高一六四六メートルのピークの手前から北斜面を横切っていたが、西側直下から薄い踏み跡を辿って一六四六メートルに突き上げた。頂上にブナがあった。太平洋型の典型で四方八方に千手観音さながらに枝を延ばしており、それに出合うためだった。幹周り四メートルの巨樹でもある。ブナ一筋に全国を歩いている研究家が「これほど枝ぶりが発達したブナは他にはない」と太鼓判を押したほどだ。

池の休憩所付近から北側に広がるパノラマ。左が剣山，右端が一ノ森

　一六四六メートルからササをかき分けて東へ向かってしばらく歩くと、左下にブナの老樹が見えた。老樹というのは枝の多くが折れているのが分かったからだが、大きさは尋常ではなかった。さっそく幹周りを測定すると何と五・三メートルもあった。尾根伝いの東四キロ余りにある権田山の五・五五メートルの四国屈指のブナといい、この尾根は宝の尾根だった。

　間もなく一六四六メートルの北斜面を横切ってきた登山道と合流した。北にダイナミックな展望が広がり始め、また胴回り四メートルを越すブナの大木が点々と現れた。やがて大人四人が座れるベンチとパノラマ図の看板が設置された「池の休憩所」に着いた。

ミヤマクマザサに覆われた山頂付近。後方にジロウギュウ

北側に眺望が優れ、左からジロウギュウ、剣山、一ノ森、槍戸山が身だしなみよく並んでいて雄偉なパノラマを展開。山肌を縦に刻む谷と尾根が際立ちまるで浮き出したしわのように見えた。

不入山へは道なりに行く。しかし展望台から先の踏み跡は薄いので気をひき締めて歩いた。一六〇〇メートルの鞍部から、道は北斜面を巻き道気味に進んでいくが忠実に稜線に乗った。かろうじて残る踏み跡と赤テープが頼りだった。ミヤマクマザサと格闘しながら緩勾配の尾根を登ると、突然視界が開け、ひょっこり山頂に到達した。標柱も三角点もなく一見、殺風景だった。地図とコンパスで山頂だと確認した。四囲をよく見渡して驚いた。

北の剣山山系だけでなく、東に折宇谷山《おりうだに》と平家平《へいけだいら》の突起、南に高知県境の甚吉森《じんきちもり》や湯桶丸《ゆとうまる》が堂々と静かに佇んでいた。北斜面の石灰岩の崩壊地がシンボルになった石立《いしたて》山もどっしりとして見えた。剣山やジロウギュウに登ったことがある人なら、近くにこんな冴えた眺望を備え、静寂で悠久を感じさせる名峰が鎮座していたことに驚くだろう。

高知県西部にも同じ名前の山（二二五ページ）がある。四万十《しまんと》川源流の山で、藩政時代、御留山として一般の人の入山が禁じられたと推測されている。コウヤマキやシャクナゲ群落が見事で、高知では名山の一つに数えられている。由来の共通性については不明だが、徳島の不入山も深山の趣は濃い。帰りも最初は苦行のようなササ漕ぎをしたが、後半はブナとミズナラの快適な森の中を歩いた。

（一九九八年一一月一日歩く）

コースタイム

登山口（四〇分）一六四六メートル（二〇分）展望台（五〇分）不入山（一時間）一六四六メートル（三〇分）登山口

登山口までの交通

ＪＲ徳島駅から徳島バスで丹生谷《にゅうだに》線に乗り相生町の川口下車。徳島南部バスに乗り換えて上那賀町出合で降り、木沢村営バスで坂州下車後、タクシーを呼ぶ。

周辺の見どころ

木沢村沢谷に「大釜の滝」、同村横谷に「四季美谷温泉」、木沢村坂州八幡神社には県有形民俗文化財「坂州の農村舞台」がある。

徳島・中部

権田山《ごんだやま》

一六〇〇メートル

秘境の奥山、樹齢数百年の大ブナの森を歩く

［地形図］二・五万図＝谷口・阿波出原
五万図＝北川・剣山

徳島県のほぼ中央に位置する権田山。呼び名は「ごんだやま」。由来は分からない。南斜面に権田谷が流れているが谷と山とどちらが先に付いたかは定かではない。一帯には人家はなく奥深く標高も比較的高いため、かつての拡大造林の被害からまぬがれ自然林が温存された。十年ほど前まで登路はないに等しく「知る人ぞ知る秘境の奥山」といわれた。車道が奥へ奥へと延び、それに連れて山道はよくなり手軽な山に変わりつつある。尾根上の小さな突起に過ぎず天辺の展望もないが、樹齢数百年に及ぶ大ブナが根付く森のトンネル歩きができ登り甲斐も増す。ひと気のない静けさも手伝って趣はひとしお。じわっと胸に染みる。登山ブームが盛んな現在、ガイドブックや情報誌などの普及によって権田山を目指す人は急増している。

徳島市から国道五五号を南下し、那賀川《なか》を渡り、すぐに来る分岐を右折。阿南市《あなん》桑野町から国道一九五号に入る。上那賀町《かみなか》出合からは国道一九三号に合流し、約八キロ北上して県道・木沢《きさわ》上那賀線に分かれた。車の対向もままならない道が続いた。

寂れた山村の印象だが、険しいV字谷の景観と切り立った断崖の滝や森を見ている間に、森の値打

ちを認めているここの山人は実は心が豊かではないのか、と想像させられた。平家落人の末裔が住むといわれる木沢村最奥の集落・岩《いわ》倉《くら》集落への分かれ道を過ぎると勘場谷の出合に着いた。

　ここまで来るのは林業従事者か、剣山を南側から登ろうとするハイカーか、剣山スーパー林道を飛ばすライダーしかいなかった。最近ではそれに権田山を目指す男女が加わるわけだ。

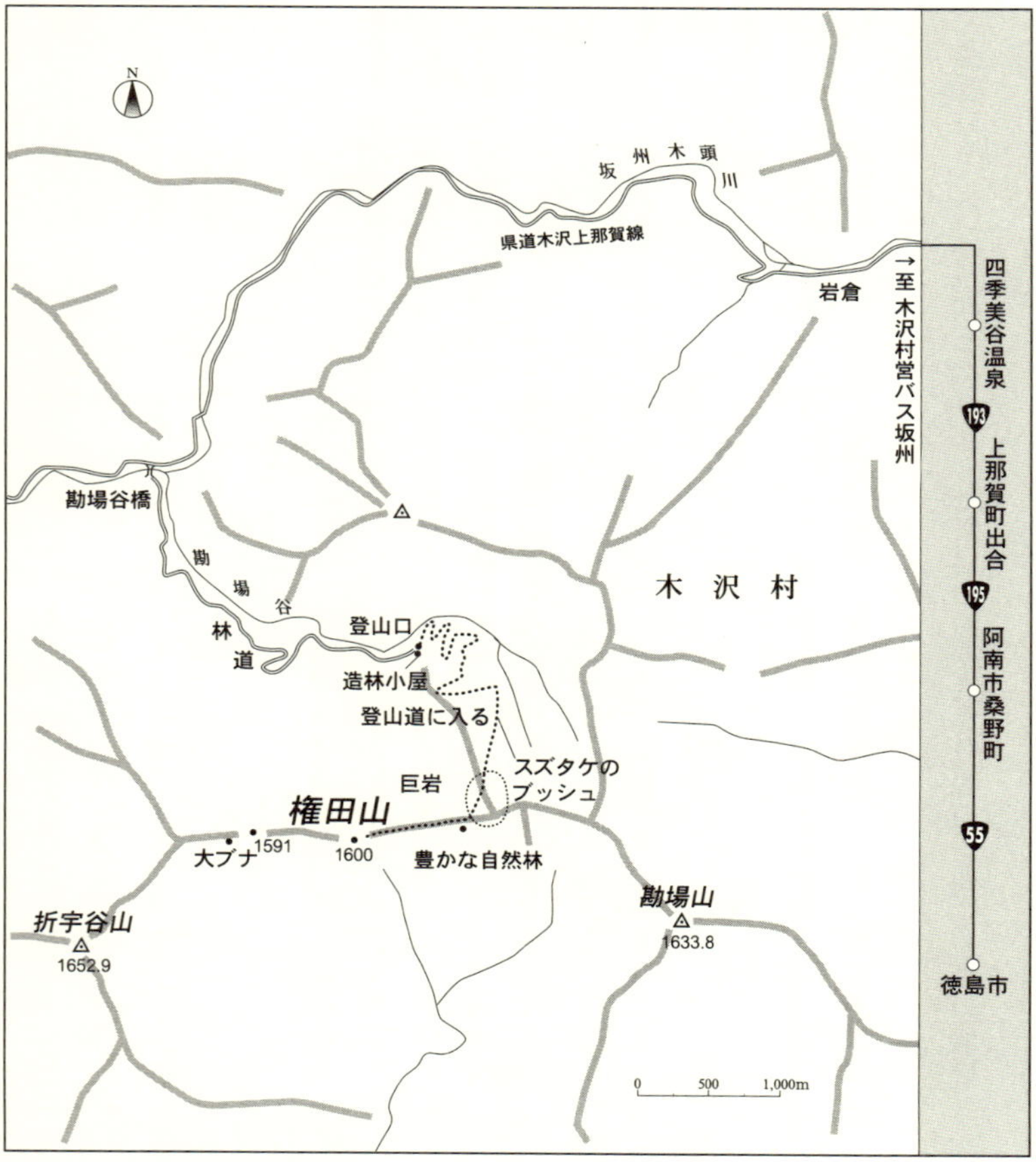

中腹の豊かな自然林

坂州木頭川《さかしゅうきとう》にかかる勘場谷橋を渡り、民間林業会社が管理する未舗装の林道を走った。車が悪路にバウンドして乗り心地の悪さにそろそろうんざりしかけたころ、造林小屋が見えてきた。まだその先も車で入れそうだが、凹凸のますます激しくなることが予想されて、小屋の前の小さな広場に車を置くのが無難だと判断した。

何度か九十九折りを繰り返して歩き、七つ目のヘアピンカーブから左の林道へ約二〇《メートル》入った。ほどなく立て札のない登山口があり、赤テープに導かれて登山道に入った。

斜面の道は薄くいきなり背丈ほどもあるスズタケのブッシュだった。登山道が整備されているということは自然が残されておらず、むしろ登山道がない山こそ自然が手付かずの状態だ、と気持ちを納得させながら歩く。幹周り四・五《メートル》あり主幹がなく枝を横に大きく張り出した太平洋型ブナがある広葉樹林帯の急坂だった。地形図に見られるように等高線の間隔が狭い斜面は急坂だ、としっかり教えてくれる地形だった。

緩斜面の広い林に出て一服した。標高一五〇〇メートル。下草がなく、ほどよい間隔で自然林が根付いた林だった。ひと気は全くなく小鳥のさえずりしか聞こえない。東に行けば勘場《かんば》山（綱付山）や平家平《へいけだいら》に縦走できる。

権田山へはここから主稜線に乗る。そのためコンパスで方向を確かめ地形図をしっかり読んで南南西へ足を出した。赤テープに従ってやや斜面を登り、右へ薄い踏み跡を適当に拾いながら巻き気味に下っていくと目的の鞍部に無事、着いた。コケがまとわりついた巨岩がよく目立つ。辺りはどこを見ても手付かずの自然が息づいて美事だ。

ブナ、ミズナラ、ヒメシャラ、カエデなどの樹々のほか、国の特別天然記念物ニホンカモシカや環境省のレッドデータブック・四国地域個体群に指定されたツキノワグマもいる。

大岩から西へ、滑りやすい山腹をまず斜めに登り、あとは忠実に尾根を歩いた。クッションが効いた腐葉土で歩きやすい。リョウブの多い二重山稜になった箇所もあるが、全体的に尾根のやや北側によく踏まれた道がある。時折、道の両側に背丈ほどのスズタケが茂り、目を突かないよう慎重に払いのけて行く。展望が効かないのが唯一、残念だった。

道が尾根の北斜面を巻き気味に進むようになると、権田山の頂は目前だった。三角点は埋まってないから標識だけが頼みで見落とさないようにしないと、うっかり通り過ぎてしまう。尾根の盛り上がりにすぎない狭い天辺は昔は横たわった倒木が目印だったが、標柱が幾つかあった。展望は以前と同じくほとんどさっぱりだった。南側が切り開かれていて、かろうじて左手に勘場山が望めた。

気を落とさず「せっかく権田山まで来たのだから全国有数の大ブナを見てから帰ろう」と決めた。そのブナは西に二キロ離れた折宇谷《おりうだに》山へ向かう途中の尾根上に立つ。

忠実に尾根道を西進し遥か西方に西日本第二の高峰・剣山と、ジロウギュウの笹原の照り返しを時折、眺めて行くとやがて現れた。権田山から二〇分余の行程。直前から枝越しにタコが逆立ちしたような姿が見えた。樹齢五百～六百年、目通り周囲五・五五メートル。枝ぶりが縦横に二〇～三〇メートルの長さで張っていて、これも典型的な太平洋型ブナだった。

巨大ブナ，全国有数の幹周りを誇る

しかし自分の枝の重みを支え切れずに折れた枝もあったし、幹内の腐食はかなり進んでいるようだった。寄生したキノコが養分を吸い取るというので樹肌のキノコを数え切れないほど手でもぎ取った。すぐ横にも胴回り四・九メートルのブナが立っていた。こちらは生き生きしていて当分、元気なまま長生きしそうだった。四国では希少な天然の森を実感できた。

大ブナも延命策を講じてやりたいが、この森のどこかに潜むツキノワグマも大切に保護し、第二のトキ、ニホンオオカミ、ニホンカワウソのようにしてはいけない。

帰路も、来た道から外れないよう慎重に歩いた。車に乗ってから、時間があったので坂州木頭川のほとりにある四季美谷温泉で汗を流した。この日の山登りが一層充実し、締めくくるのにふさわしかった。

山登りとともに巨樹巡りがブームになり、二〇〇〇年から二〇〇一年にかけて複数で来た登山者が権田山周辺で道に迷い森の中で一夜を明かしたという事故も起こっている。地元捜索隊によって見つかっているものの、気をつけたいと思う。山の事故は本当に人事ごとでないのだ。（二〇〇一年春歩く）

コースタイム

造林小屋登山口（一時間）登山道取り付き（一時間）尾根（一時間）権田山（二〇分）大ブナ（二〇分）権田山（四〇分）尾根（三〇分）林道（四〇分）造林小屋登山口

登山口までの交通

JR徳島駅から徳島バスで丹生谷《にゅうだに》線に乗り相生町の川口下車。徳島南部バスに乗り換え上那賀町出合で降り、木沢村営バスに乗る。坂州で下車後、タクシーを呼び登山口まで行く。

周辺の見どころ

木沢村沢谷に日本の滝百選の一つ「大釜の滝」、同村横谷に「四季美谷温泉」があるほか、同村坂州には「坂州の農村舞台」（県有形民俗文化財）がある。

徳島・中部

高城山《たかしろやま》

一六二八メートル

剣山山系中部で存在感の大きい山

［地形図］二・五万図＝谷口　五万図＝剣山

高校時代、徳島県中部の高城山に立つことは、登る山のレベルが一段階上がることだと思っていた。東の雲早《くもそう》山から見た高城は大きな壁のようで威厳さえ感じた。「あの山の彼方は更に手の届かない辺境だ」と疑わなかった。山頂に立つまでそれほど長い月日はかからなかった。山岳部の連中四人と九時間かけて歩き、頂に立ったとき「徳島は本当に山国だ」と信じた。そしてそれまであまり知らなかったことも手伝い、広葉樹の森が美しいと感動して未知の山々の多さに驚きあきれた。

あれから一三年。社会人になって車の運転が自由になると麓のバス停から汗だくで歩いた山登りに昔日の感が込み上げてくる。車の中では「あの時立てた記念の標柱はもうないだろうなあ」と思っていた。

徳島市から国道四三九号をひた走り、神山町川又から同一九三号に曲がり、雲早トンネルをくぐって少し下ると右に剣山スーパー林道が分かれていた。未舗装の車道に乗り心地の悪さを感じた。「ブナの森」を意味する「ファガスの森」には徳島を出て約一時間半後に着いた。素早く身支度を整えて出発した。建物の裏から幾十年も前から踏まれた尾根道に乗った。あの時もここから入った。

登山口となるファガスの森

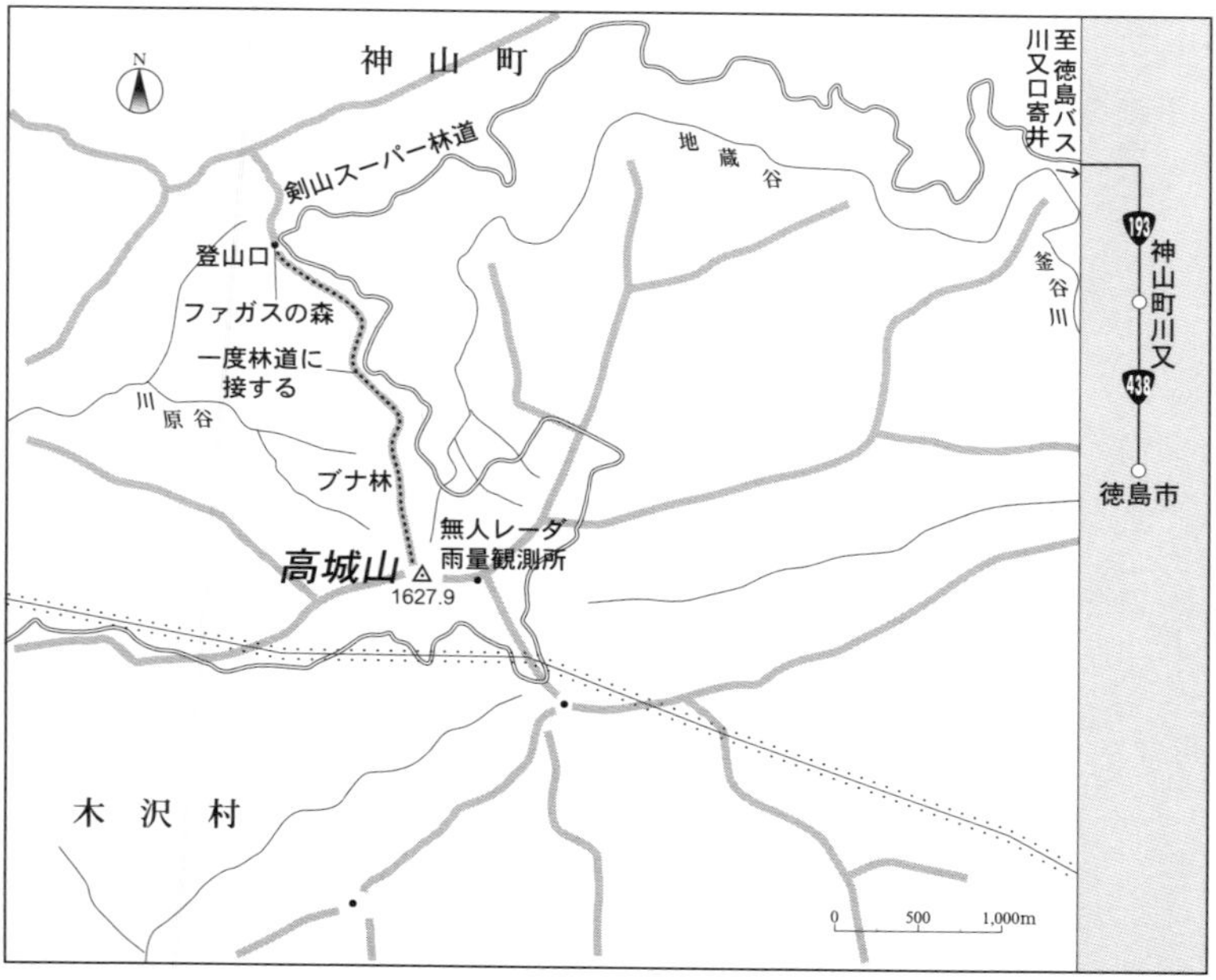

剣山スーパー林道から高城山を望む

スズタケが道脇に茂り赤肌のヒメシャラ、落葉して竹ぼうきを逆立てたようなブナ、ハリモミ、ゴヨウマツが手つかずのまま残っていた。二次林でないのがたまらなかった。初め樹間越しに、ここより西に連なる天神丸《てんじんまる》から一ノ森にかけて起伏にメリハリの効いた稜線が見え、足元からは川原谷へ吸い込まれるような急斜面が切れ落ちていた。草木が覆っていて足のすくむ恐怖感はないが、緑が乏しければ晒された褐色のガケが正反対の印象を与えるのは間違いなかった。しかし恐怖感は案外、作為のない自然を満喫する爽快感につながったりもする。

弾力に富んだ落ち葉の道は坦々として森の奥に消えていた。歩いても歩いても現れるといった感じだった。「里からは遠いなあ」と深山の雰囲気に浸っているとオフロードバイクの爆音が聞こえて興が醒めた。かつて麓から土須《どす》峠を経て高城山まで歩くと一泊二日かかったが剣山スーパー林道ができてからは一時間余に極端に短縮されたのだった。

時々、林の隙間から左下に切り開かれた肌色の林道がのぞいた。林道の恩恵を授かって登山口まで楽をした僕も山裾から歩き通してきた純粋な登山者と行き違えば「会釈して尊敬の念を表さないとなあ」と決めていた。しかし同じ道を行く先行者には一向に追いつかないし、追いつかれもしなかった。

高城山の登山道は、山頂の南西からもう一つ立派な切り分けがある。林道建設にかかった昭和四〇年代後半に付いた道だ。北東から辿るこちらの三分の一の時間ですむから向こうを利用する人が多いのは理解できるが、高城山の真髄に触れようと願うなら、明らかに向こうは「邪道の道」と思えた。阿波の山のクラシックルートといえば、どこも茨との格闘を要する過酷な悪路の代名詞と言い換えてもいい。が、この道は別格だった。

登山道は一度、林道に出て再び尾根に入った。楽に歩こうと思えば、この地点に車を置いて踏み出すことだってできる。二〇分ぐらいの短縮が可能だろう。ほどなく道は展望を失い爪先上がりになった。山道は一瞬寸断されたが、一帯は相変わらず人の手とは無縁の原初の自然林が繋がっていた。こんな森だと森に対する好意の念が揺るがない。陰気な杉林と違い、落胆する要素がないから安心しきっていられる。疲れ方まで変わるから笑ってしまう。初めて登ったとき、えらく急な斜面に見えた最後の坂道までくると、なぜか元気が湧いてきた。三点確保で慎重に登った。歩くほど疲労が増すはずなのに頂上に手が届く距離になって不思議だった。疲れも忘れ一刻も早く天辺に駆け登りたい衝動にかられた。三角点の目前では、さすがにゼーゼーと息が乱れ、あごが出た。腰に手を当てて姿勢を保つ必要もあった。

ササのしとねになった山頂には高知と徳島から来た三パーティーの登山者がいた。みな流行の中高年だった。軽く挨拶を交わして、むさぼるように風景を眺めた。「景色は逃げないのに」と解ってはいるが、この習性は昔から治らない。高い雲に陽光が差し、見慣れた山々の肌に大きな濃淡の影を落としていた。輪郭のない地図のようだった。一帯に目をやると落葉したブナが寒々として見えた。

三角点の横に、西向きに立てた山岳部員の五人の名を書いたポールはやはり消えていた。雨で朽ちたのだろうか。あのころ、眺めて名前が分かる山は片手で余ったが今は違った。新聞記者の肩書きを持つ今、山岳愛好家の目で山を楽しむばかりか、仕事の目が働くこともしばしばある。例えば、自然が織りなす風物詩や避暑に来た家族連れの笑顔を撮影すれば四季を伝える写真記事になるし、植生の異変や希少種の乱獲、盗掘だってネタになる。動植物の発見なら記者冥利に尽きる大手柄だが、素人の僕の自力では到底かなわない夢だった。

姿、形はよく似て見える四周の山々も実は一つひとつ違う。その懐に入れば抱える問題もさまざまにあった。それらの山の方向を向けば、つい浮かんでくる。西に見える西日本第二の高峰剣山。そこは明石海峡大橋が開通した今春以降、例年の二倍余のハイカーが訪れている一方、山頂付近のクマザサの後退が激しく三角点周辺の土砂が大量に流出している。ここ三〇年で約一メートルの高さになるといわれる。北の霊峰高越山《こうつざん》の夏祭りは今も残る珍しい女人禁制だし、その麓を下る穴吹《あなぶき》川は四国一の清流の誉れ高い。同じ高越山の北を流れる吉野川の可動堰建設問題は徳島県民注視の的。南西の折宇谷《おりうだに》山を越えた木頭《きとう》村でも、やはりダム建設問題がくすぶっていた。

山がはらむ問題は高城山自身も事欠かない。山頂直下に国土交通省が建てた無人雨量観測所は、多くの山岳会や自然保護団体の反対を押し切って進めたものだ。斜面に工事用の道路を造らず資材をモノレールで上げる事で折り合いが付いた。石灰岩地帯になった南側中腹、標高約七〇〇メートルの木沢村小畠集落の杉林には、国の天然記念物に指定された腐生植物「タヌキノショクダイ」が自生。主に熱帯の植物で、国内では、ここと鹿児島県の霧島山中に根付くのみといわれる。

　また北斜面に源を発する川原谷には愉快な話があった。県内の山を縦横に歩き隅々までフィールドワークを重ねたある植物学者が調査報告書に綴った内容だ。戦前の話だがこの人がある日、川原谷を歩いて溯っている途中、カーブを曲がってすぐ岩の上で昼寝をしていたツキノワグマと目が合い、こちらが仰天するより早く腰を抜かしたクマの姿を見たというものだ。これはウソでないと思う。「ファガスの森」を建設中、工事の飯場が出す残飯をあさりにツキノワグマが出没したという話は僕も耳にした。徐々に人に慣れ、運転手が乗った車にも平気で近付いて来たともいう。まだ二〇年にもならない湯気の立つ新しい話だった。

　それら一切の問題も雄偉なパノラマの一角に過ぎないと分かると何かとても些細なことに思え、深刻さがぼやけてもきた。当たり前だ。一々先行きを懸念したら窒息してしまう。それもこれも「山登りの恵みだ」と承知しながら往路を引き返した。登山口に着くまで、上りの半分の時間しか掛からなかった。たっぷり汗が染みたTシャツを着替えて車に乗り込んだ。一本、二本と山ひだになった尾根を巻いて徐々に高度を下げ、空気の温度が体温に近付いてくると高揚した気分から熱が引くのがわかった。パノラマの果てだった下界は紅葉が盛りだった。もう一度高城山のある方向を見上げた。「あの山は文明と自然がしっかり共存しているのだ」。鹿の泣き声や野鳥のさえずりに、耳をつんざくエンジン音も交じることもあるが「あの天然の美に容易に踏み込める手軽さは、認めるしかないのだ」と自分を納得させた。

（一九九七年一一月歩く）

コースタイム

ファガスの森登山口（二〇分）林道（四〇分）高城山（五〇分）登山口

登山口までの交通

ＪＲ徳島駅から徳島バスの神山線に乗り、寄井または川又で下車。あとは登山口までタクシーで行く。

周辺の見どころ

木沢村、神山町境の雲早トンネルから神山町側にしばらく下った所にあるキャンプ場「岳人の森」はシャクナゲの名所としても知られる。神山町寄井には町道を登っていくと、日本の滝百選の一つ「雨乞いの滝」があり、同町中津には「神山温泉」がある。

矢筈山《やはずさん》

一八四九メートル

平家伝説の落合峠から花や木の尾根を辿る

［地形図］ 二・五万図＝阿波中津・京上
五万図＝川口

四国の東半分には、北から讃岐《さぬき》山脈、祖谷《いや》山系、剣山《つるぎさん》山系、海部《かいふ》山系が横列に走っている。矢筈山はそのうち祖谷山系の盟主で、徳島県内の山岳で第五位の標高を誇る。また、四国では剣山山系、石鎚山系の主稜線から唯一離れた標高一八〇〇メートル以上の峰として知られている。

南北から見た矢筈山の姿は、人が意図してこしらえたようにMの字にそっくりだ。それが矢の端の弓弦を掛ける部分に似ているとして山名の由来になったという説が有力だが、他にも山頂の東側にある大岩の形が矢筈型だからとか、屋島《やしま》の源平合戦で放たれた矢が飛んできたからとか四国特有の伝説と切り離せない平家伝説を絡めた説まである。

この日は、矢筈山登山の最もポピュラーな登路を発ち、落合峠《おちあい》を経て、尾根伝いに歩いて矢筈山を通って石堂山《いしどう》へ縦走した後、石堂山の西斜面の尾根を下って登山口の深渕《みぶち》に下りてくるという計画だった。

徳島自動車道を美馬《みま》町の美馬ICで下り、国道一九二号を更に西進。三加茂《みかも》町から県道・三加茂東祖谷山線に入り桟敷《さじき》峠を経て深渕に到着した。深渕は四方を千メートル以上の山に囲まれた小さな山村で人

落禿から落合峠と矢筈山を眺める

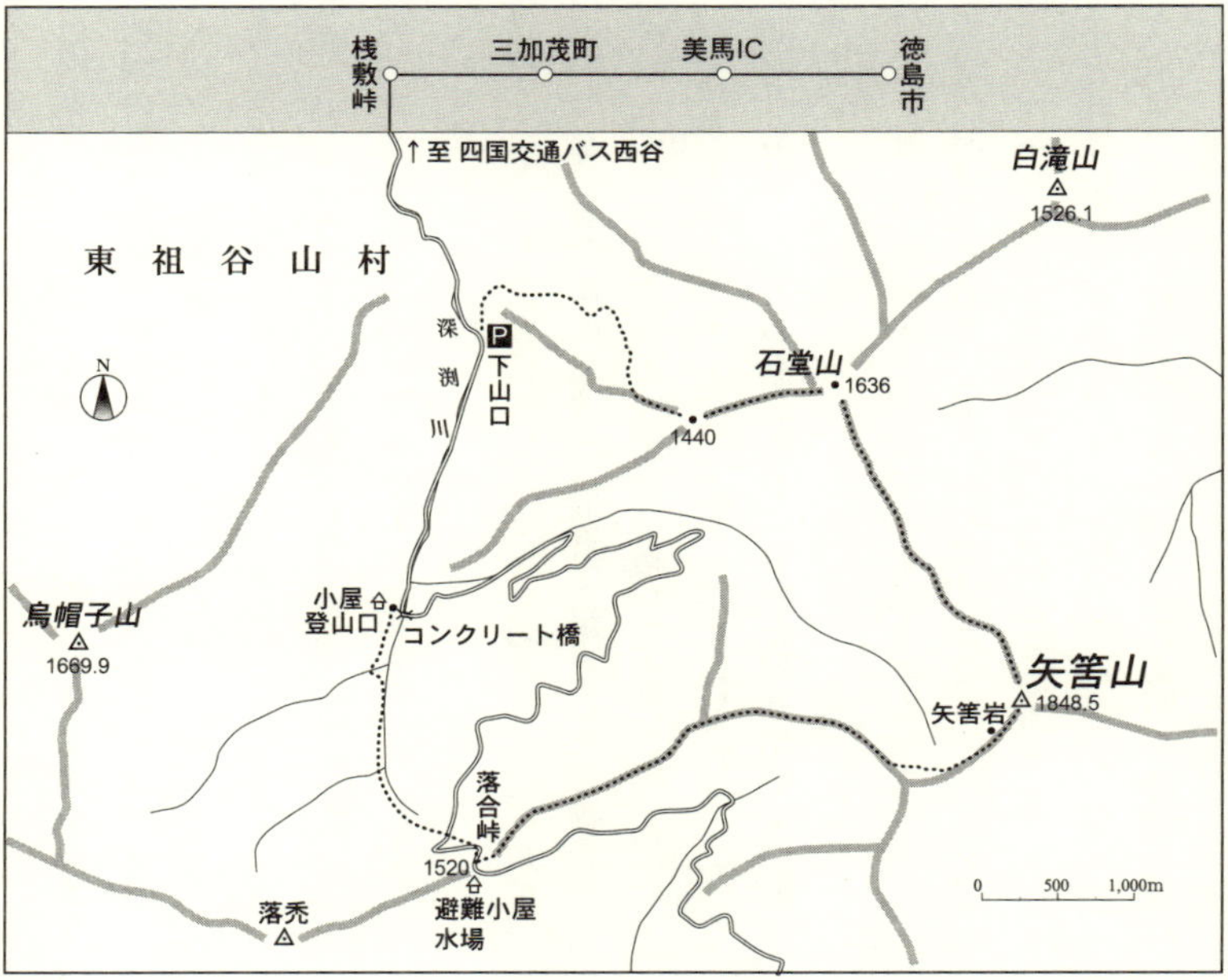

は数えるほどしか住んでいない。冬になると全員が集落を去るという寂境地だった。十数年前まではその静けさと豊かな自然環境を売り物にして「四国の軽井沢」というキャッチレーズでキャンプ場として宣伝し、多くのハイカーや家族連れを迎え入れた歴史もある。

登山口は、烏帽子《えぼし》山の登り口とも重なっていて、昔からある森林管理署の小屋が起点になっている。一台の車を下山予定地の石堂山西麓の県道に置き、もう一台の車で少し奥にある登山口を目指した。小屋は車道からほんのちょっと山道を登った平地に立っていて車からは確かめられなかった。しかし車道の小さなコンクリート橋のたもとに登山口を示す標識が立っていた。

小さな沢に沿い歩き始めてすぐに現れる分岐道を左にとった。右に行けば小屋を過ぎて二時間余で烏帽子山に着く。杉林の巻き道をどんどん進んでいった。深渕川の豪快な滝が見え隠れしその轟音が耳に届く。道は細く、下草が斜面から道に倒れかかっていて歩きにくい個所もあった。沢に出て河原で一服した。地図に沢の名は記されていないが、水量が多くて明るい沢だった。石伝いに飛び渡った。再び山道を歩き、標高約一一四〇㍍で深渕川を北から南に二つ目の沢を渡ると斜面を登り始めた。前烏帽子山から張り出した尾根を東に回りこんだ。

パウダー状の雪を葉に乗せたスズタケという笹の一種が一面を覆い、その上を見上げるとブナやヒメシャラが腕を振り回すように大きく長い枝を虚空へ伸ばしていた。木と木の間はほどよい間隔が保たれ、眺めていて気持ちのいい林だった。四国でもブナ林はごく限られた山域に残るのみとなった。この辺りも聖域の一部といっていい。深渕から落合峠までは、昭和三七年（一九六二）ごろから始まった開発で既に道路が開通していて楽に行けるようになったが、林を歩けば、誰だって文明の利器に頼

山頂に向かって落合峠を行く登山者

らないことが正解だった、と気づいて喜ぶに相違ない。徒歩でもわずか一時間で峠に出られるし、登山者の大半が峠まで車で行く実態が本当に悲しい。

獣道が縦横に走り涸れ沢もあって紛らわしい箇所も出てくる。平成六年（一九九四）四月、四国では絶滅寸前になっているツキノワグマが横切る姿を目撃された車道に出て、もう一度、真向かいの山道に入るとすぐまた車道に出た。突然、南北に越える風が背中に絡まってきて震えた。五〇《メートル》も歩くと落合峠だった。車道が草原を分断し興ざめの感は否めなかったが、三嶺を真南に配した雄大な展望とササ原ののびやかさは気分を晴れ晴れとさせてくれた。きっと歩いて登った者にしか湧かない感動だろう。

落合峠は四国有数のススキの原で観月の名所とされている。現在は登山者しか徒歩で越えなくなったが、遠い昔の村人は当たり前のように仕事に、旅に、交流に歩いて越えた。車道の西側でササ原に埋もれた石造物が無言のまま立っていたが、何かを物語っているように見えた。約八百年前、屋島の戦から逃れた平家の残党の敗走ルートとも伝えられ、やはり歩いてこその風景だと、ささやかな喜びに浸った。

落合峠は祖谷山系の登山基地としても地理的に好都合だった。まず、峠から南斜面を少し下った所に避難小屋と水場があり、矢筈山のほかサガリハゲ山や寒峰、烏帽子山に行くことができる。第四八回国体の山岳競技会場にもなったし、数年に一度は四国の高校総体の会場にもなっている。僕も高校二年の春、テントを張ったことがあった。

矢筈山へは峠から東斜面に付けられた上り道を行く。膝ほどの高さのミツバツツジなどの灌木に挟まれた道が上へ上へ向かい、白いチャートの大岩の横もすり抜けた。やがて尾根に出て視界が開けた。峠もそうだったが少し高度が上がっても同じ風衝地帯で高木はなかった。季節なら花は豊富だった。シコクフウロ、タカネオトギリ、マツムシソウなどがあるという。ウラジロモミの純林に入り、知らず知らずのうちに道は急勾配に変わった。コース中、最も苦しい坂道だった。

少し林がとぎれた所にサガリハゲ山の分岐を示す道標が立っていた。ここは左にとり、やや下り気味のトラバース道を雪に滑らないよう注意して進み、主稜線の道に乗った。ブナ、ダケカンバを見ながら明瞭な踏み跡を辿ると眼前に高さ七《メートル》の岩が現れた。通称「矢筈岩」だった。スリルを楽しみながら越えた。付近の岩場には四国では希少なイワカガミやコメツツジ、ホツツジ、ハクサンシャクナゲがあるというが確認したことはない。ハクサンシャクナゲは北海道から本州の高山帯にかけて分布するが、四国の個体は古い氷河期の遺存植物だそうだ。

矢筈山の北斜面から石堂山を望む

最後のひと踏ん張りで天辺に出た。二等三角点の周りに標柱がひしめいていた。休憩にぴったりの南斜面のササ原に腰を下ろした。祖谷川を挟んで雄大な景色が望め、全身が目になったように眺望をむさぼった。正面の三嶺から左へ丸石、ジロウギュウ、剣山と続き重量感のある連嶺が延びていた。「労働の対価」ならぬ「登行の対価」を得た、といえばふさわしいだろうか。

矢筈山の東には尾根続きにある名峰黒笠山のピークが突き出ていた。矢筈山から約二時間もブッシュ道を我慢すれば縦走できる山だ。体力、気力は不可欠だが、人気のない静かな山旅派に受ける山域だった。岩稜帯も交じりスリルにも富んでいた。

二〇分ほど休んで北斜面を下り、次の目的地、石堂山を目指した。急斜面に雪がべったり張り付いて滑り台のようになっていた。踵を踏ん張り一歩一歩足を下ろしていった。夏なら一気に下れる山道だが、冬ともなると激変するのだ。下り切って緩い尾根道になると、ほとんど雪は消えて夏道同然に変わった。展望がないのがこの道の欠点だが、息苦しいスギの人工林とも無縁だった。

道沿いにある「左　水場」と記された看板を過ぎ、しばらく歯を食いしばり急坂を登って石堂山に到着した。矢筈山同様、人はいなかった。振り返ると落合峠だけでなく矢筈山がかなり遠ざかっていた。

深渕へは、コンパスを真西に合わせて道なき尾根を進んだ。二万五千図「阿波中津」には登路を示す点線が載っているのが不思議だった。忠実に尾根を歩くと標高一四四〇メートルで尾根が二つに分かれた。先人が残した赤テープに従って右の薄い踏み跡に入ると植林帯になった。明らかに多くの人が踏んでいる作業用の山道が出現した。間もなく伐採地の最上部に出た。雪はなかったが、地面全体が凍っていて「転げ落ちまいか」と緊張感を強いられた。

下部では伐採した膨大なスギの枝が積み重なり道を完全に塞いでいて乗り越えるのに苦労した。やっと沢まで下りると、きれいな山道があった。途中、赤土の斜面の崩れかけた箇所もあったが通過に問題はなかった。

林道に出て、先ほど下った伐採地を見上げると今さっき下ったのが信じられないほど険しく見えて驚いた。久しぶりに山勘を働かせる山歩きができて、他のどんな有名峰にも劣らない山行ができたと喜んだ。

（一九九八年一二月一二日歩く）

落合峠と矢筈山を結ぶ尾根の霧氷

コースタイム

登山口（一時間一〇分）落合峠（一時間三〇分）サガリハゲ山分岐（一時間）矢筈山（一時間）石堂山（三〇分）分岐（一時間二〇分）河原（三〇分）登山口

登山口までの交通

JR徳島駅から徳島線に乗り三加茂駅で下車。近くの国道一九二号から四国交通バスの同町西谷で下車、深渕まで歩く。または三加茂駅からタクシー。

周辺の見どころ

三加茂町加茂にある国指定特別天然記念物「加茂の大クス」や、吉野川を渡った三好町の吉野川沿岸には巨石風景が美しい「美濃田の淵」がある。また脇町猪尻には国重要伝統建物群の「うだつの町並み」がある。

小島峠《おしまとうげ》から黒笠山《くろがさやま》

一七〇〇メートル

徳島のマッターホルン——小島峠から自然林を抜けて登頂

［地形図］二・五万図＝剣山　五万図＝剣山・阿波古見

端整なたたずまいから黒笠山が「徳島のマッターホルン」といわれていることを知ると、この山への登行欲は増し山の魅力がひと味もふた味もよくなる。その真偽を確かめられるのは南西に延びた尾根続きの小島《おしま》峠だった。黒笠山は一般に三ルートの登山路があるが、どれをとっても片道三時間以上かかり、徳島では苦しい登山の代名詞のような山だった。

「どうせ行くなら」と、その峠から行くことにして徳島市を出発。梅雨の最中で雨を心配していた。徳島自動車道・美馬《みま》ＩＣで下車し、吉野川を渡って一宇《いちう》村を目指した。目的の小島《おしま》峠が近付くにつれ雲間から光が刺してきた。この日も梅雨の晴れ間が広がりそうだと気分が澄みたわたってきた。

下りは白井《しらい》集落へ下りてくるため、車一台を白井登山口に置き、もう一台で峠を目指した。広場になった峠に到着すると、車が二台止まっていた。「夏の晴れた日に私たちと同じようにここから黒笠山に向かうのだろうか」と首をひねった。先客は黒笠山に向かったに違いなかった。七月初旬といえば、三嶺や天狗塚、笹ケ峰のコメツツジの花を見に行くのが四国の岳人の常識だと思えるのに、自分たちを棚に上げて、あえて常識を侵す人がいるもんだと感心した。案の定、身支度を整える七人を横目に見ながら三嶺登山口がある東祖谷山村方面へ通り過ぎるマイクロバスが二台あった。

小島峠から黒笠山(中央)を眺める

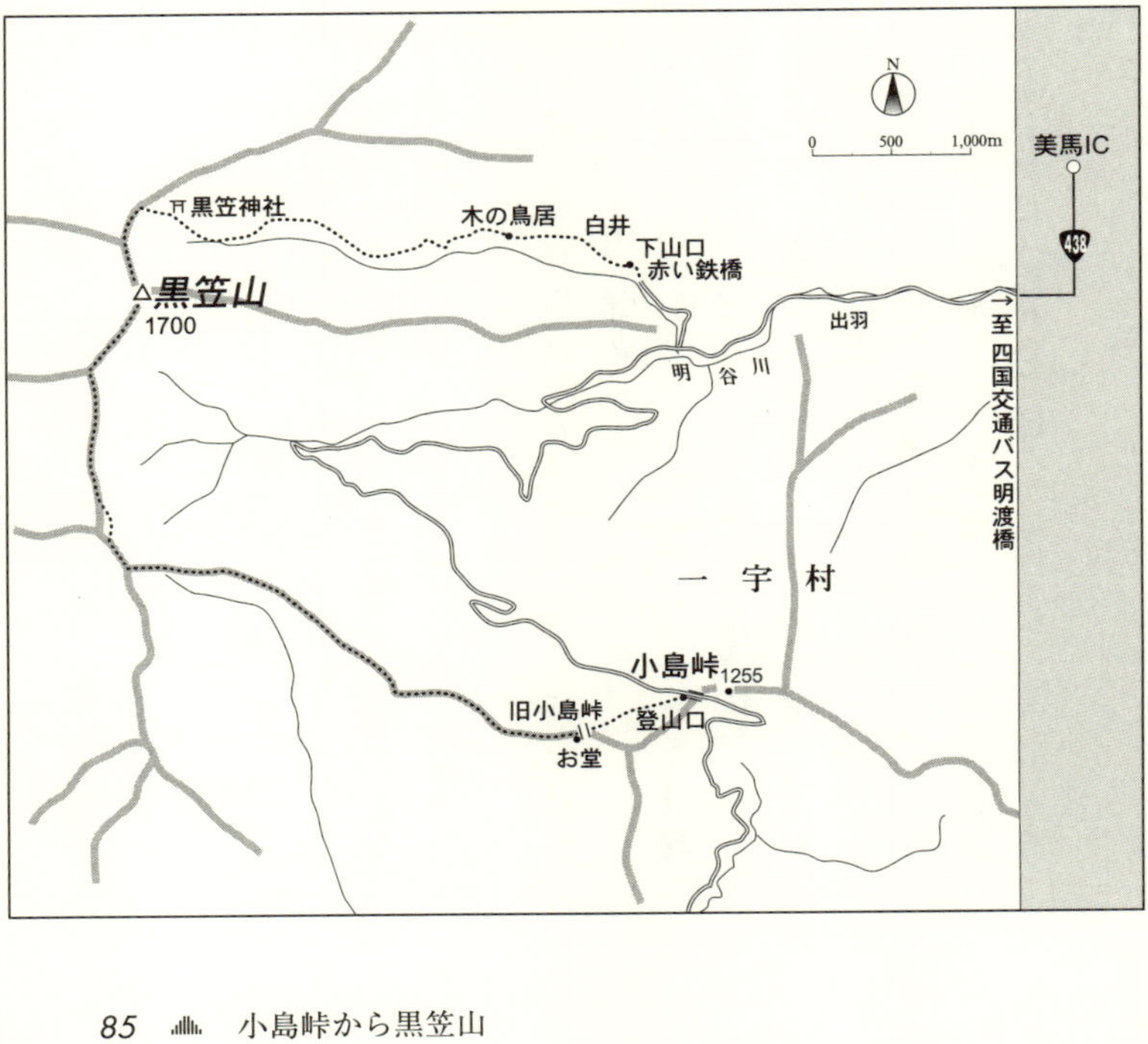

それにしても小島峠周辺からは楽しみのマッターホルンは望めなかった。下から徐々に左右の山の端が上がっていくのが確かめられたが七合目ぐらいまでだった。それより上は低く垂れこめた霧の中にあった。

「藪山でなくても藪が気になる時期でもあった。まして今日の行程など想像通りの悪夢になる」とだれもが覚悟していた。それがどうしたことか、登山道はいつまで歩いても鮮明な踏み跡のままで、横から倒れかける灌木やササ類はなかった。しかし旧小島峠が近付くにつれて坂道の傾斜がきつくなって一気に汗が吹き出した。「曇っていて暑くないのが幸いだ」と後方から声が聞こえた。何も答えなかったが、心の中で素直にうなずいた。

旧小島峠に立ったのは三回目だった。峠は人が十人も立てば満員になる狭さだが、名を成した峠として県内の岳人にはよく知られた峠だった。西端にお堂があり、その前に長手鉢があった。

「小島峠から菅生《すげおい》見れば、あいもかわらぬ徳島よのう、よいよい」という歌詞の民謡が峠を南に越えた祖谷地方に残されているが、昔はそれほど山が深かったのだろう。小島とは、菅生に住む旦那が徳島から連れ帰って来た女性の名前と伝えられている。その女性が小島峠に立って故郷を離れることを悲しんだことに由来しているのだそうだ。

お堂の裏のブナが青葉を茂らせよく目立った。胸高の目通りは四《メートル》近くあると思われメジャーを持参しなかったことを悔いた。一宇村は平成一一年（一九九九）「巨樹の里」宣言をした。村内に点在する巨樹を売り出して村起こしにつなげようというアイデアだ。それまで村人が毎日当たり前のように見ていた木が有数の大きさだと判明したのだった。

例えばエノキ（一〇・三五メートル）は日本一、トチ（八・五メートル）・アカマツ（五・六一メートル）は四国一、モミ（六・四五メートル）は四国二位、カツラ（一〇・三五メートル）・カゴノキ（五・一五メートル）・ヒノキ（五メートル）・エゾエノキ（四・二五メートル）・シラカシ（四・二五メートル）はどれも徳島県で最も大きな樹木なのだった。ブナは木沢《きさわ》、木頭《きとう》村境の権田《ごんだ》山の幹周り五・五五メートルにかなわないが、三メートル以上あればブナはとても立派に見えた。

尾根伝いの道を進んだ。ほぼ忠実に踏み跡が続いていた。時折、スギの植林があるが、基本的には広葉樹の林だった。しばらく歩くと道の左側に峠のブナを上回る大ブナを見つけた。前回、前々回とも見ていたはずだが、記憶にはなかった。やはり四メートル近くあるだろうか。村の巨樹の仲間入りを早くさせてやりたくなった。

自然林豊かな道を行く登山者

一三六四メートルのピークでは、今から八年前に来たとき往生させられた。南西の五郎谷方面にしっかりした踏み跡が下っていて、道のない北西斜面に突き進むのになかなか勇気が出なかった。三〇分はロスし、地図の読解力に自信をなくしたものだ。それが今では進むべき北西の登山道の方がしっかりしていた。

下り切ると起伏の小さな広い尾根になった。ここから森が一段と深さを増してきた。ブナやモミなどの自然林が鬱蒼として、白い花を付けたヒメシャラ、ナツツバキがアクセントとして間に交じっていた。泡立つような霧で周囲の景色は隠れていたが、おかげで山が奥深く見え、道のコケも青光りして貴く思えた。驚喜の目を見晴らされ、大袈裟だが秘境気分に浸らせてくれた。

やがて比高一二〇メートルの急坂が始まった。樹間からのぞいていた一四七〇メートルの尾根が目前だった。尾根に着くとみなへたりこみ、車座になってこの日初めてのゆったりとした休憩をとった。雨は降らなかったが陽も差さず、二〇分もたつと峠を越す風のせいで肌寒くなった。地図を開くと、その尾根がいよいよ黒笠山が近いことを教えていた。

一五四二メートルは標識に従い東側斜面をトラバースし、北斜面のやや分かりにくい道を下った。鞍部から明谷《みょうだに》川に沿う県道菅生伊良原《いらはら》線までエスケープ・ルートがあるそうだが、一説には途中で道が消えているともいわれていた。この日は確かめる余裕はなかった。

細い尾根道のアップダウンが続いた。相変わらず自然林は途切れず、自然と湧いてくる感動が疲れをとってくれた。岩登りの練習になるようなガケが数か所現れたが、どれも巻くことが容易だった。

ドウダンツツジが満開になった尾根に出て、しばらく歩くと大岩を左から右へと周り込んだ。歩き始めて二時間半。地形から判断して霧谷《きりだに》の源流域の森に達したことが分かった。見下ろすと膝下ほどのササが一面に生え、ブナやカエデがゆったりとした間隔で植わっていた。霧谷といえば、徳島の古い岳人が恐れたといわれる有名な渓谷で、村人も一度迷ったら出られない「不入の山」と呼び継いできたのだった。いつか登りたい沢だったが、まだ順番が回ってきていなかった。途中、霧谷を登り詰めた後の下降路に使えそうな尾根を探すことも忘れなかった。

尾根道からは、晴れていれば南正面に黒笠山の山頂がきれいに見えるはずだったが、雲のベールに包まれていた。

スズタケが茂るようになって、かつて、ここを登った二回の登山が思い出された。身も魂もすり減る、といえば嘘になるが、このコースで最も藪らしい藪のきつい行程に入った。優に背丈を越すスズタケが密生し、気をつけないとすぐに踏み跡を外してしまう。十分に気をつけていても、いつの間にか藪に溺れている始末だった。実際は、迷ったと思っても尾根は間違いなく上の黒笠山に収斂しているので焦る必要はなかった。

矢筈山と黒笠山の途中から眺めた
屹立する黒笠山山頂

頭上から女性の声がかすかに響いて来て、山頂が間近になっているのが分かった。

狭い山頂には松山市から来た六人のパーティーが座っていた。声の主だった。挨拶をして、小島峠から縦走して来たことを告げるととても驚いていた。

一宇村で最も高い所にある黒笠神社

「すごい藪の道なんでしょう」

「いいえ、僕らも歩き始めるまでそう思っていたんですが、正反対でした」

五分ぐらい言葉を交わして、六人は白井方面へ下っていった。続々と僕の山仲間が登頂してきた。生憎、霧が四方を隠して、剣山も三嶺も矢筈山も幻の風景になった。断崖を好むコメツツジの一株が白い花を満開にしていた。

山頂部が大きな岩になっていることは、下り始めてよく分かる。山頂を出るとすぐに鎖場が二か所続いた。矢筈山を結ぶ稜線を左に見送り、ダケカンバやブナの大木が目立つ林を行き、津志嶽《つしだけ》に続く稜線を左に見送って急坂を下るとひょっこり黒笠神社が現れた。一宇村で最も高い位置にある神社で、大昔は村人が雨乞いのために登ったという。西の空を見上げると急峻な東面が壁のようだった。霧がとれているようだったが、マッターホルンには見えなかった。

黒笠山の山名の由来は虚無僧が被った編み笠に似ているからだといわれるが、この目で確かめることはできなかった。小島峠から眺めた山容がやはり編み笠だったのだろうと思えた。神社からは、沢沿いの急な坂道が下へ下へと導いてくれた。細い道に転がる苔むした岩に足を取られないよう注意して慎重に足を運んだ。膝が笑いかけて、ちょうど喉が乾きかけたころ木の鳥居が見えた。横で黒いホースから水が勢いよく出ていた。顔を洗って喉の乾きをとると最後の活力が湧いた。
廃屋の先の民家を過ぎ赤い鉄橋を渡ると、朝置いた車の屋根が光っていた。

（二〇〇一年七月八日歩く）

コースタイム

小島峠登山口（一五分）旧小島峠（一時間）一四七〇メートルの尾根（一時間二〇分）大岩（四〇分）黒笠山（四〇分）黒笠神社（五〇分）鳥居（三〇分）白井登山口

登山口までの交通

JR徳島駅から徳島線に乗り貞光駅下車。四国交通バスで一宇村の明渡橋まで行き、県道を通って小島峠まで歩く。または貞光駅からタクシーを利用する。

周辺の見どころ

一宇村赤松に「岩戸温泉」、太刀之本には日本一の幹周りを誇るエノキの巨樹がある。また貞光町端山にはエドヒガン桜の巨樹がある。

寒《かん》峰《ぽう》

徳島山岳の裏銀座を飾る、雪と花の似合う深山

一六〇五メートル

［地形図］　二・五万図＝京上　五万図＝川口

「天から送られた手紙」。物理学者の中谷宇吉郎は雪をこう表現した。雪の降るころ、徳島山岳の裏銀座ともいえる祖谷《いや》山系にある秀峰・寒峰を目指すハイカーは、雪と氷の荘厳な世界を目の当たりにでき自然界から雪山の魅力をきっと伝えてもらえる。登山道では枝に霧氷の花が幾つも咲き、中腹では四国一の群落ともいわれるフクジュソウが美しい。寒峰の登山について、いつのころからか「早春がいい」と納得していた。岳人の間では「かんぽう」で通っているが麓の東祖谷山《ひがしいややま》村では「かんぼう」と呼ばれている。

徳島市から徳島自動車道を走って井川池田《いかわいけだ》ＩＣで下車。池田町を過ぎ国道三二号を行く。左側には白い断崖の下に濃緑色の吉野川が激しい勢いで流れていた。名勝・大歩危《おおぼけ》、小歩危《こぼけ》の峡谷だ。昔からアユ釣りのメッカだが最近はラフティングやカヌーの名所にもなり、関西方面からきた大勢のファンが急流に挑戦していた。観光客向けの船下りもある。

やがて祖谷への曲がり角。西祖谷山村を抜け東祖谷山村に入って落合《おちあい》という集落を過ぎると下瀬《しもせ》に着いた。標識に従って左に曲る。地元の人に道を尋ねて細い道を暫く行くと栗枝渡《くりしど》集落にある住吉神

ススキが広がる「ドスのなる」

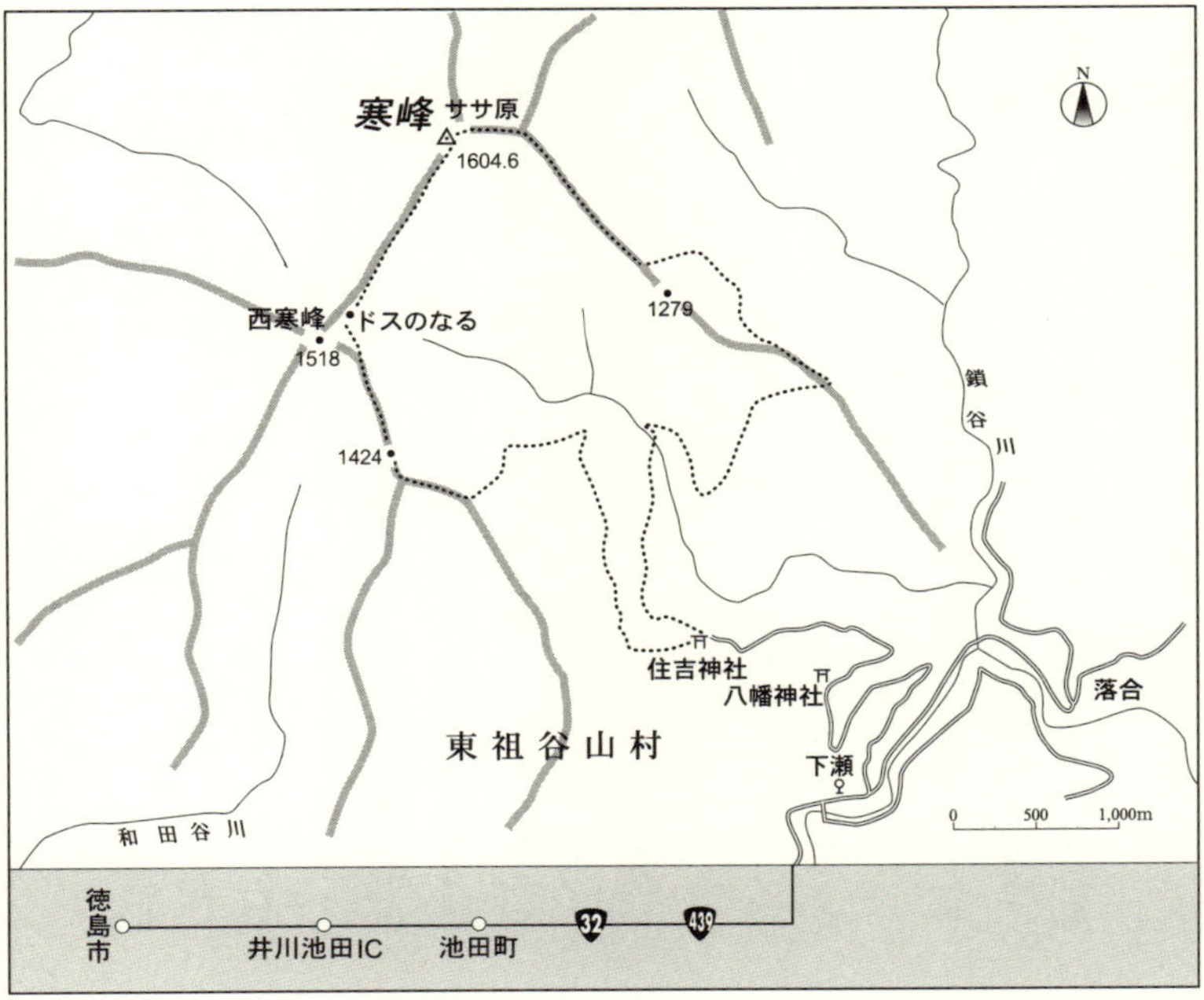

社に着いた。登山口は神社の横にある。

車窓で気をつけていたら住吉神社の手前で八幡神社を見つけることができた。東祖谷山村には源平合戦のころ、源氏の手から逃げ延びた平家の残党が住み着いたという伝説が残る。八幡神社の付近には、安徳天皇が崩御した跡があると言い継がれていた。赤旗が現存する平家屋敷「阿佐《あさ》家」という旧家も村内には残っている。

雪は余りないが膝にスパッツを着けて出発した。住吉神社の裏からすぐ坂道になり、人工林の中をどんどん登っていった。過去に何度か調子を狂わされているのでペースを抑えて歩く。水平の巻き道に変わり、ちょろちょろと流れる水場で一服して呼吸を整えた。徐々に雪の量が増し、むしろ夏の何倍も歩きやすくなった。石ころが隠れ横から押し出す灌木がないからだった。

かつてミツマタ畑だった斜面に自生するフクジュソウの季節にはまだ早かった。間もなく雪を割って地上に顔を出すはずだが、雪の下でまだ眠っていた。祖谷地方には「祖谷の三瑞草《さんずいそう》」と呼ばれる三種類の花がある。めでたい意味が込められたエンレイソウ、フッキソウともう一つがフクジュソウだった。例えばフクジュソウは、地下茎が発達して地上に花の群落をつくるので子孫の繁栄にいい、という縁起があるらしい。

やがて尾根にとり付き傾斜がぐっと強まった。このコースで一番の泣き所だ。一気に登りきると傾斜が極端に緩くなった尾根に合わさった。一四二四メートルの三角点まで来てようやく高山の雰囲気が出てきた。二次林だが広葉樹林帯になり見通しがよくなったのだ。南を見ると著名な山は少ないが、高知県境にある剣山山系の綱附森《つなつきもり》や土佐矢筈山《とさやはず》が見えた。

「ドスのなる」から寒峰山頂を目指すハイカー

天気にむらがあり時折、悪くなって粉雪が舞った。しかしダケカンバの小木がつくる霧氷のトンネルが続いて寒さを忘れさせてくれた。その美しさは評判通りだった。

尾根からはずれた道が西寒峰の東斜面を巻くとやがて広大な雪の平原が現れた。寒峰は今でこそ林業従事者や登山者の山となったが、かつて南麓の人々が西祖谷山村や井川町へ越えるための生活道が通じていた。目の前の台地は「ドスのなる」と呼ばれる寒峰峠だった。昔は徳島では高山植物のバイケイソウを「ドス」と言っていて、バイケイソウ群落があった場所なのかもしれない。またフクジュソウも多かったといわれるが今はほとんどなくなってしまったという。古くは近くに弘法大師を祭るお堂があり、その西の西寒峰のてっぺんでは、大正期ごろまで祭りの日には相撲や踊りが行なわれた。

幅広の斜面の真ん中に付けられた坂道を登るほどに背後の風景が雄大になった。枝ぶりのいいブナの

山頂直下で見られるブナの影絵

大樹の陰で休憩した。辺りには中腹では見なかった立派なブナが林立していた。

　山頂に早く登りたかったが、景色を見ないのが惜しい気がして振り返り振り返り行った。最後の長いスロープの果てが山頂だった。もうすでに春の装いに包まれた山里と違い、付近は膝ほどの積雪に覆われたままだった。春はまだ追いついていなかった。もう少し季節がゆけば、一日でフクジュソウと霧氷という二つの花に出会える可能性もないわけではない。そんな幸運に恵まれたハイカーはきっと寒峰の虜になるに違いない。

　山名の通り、一面ササに覆われた山頂付近は吹き曝しで眺望に優れていた。車で通ってきた落合集落が箱庭のように沈んでいた。目線の高さには、南に三嶺《みうね》から天狗塚《てんぐづか》に続く連嶺、北に烏帽子《えぼし》山と落合峠、西に端整な三角形の中津山がくっきりと存在感を強調していた。どの山々も身にまとう木々や岩肌を白銀色に輝かせていた。

　帰路は落合峠方面への道を選んだ。平成六年（一九九四）の国体山岳競技で整備された道だった。北東の峰筋をしばらく歩き、標識がある地点からもう一度寒峰を振り返って右に下った。

　一二七九メートル峰の手前から薄暗い斜面に入ると朽ちた小屋がありすぐ下に分岐があった。そこで右に曲がった。一〇九四メートルから鋭角に折れる道をどんどん下った。はっきりした踏み跡に感心していると突然、民家が出現した。標高一〇〇〇メートルの地。家からうっかり皿を落とすと、麓まで転げ落ちてしまうのではないか、という冗談話が浮かんだ。

祖谷地方では山の尾根や山頂近くの斜面に張り付くように民家が点在している。全国的にも珍しい景観といわれ、特に四国以外からの旅行者は予想以上に驚く。寒峰の帰路に見る民家は、そんな中でも高所にある部類だろうと思った。

小さな砂防ダムまで一気に下るとやがて登山口から続いている林道に出た。車一台がようやく通れる幅だった。上の民家の人がオートバイに乗って走るのに必要な道かもしれなかった。もし、歩いて往復しているなら我々登山者よりも、もっと素晴らしい登山者だとみてよかった。まもなく住吉神社の前の、朝置いた車に戻ってきた。

（二〇〇〇年二月五日歩く）

コースタイム

登山口（二時間三〇分）寒峰峠（五〇分）寒峰（一五分）分岐（一時間三〇分）林道（二〇分）登山口

登山口までの交通

ＪＲ徳島駅から徳島線に乗り阿波池田駅で下車。四国交通バスで東祖谷山村下瀬まで行き、村道を標識に従って登山口まで歩く。または久保で下車しタクシー。

周辺の見どころ

東祖谷落合集落にある「そば道場」では手打ちの祖谷そばが賞味できる。西祖谷山村善徳に「かずら橋」、池田町松尾には祖谷川から湧き出る「祖谷温泉」がある。

高越山《こうつざん》

一一三三メートル

「阿波富士」と呼ばれ、徳島で唯一残る女人禁制の山

［地形図］二・五万図＝脇町　五万図＝脇町

今も女人禁制の山が徳島にある。山頂直下にある真言宗大覚寺派の寺院・高越寺《こうつ》のある高越山。夏祭りの「十八山会《じゅうはちやま》」が開かれる八月一八日午前零時から一九日午前一時までの二五時間だけだが、女性は寺の山門から立ち入りを拒まれる。北麓にゆったり流れる四国三郎こと吉野《よしの》川の堤防から望む端整な姿が古人の信仰心を誘ったのであろうか、山容が三角形をしていることから別名「阿波《あわ》富士」とも呼ばれる。実際の標高は本物の富士山の三分の一にも満たないが、平野から丸々一一三三メートル登るため「骨の折れる山」「トレーニング向きの山」といった認識が徳島の岳人の意識にある。しんどい登山を強いられる意味でも修行の山といえるだろう。山頂から約二キロ南下した尾根筋（約二ヘクタール）には、全国一広いミツバツツジの一種オンツツジの自然群落が広がり、高さ六メートルに達する巨木もある。群落は昭和六〇年（一九八五）一〇月、国の天然記念物に指定され、五月上旬から中旬ごろ、約千株が一帯を朱色に染める。山岳信仰で知られた阿波富士は、ツツジの山、また豊かな中腹の広葉樹の紅葉の山として登り甲斐がある。

徳島市から国道一九二号を西に約三六キロ進み、山川町湯立の川田川手前から左折し県道を約一キロ南

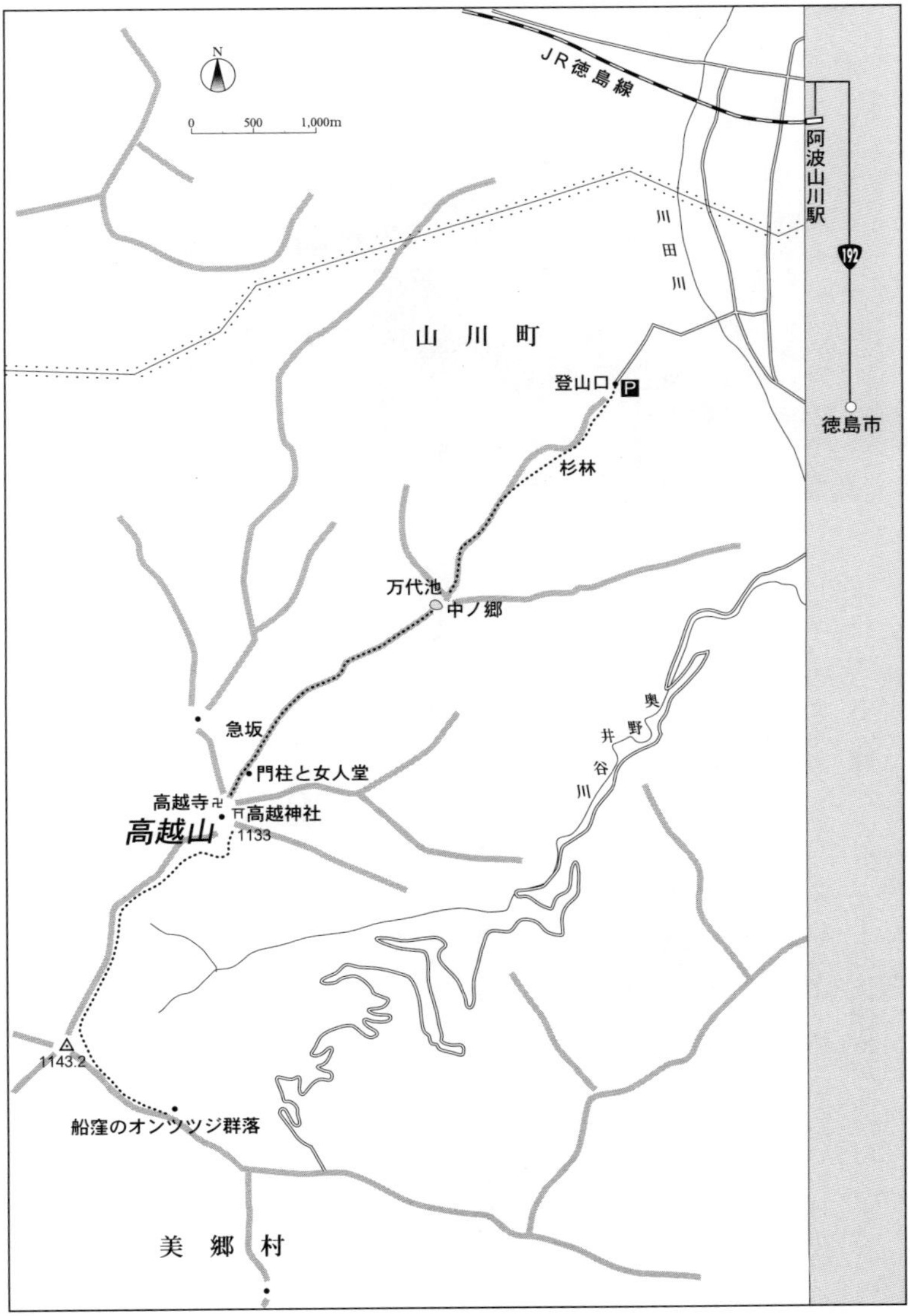
N
0
500
1,000m
JR徳島線
阿波山川駅
192
徳島市
川田川
山　川　町
登山口
P
杉林
万代池
中ノ郷
急坂
門柱と女人堂
高越寺
高越神社
高越山
1133
奥野井谷川
1143.2
船窪のオンツツジ群落
美　郷　村

吉野川河畔から高越山を望む

下。川田川を渡り、田畑の間に通じる細い農道を行くと登山口となった鳥居の立つ駐車場に至った。高越山は山頂直下まで車で行かれるようになっていて、久しぶりに下から歩くため所々、道標はあるが、分かりにくかったので地元の人に尋ねた。登山口の駐車場には、乗用車が四～五台が止められるがこの日は一台もなかった。

　登山道の手前に立つ鳥居をくぐり、しばらくコンクリートで塗り固められた坂道を歩く。爪先上がりで早くも「きつい山だ」と直感させられた。ミカン畑が広がる東斜面に視界が開けている。やがて土の道になるが、古くから山伏の表参道、高校山岳部員のトレーニング場、一般ハイカーの手頃な山として歩かれてきただけに、しっかりした踏み跡をとどめていた。所々、数十《センチ》から一《メートル》近くもえぐれ、赤土が露わな掘り割りのような箇所まで出てきた。

　ほぼ中間地点に当たる中腹の中《なか》ノ郷《ごう》まで暗い杉林が続いた。中ノ郷の手前で右手に伐採跡があった。すそ野が見渡せる程度だが、随分上がってきたことを知った。中ノ郷に出ると突然、目の前がパッと開けた。標高五九〇メートル。元々、平坦な地形だが、かつては草付きの広場になっていて、ちょこんとお堂とその横に万代池があるだけの静かな場所だった。「かなり山奥まで来たなあ」と感動していた高校時代の風景とは驚くほど変わっていた。一帯は切り払われ道路はできているし、盛り上がった小山の上にはヘリポートもできていた。東麓の楠根地《くすねじ》集落から未舗装の道路を使えばマイカーで達することもできるという。

付近には古い行場があるというが、まだ行ったことはない。次の機会に見てみようと何気なく思った。

中腹の中ノ郷にある万代池

万代池の横を通って再び杉林に入った。平坦な尾根を過ぎると登り一辺倒となった。風はなく汗が出る一方だった。しかし居直る気分になれば元気が出て、ぐんぐん高度を上げて快感を覚えた。一時間ほど登ったころ、穴吹側から登ってきたルートと合流しすぐに女人堂に着いた。建物はもう幾十年も使っておらず廃屋になっていた。すぐ上の登山道の両脇には赤煉瓦造りの門柱が残っていた。柱

山頂直下にある高越寺

は汚れてその上にコケが付いていた。「女人結界」を意味しており、現在の夏の大祭の日はここよりもう少し上にある宿坊まで辿り着けるが、昔は見張りがいてここから女性の進入が拒まれた。じっと眺めていると煉瓦の欠け具合やコケの変色がよく目立ち、長い時の隔たりを物語っていた。

雷状に登行を重ね、石畳の道が現れると山の傾斜がぐっと緩くなった。いよいよ山頂が近くなったと安心した。水を溜めた石の枠があるが、使われなくなって久しそうだった。わずかに溜まった水はとても飲めそうにはなかった。道が右へ大きく周り込む所で左下に宿坊が見下ろせた。現在の夏の大祭で女性が待機させられる宿だ。急な石段の前に出て見上げると高越寺の山門があった。

境内は山の上とは決して思わせないゆったりとした広さがあり、掃除が行き届いて清々しかった。本堂の西側に休憩室が設けられていて参拝者や登山者は自由に出入りを許されていることを知っていたので直行した。冬はストーブまで付けてくれありがたい限りだ。

山頂へは山門の南から向かう。すぐ右手に高越神社が現れた。周囲はブナやカエデの自然林の木立

オンツツジ群落，春には尾根を赤く染める

ちとなった。山門までには見なかった植生だ。途中に一等三角点があった。山頂より一一メートル低い。ジグザグに登り約一五分で弘法大師の銅像が立つ頂に到着した。

山頂からは大木が邪魔をして満点の景色とは言い難いが、北麓に藍色に輝く吉野川の流れと、ずっと上になだらかな讃岐《さぬき》山脈が見えた。振り返れば、最も奥に四国第二の高峰・剣山が控え、手前に何重にも山ひだが重なる墨絵のような景色が展開した。

オンツツジの群落がある「船窪《ふなくぼ》のツツジ公園」へ行くため一度山門まで下り、南に向かう巻き道に入った。ほぼ平坦な一本道で、しばらく退屈な道だった。岩場に鎖が垂れ下がった行場があった。「大祭の日は護摩を焚く行事はあるが行場で心身の鍛練はなされているのだろうか」。そんなことを思っていると未舗装の車道に出た。広い駐車場があった。大祭の参加者の多くは登山道ではなく車で来る時代になっていた。

好みではない車道を歩くしかなかった。懸命に三〇分ほど歩くと、手すりを挟んだ東斜面にオンツツジがその巨漢を見せだした。家一軒ほどもある大きさの株が無数に密集していた。数年前、満開のシーズンに訪れたが、あの風景がうそのように緑一色の木々が眼前にあった。「やはりここへ来るのは初夏に限る」と季節を選ばずに来たことを悔いた。
このままタクシーでも呼べば楽だったが、来た道を引き返すことにした。

（一九九七年八月中旬歩く）

コースタイム

登山口（一時間三〇分）中ノ郷（一時間）女人堂（二〇分）高越寺（一五分）高越山（二〇分）女人堂（四〇分）中ノ郷（三〇分）登山口

登山口までの交通

JR徳島駅から徳島線に乗り阿波山川駅下車。県道を約一キロ歩いて南下し、川田川を渡った後、農道を通って登山口に行く。

周辺の見どころ

県道の途中には和紙製品の展示見学や和紙作りを体験できる「阿波和紙伝統産業会館」があるほか、県道を高越山方面へ上って行くと「ふいご温泉」や「こうつの里キャンプ場」がある。

請ケ峰《うけがみね》

一〇〇九メートル

伊能忠敬《いのうただたか》の「大日本沿海図」に名を残す名峰

［地形図］二・五万図＝小川口　五万図＝桜谷

霧越峠《きりごえ》の周辺に立つと、鰻轟《うなぎとどろき》山から数個の鋭い突起を持つ尾根が南に張り出し、請ケ峰はその尾根の南端のピークとして際立って見える。ボリュームに満ちた堂々とした山容だ。惜しいのは東面がほぼ全山人工林で埋め尽くされて見栄えのしないことだ。西麓には日本の滝百選の一つ「轟《とどろき》の滝」があるが、峠からは確かめられない。だが、峠から請ケ峰の東面を見ただけでこの山域の谷の深さが容易に理解できるというものだ。

徳島市から国道五五号を一路南下し、海南《かいなん》町から西へ海部《かいふ》川沿いの国道一九三号を走り、霧越峠を目指した。皆ノ瀬《かいのせ》の二又から右へ曲がり、細く左右にくねった道を上っていくとやがて地図に記された霧越峠に到着。さらに登山口までは約七五〇㍍西に走った。

これから向かう連山をじっくり眺めて、登山口近くの車道に車を置き身支度を整えた。国道開通記念碑の裏から赤テープに導かれて登山道に入った。登山者だけでなく、植林の枝打ちなどの手入れに来る林業従事者も多いのか、道はよく踏まれていて稜線上または稜線の南斜面を巻くように続いていた。境界を示す石標が一定の間隔で設置されていた。やがて約八八〇㍍の平地に出た。北麓の上那賀《かみなか》

請ヶ峰（左端）と鰻轟山（右端）

町へ道を分ける分岐点だった。霧越峠の車道が完成するまでは、上那賀町から海部町へ越すため鰻轟山を通過するのが普通だった。

林の切れ間から太平洋が望めた。アカガシ、カエデの二次林が目立つ小さな起伏を幾つか越え、やや大木のイヌシデ、ヒメシャラ、リョウブなどの広葉樹を生やした階段よりもきつく長い坂道を力一杯登り切ると、鰻轟山の山頂だった。登山クラブが残していった記念碑があるだけで、三角点は埋まっていないし杉に囲まれて展望もなかった。地形図にははっきり名前が記されているが、何もなければうっかり通り過ぎてしまいそうな「没個性的山」の典型だった。

鰻轟山という奇妙な山名は、轟の滝がかかる山麓の王余魚《かれい》谷川に大きなウナギが住んでいたことに由来するという説が有力といわれる。山道は鰻轟山から西と南方面の二手に分かれていた。どちらもよく踏まれた道で落ちるように下っていた。

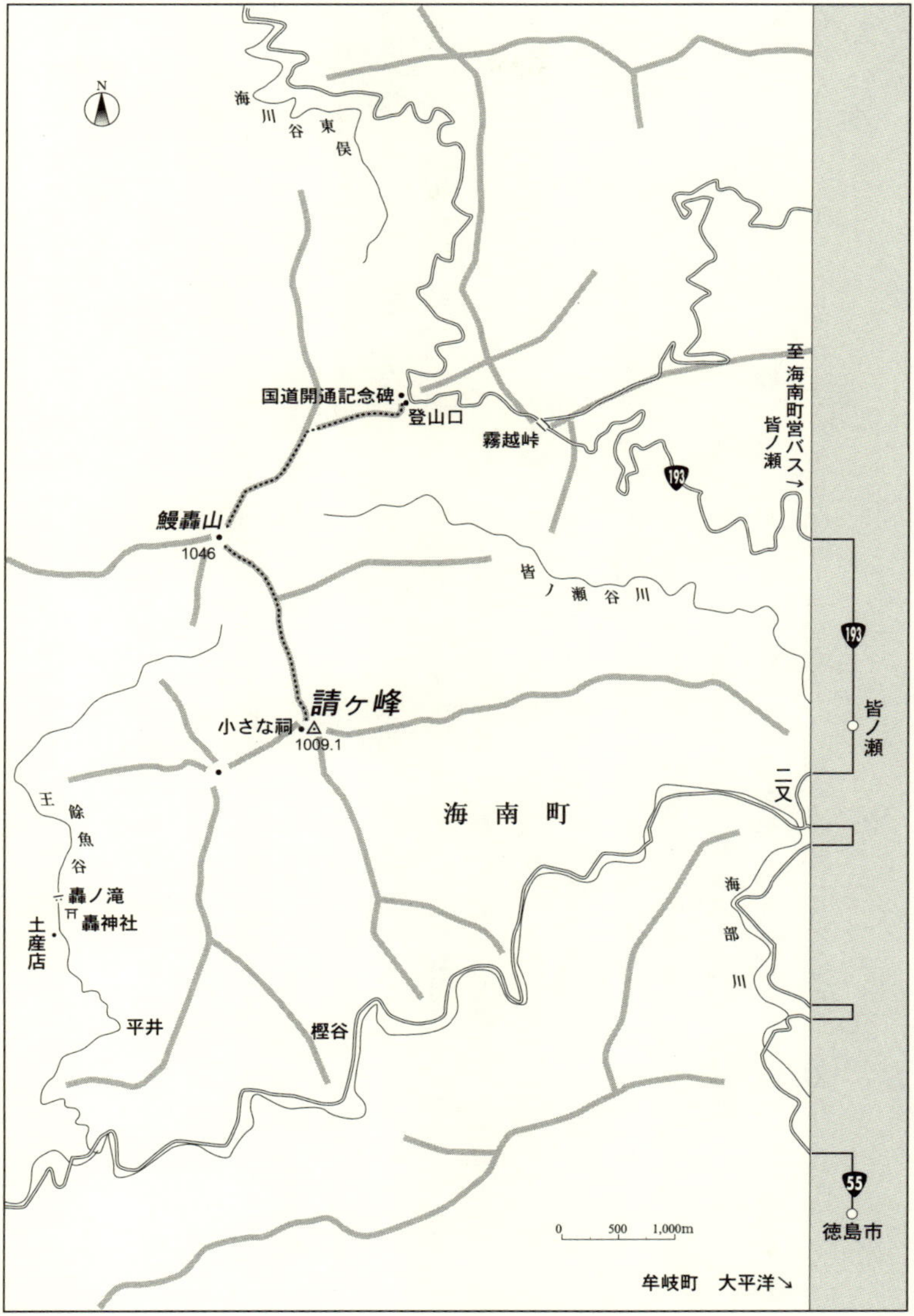
N
海川谷東俣
国道開通記念碑
登山口
霧越峠
至海南町営バス皆ノ瀬→
193
鰻轟山
1046
皆ノ瀬谷川
請ヶ峰
小さな祠
1009.1
皆ノ瀬
二又
海南町
王餘魚谷
轟ノ滝
轟神社
土産店
平井
樫谷
海部川
55
徳島市
0 500 1,000m
牟岐町 大平洋↘

西へ進むと吉野丸《よしのまる》方面だから、磁石で南進行方向を確かめ、膝の屈伸を効かせながらゆっくり下った。

轟神社の祭りの際にも鰻轟山や吉野丸とを結ぶ途中の尾根から神社へ下ったといわれる。それを確認するわけではなかったが、踏み跡が微かにしかない轟神社から王余魚谷川伝いに鰻轟山とを結ぶダイレクトルートを平成八年（一九九六）一月に辿ったことがある。文献には詳しく記されていないが、古くは請ケ峰、鰻轟山、吉野丸を順番に巡って修行する三峰廻峰行があったとされ、一帯の山は趣味の登山が流行する以前からとても人臭かったといえる。

請ケ峰への登路は、そうした歴史が刻まれているため本当にしっかりしていた。ただ、鰻轟山と請ケ峰の頂の間には四つのピークがある。アップダウンの繰り返しになる上、露出した大岩が登山道の途中にあって滑らないように注意を必要とした。徳島の岳人に請ケ峰の縦走の印象を尋ねると、大半の人が「行きも帰りも同じ苦労がいるのでしんどい」と口をそろえるだろう。登山は、一般的に行きは登っても帰りはどんどん下るのが当然だからだった。

請ケ峰のてっぺんは平地になっていて想像以上に広かった。下草と灌木が生え、その周りは植林が垣根のように重なっていた。道なりに南東に進むと登り返した地点に三等三角点があり、請ケ峰神社の小さな祠がまつられていた。文化一二年（一八一五）にできた徳島藩公式の地誌『阿波誌』に、請ケ峰は大昔、頂に池があり、その「いけ」が「うけ」に訛り、請ケ峰という呼び名になったという趣旨の内容が記されている。だが、その池は発見できなかった。雨季に池に発達しそうな湿地も探したがみつからなかった。

江戸時代後期、北海道から九州まで海岸線約四万キロを歩き、日本で初めて実測に基づく日本地図を作った伊能忠敬《いのうただたか》。彼は文化五（一八〇八）年三月一六日、徳島県北部の鳴門《なると》市に入り、四月一八日に県南部の宍喰《ししくい》町から高知県へと向かった。その後、一行は四国を一周して踏査した成果を「大日本沿海図」として残した。その地図に「請峰」という達筆な文字が記されている。ほかに徳島県内にある山が幾つか載っているが、全部で十に足らず、有名な四国第二の高峰・剣山さえもない。海岸線を測量したせいではあったが、請ケ峰がいかに大昔から世間に知られていたかを証明しているように思える。

「日本の滝100選」の轟の滝

請ケ峰へは、轟の滝に近い南麓の樫谷《かしだに》集落からも登路があるという。実はこれは歩いたことがなく、この日は往路を引き返した。帰りは、派手な山も多い剣山山系や祖谷《いや》山系に比べて伝説、人の暮らしをしのばせる歴史遺物が少ない海部山系にあって、請ケ峰は例外的な山の一つだろうと考えながら歩いた。

車に戻って、折角だから轟神社

へ立ち寄ることにした。峠から皆ノ瀬まで車道を引き返し、西へ海部川本流に沿って車を走らせ、大きな立て看板に従うと終点に土産物店がある駐車場に着いた。

轟の滝までは五分ほど歩いたが、夏に滝壺で御輿渡御が行なわれる落差二七メートルの轟の滝（本滝）はいつ目にしても見ごたえがあると思った。その滝からも鰻轟山へ直接登ることができ、過去に実行したときは、無数の小滝を右に見ながら谷沿いの岩道を上へ上へと歩き、中ほどから道なき斜面を地図と山勘を頼りに突き進んだのだった。

（一九九三年一一月一四日歩く）

コースタイム

登山口登山口（一時間）鰻轟山（一時間）請ケ峰（一時間）鰻轟山（四〇分）登山口

登山口までの交通

JR徳島駅から牟岐線に乗り、阿波海南駅下車。海南町営バスで同町皆ノ瀬まで行き国道一九三号を歩く。または阿波海南駅からタクシーで登山口まで行く。

周辺の見どころ

海南町大里の海岸に広がる「大里松原」がある。牟岐町には貝の資料館「モラスコむぎ」や、ウミガメの上陸で有名な日和佐町では大浜海岸と近くのうみがめ博物館「カレッタ」がよく知られている。

徳島・東部

袴腰山《はかまごしやま》

二六五メートル

瀬戸内海と紀伊水道が一目で望める「撫養《むや》富士」

［地形図］ 二・五万図＝撫養　五万図＝鳴門海峡

「山が呼んでいるから」。気障りなせりふかもしれないが、あまり世間に知られていない山へ行く時には、そういって人を誘うことが多い。山仲間は「またか」と、いぶかしそうな表情で一瞬考え込むが「あんたのつむじ曲がりにははかなわん」といって、結局、僕のひそかな期待にこたえてくれる。マイナーピークを踏む喜び、そして最終的には苦労をも分かち合え、理解しあえる仲なのだ。

「袴腰山は高頭式の『日本山嶽志』にも載っているし、地元の地名を取り入れて大津《おおつ》富士、撫養《むや》富士といって大昔から知られてもいる」と少し知ったかぶりをして説明すると、やはり想像した通り、五人は身近にそういう山があることさえ知らなかった。しかしそんな事は問題ではない、僕にとっては、ともに新境地を求める仲間が得られるだけでよかったのだから。

徳島市から国道一一号を一路北上。鳴門《なると》市の高松自動車道鳴門ＩＣの入り口を過ぎ初めての信号を左折。鳴門市衛生センターを左に見ると、四国横断自動車道と平行する。自動車道をくぐる道路（トンネル）があり、二つ目をくぐった。山肌と果樹園に挟まれた横幅すれすれの道を辿ってまもなく登山口に辿り着く。

登山道から山頂を見上げる

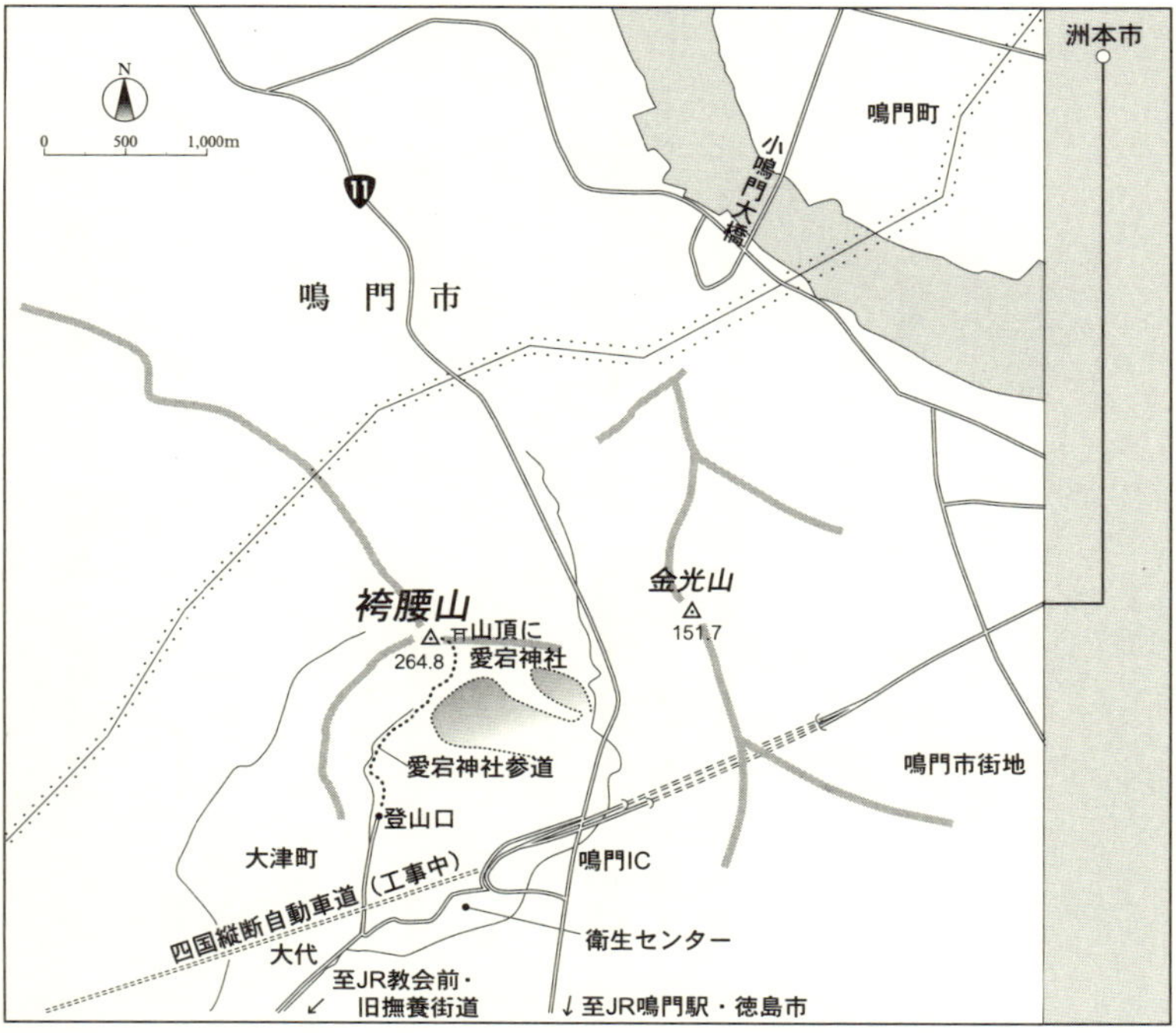

端正でどっしりとした富士型の山容は、遠くから望んだ時の数倍の迫力を持っている。そして袴の裾を開いた形にも似ていて「ハハァー」と、仲間全員が名前の由来に合点がいった様子。穏やかだった里山のイメージは一転、中級山岳にも引けをとらない重々しい印象に覆された。

倉庫に利用されているような一軒屋の手前の空き地に車を置いて、未舗装のか細い林道を進む。水の涸《か》れたダム湖からは、県の砂防指定地・日開谷の左岸に付けられた山道に変わった。先覚者を自認しながら「いつの日か次に訪れるだろうつむじ曲がりの人」のために赤テープを残しながら前進。一か所崩れかかっている所では慎重さが要求された。一斤染《いっこんぞめ》のヤマザクラと、青紫の冴えたスミレのアクセサリーがなければ、ほかにこれといった取り柄のない退屈な道もやがてカヤの茂る鞍部に出る。左へ直角に曲った。

「愛宕《あたご》神社参道」と記された看板にしたがってしばらく広い道を行くと、突如東斜面の採石場が視界に飛び込んできた。荒々しい岩沙漠の中をブルドーザーとダンプカーがエンジン音をこだまさせながら忙しく往復している。「まるで別世界」と唸らずにおられない。山が元のままであることを願うハイカーらは、驚愕はもちろん、げんなりするだろう。「愚昧の極み」という言葉を加える人もいるだろうか。静かな日開谷を歩いていた時には想像しえなかった殺伐とした風景だった。

気を取り直して、今度は明確な尾根にとり付く。砂岩でとても滑りやすいので侮ったわけでなかったが、少々肝を冷やす場面もあった。時々見下ろすと採石場の上に徐々に下界があらわになっていくのが判った。徳島平野が霞に抱かれた海で、徳島市のシンボルの山となっている眉山《びざん》がまるで浮き島のように漂っている錯覚にとらわれる。四国一の大河・吉野川も帯になって藍色に輝いている。

山頂から瀬戸内海(左)と紀伊水道(右)を望む

尾根に達するとマツが多くなった。さらに山頂から東に派生した尾根と合流すると松林になった。ほかにだれもおらず静かな山行だ。「小さな祠でもまつっていれば上出来」と決めつけて山頂に立ったが、意外や意外、またまた宙に浮くほどの感動に浸ることができた。中腹の採石場の悪夢をいっぺんに忘れさせてくれるダイナミックさ。風化して角の取れた四等三角点、傾いて今にも倒れそうな古く小さな木製の鳥居、土埃にまみれた賽銭が無秩序に並んだ石造りの祠には別段興味を引かれなかったものの、振り返って眺め下ろした北方の海洋風景に目が張り付いてしまったのだ。

　群青色の光沢を放つ瀬戸内海と紀伊水道。二つの海がせめぎあう鳴門海峡の遥か向こうには淡路島が奥まっていて、ひときわ高い諭鶴羽《ゆづりは》山がよく目立った。さすがに渦潮は見えない。脚下には、鳴門市街が箱庭のように小さく見え、岡崎《おかざき》城、小鳴門《こなると》橋、弓なり状の里浦《さとうら》海岸などの名勝が即座に分かった。そこには、六万人の生活も営まれているはずだった。

景色に見とれている最中、眼前の金光山《きんこうざん》の上空、ここととほぼ同じ高度を鳩の群れが水平に横切った。それもレース中の飛び方で、帰巣本能に促され、矢のように脇目も振らずまっしぐらにに鳩舎へ向かう姿だった。なぜ鳩と判ったかというと、小学五年年から高校に入学するまでの間、僕は伝書鳩を飼った経験があって、鳩がどんな飛び方をするかといった習性は当然知っていたからだ。春と秋に行なわれるレースの前半、春期短距離レースだろう。時間的に見て、大阪か米原辺りから帰ってきた集団に違いないと思われた。大阪からだと、直線距離約一二〇キロ、順調なら、およそ三時間の行程だった。

数年前の同時期にも高知県境に近い天狗塚《てんぐづか》の山頂で同様の出合いがあったが、再び少年のころに戻ったような心持ちになり、素朴な喜びと懐かしさが込み上げてきて実にさわやかだった。こういった気分は、時に平凡に終わりがちな山登りの大きなスパイスになるから非常に大切だと思う。

昔は、麓の大代《おおしろ》集落に住む人たちは年に一度、袴腰山登拝していたようだが、最近来た人の気配はこれっぽっちも感じられなかった。人の足が遠のいているということは、逆にゴミも捨てられず、むしろ環境を守られるということでもあると考えたらいいのか。

低くても立派な山。登山のあとには必ず下山がつきもの。浮かれた気分をいつまでも引きずっていると、とんだ目に遭う。行きに曲がった分岐点を見逃し、主稜線を行き過ぎてしまうと手強いイバラの拷問が待っているし、砂岩なので転びやすい。気を抜くと、手や足、顔などに生傷をこしらえることになる。しかしこの山の砂岩は「撫養石」といって昔から家の建築に欠かせない材料だったということを考えながら下った。

袴腰山は、二重三重によい山なのに、あまり知られていないのが本当に惜しいと思う。地元でもそうなのだから、大半のハイカーも免れない。僕も『日本山嶽志』を紐解かなければ一生縁を作らなかったか、もっと登頂が遅れたはずだった。そして小さくても、こんな山へ登るときっと次の山行へのバネになる、と僕はあらためて確信した。

（一九九四年三月中旬歩く）

コースタイム

登山口（四〇分）鞍部（二〇分）尾根（三〇分）袴腰山（三〇分）尾根（一五分）鞍部（二〇分）登山口

登山口までの交通

JR鳴門駅から鳴門線に乗り、教会前駅で下車。旧撫養街道へ出て、農道に別かれて登山口まで歩く。

周辺の見どころ

鳴門市林崎の妙見山の山頂には、徳島出身で人類・考古・民族学者であった「鳥居龍蔵の記念館」がある。同市板東には第一次世界大戦時の捕虜を収容した「ドイツ館」があるほか、同市大毛島には大鳴門橋からの渦潮見学施設がある。

淡路島・東南部

諭鶴羽山《ゆづりはさん》

六〇八メートル

八州（泉・摂・播・讃・阿・淡・紀・備）の展望がかなう山

［地形図］二・五万図＝諭鶴羽山　五万図＝由良

登山口から五〇歩も足を進めると、不意に甘酸っぱい香りがした。道端に咲くスイセンだった。所どころでは、畑一面に植わっていた。自生のものと人が手で植えたものとが諭鶴羽山の裾野を華やかに飾っている。登山口から東に道路を数キロ進めば、スイセンの里として有名な「黒岩《くろいわ》水仙郷」がある。ちょうど今が花の盛りで、そこを訪ねる前に一汗かこうと思い立ちこの淡路の最高峰にやってきた。スイセンの香りに気分が和んで間もなく、鹿除《よ》けのネットが道を塞いでいた。山からシカが下りてくるのを食い止めようというものだろうか。「ニホンカモシカか」と直感したが、ニホンジカかもしれない。

高校二年生のとき、登山部の友人二人と諭鶴羽山へ登ったことがある。フェリーに自転車を積んで鳴門《なると》海峡を渡り、淡路島の阿那賀《あなが》の港から登山口まで約二〇キロペダルを踏んだあと、「裏参道」と呼ばれる北斜面を歩いて天辺に立った。残念なが

登山道沿いのスイセン

ら思い出は薄いが、そのとき役立った『祈りの深山』（田中澄江他著・小学館刊）に「カモシカが生息…」と記されていたことが記憶にあった。

諭鶴羽山（吉野川河口から望む）

この日は、鳴門市の鳴門ＩＣから神戸淡路鳴門自動車道に乗り淡路島へ入った。淡路島南ＩＣで県道二五号に出て、南淡町で県道七六号に合流、やがて登山口に到着したのだった。

登山道を行き来する地元の住人にも会わず、どちらの種類のシカかは確認できなかった。僕にとって淡路島では初体験となるニホンカモシカとの遭遇、そんな期待を胸に秘めながらネットを開けた。

落葉樹が少ないせいで山道は暗かった。分岐もなく道は鮮明で分かりやすいが、深く掘れ、レンガのような石が無数に転がっていた。道の真ん中を避けて右端と左端を交互に歩いた。道程を告げてくる路傍の丁石がなかったならつづら折れの道も退屈になって元気が続かなかったかもしれない。

五百年以上昔の室町時代に五輪塔が立っていたというお堂跡で一服した。昭和三八年（一九六三）に、塔に銘が刻まれていたことが発見されたとか。山中にはお堂などの大伽藍が全部で十数棟あったと伝えられる。淡路島の低山にも山の暮らしと山岳信仰が根付いていたことを教えられ、新鮮な発見をした。

周辺にユズリハという木が何本かあることに気が付いた。ユズリハはトウダイクサ科の常緑高木。新しい葉が生えるのを待って古い葉が落ちるので、ユズリハと付けられたそうだ。諭鶴羽山の山名の由来は二説あり、一つはこの樹木が多い点にちなんでいる。

やがて舗装した車道に出て、すぐ正面に諭鶴羽神社が見えた。広い境内を持ち、アカガシやスギの大樹が長い歴史を物語っていた。山道では吹いていなかった風が出てきた。しかも痛いほど冷たかった。神社の由緒や諭鶴羽山登山道が含まれる「近畿自然歩道」を紹介した看板を眺めているだけでも、我慢できないほどの寒さだった。荘厳な上に寒々とした山の神社にふさわしい冷風を受けて一刻も早

山の中腹にある諭鶴羽神社

く体を動かしたくなった。

神社からは登山道と未舗装の車道が重なった。一帯もアカガシの森で前半の登りよりも一層周囲は暗く、まるでトンネルの中を歩くようだった。ここのアカガシ群落は千二百ヘクタールあり、兵庫県一の規模を誇るという。県から文化財に指定されていた。

マイクロウェーブ中継塔の前を過ぎて数分、展望台の立つ広い山頂に到着した。四方に見晴らしが効いて一等三角点があることもうなずけた。和泉、摂津、播州、讃岐、阿波、淡路、紀州、備前の八州の展望がかなう名所と言い継がれているが、この日は無念だった。南斜面のはるか下に鈍色の紀伊水道が広がっていた。空には厚い雲が集まり、天と地の明るさが対称的だった。山頂には十数分しかいられなかった。

下山にかかる直前のほんの一瞬、雅やかな光景に巡り合った。沈んだ鉛色の積雲が二つに割れたかと思うと、その間から幾筋の光線が金波銀波の海原を真っ直ぐに差した。神々しい黄金色のカーテンのようでさえあった。その光線

山頂から紀伊水道を望む

は「ヤコブの梯子（階段）」「天使の梯子」という名前が付いている自然現象だと家に帰ってから知った。事前には想像すらできなかったシャレた名前だった。

逆に、見えるはずだと思った淡路島の南沖約五キロに浮かぶ沼島《ぬしま》はよく見えなかった。林が邪魔をして背伸びをしたが無理だった。僕が住んでいる徳島市の吉野川河口から北東に目をやると、悠然と横たわる諭鶴羽山と、手前に沼島が重なって見えた。沼島は夏に美味なハモ漁が有名な小島で、ハモ料理を食べるためにわざわざ船に揺られてくる観光客が絶えないという。

帰りは諭鶴羽神社まで一気に下った。麓に近付くほど暖かくなってきた。標高から割り出すと、登山口と山頂とでおよそ三～四度の気温差があるはずだ。往きは観察が足りなかったが、道沿いや山肌のスイセンは下るほど花付きがよかった。再び甘酸っぱい香りが漂い出し、登山が終わりに近付いたことが分かった。道路に置いた車の屋根が見え、シカ除けネットをくぐると、左後方から薄墨色の冷気をまとう諭鶴羽山が僕を見下ろしていた。汗がじわっと噴き出してきたのでフリースのベストを脱いだ。ネットの横で拾ったパンフレットに、次のようなことが書かれてあった。

紀伊熊野との関係は平安修験にさかのぼり、熊野の神は諭鶴羽山から渡っていかれたと伝えられる。淡路国太田文では当社（諭鶴羽神社）を熊野本山と記しており、諭鶴羽神が熊野神の親神であるといわれる所以。祭神が同神であるのは熊野と諭鶴羽の信仰が同じであることを物語る。

『祈りの深山』では諭鶴羽山が一章に割かれている理由がそれを読んでよく理解できた。もう一度、後ろをふり返り二時間余りの山行を思い出に変えた。

（二〇〇一年一月歩く）

コースタイム

登山口（一時間二〇分）諭鶴羽神社（五〇分）諭鶴羽山山頂（二〇分）諭鶴羽神社（五〇分）登山口

登山口までの交通

鳴門駅からは淡路交通のバスセンターからに乗車して福良で下り、黒岩行きに乗り換えてバス停水仙郷で下車、徒歩二〇分で登山口に着く。神戸方面からはバス停高速舞子で、洲本経由の福良行に乗車し、福良で乗り換える。

周辺の見どころ

諭鶴羽山の裾野、南淡町灘黒岩に、スイセンの名所「黒岩水仙郷」がある。一二月下旬から三月初旬にかけて咲きほこり、辺り一面が白いじゅうたんとなる。下山後の一日は、南淡町や洲本方面のリゾート地でゆっくり休息するのもよい。

香川・愛媛の山を歩く

石鎚山の北側登山道にかけられた鎖

香川・中西部

飯野山《いいのやま》

四二二メートル

「母なる山」讃岐富士、「オジョモ」の巨人伝説が残る

［地形図］二・五万図＝丸亀　五万図＝丸亀

日本全国に○○富士と呼ばれる山の仲間は三百座を越すといわれる。地元で「いんのやま」と呼び習わされた香川県中西部にある飯野山も「讃岐富士」の異名を持つ。高さは他の多くの富士に及ばないが、均整のとれた円錐状の山容は決して引けを取らないだろう。しかし、初めて飯野山を目指して讃岐平野を車で走る人の大半は、見える山すべてが飯野山に見えてしまうかもしれない。それほどよく似たお結び型の山が散在するのが讃岐平野の特徴だからだ。水がすっかり枯れた海底から島を見上げながら進むようなものだというと大袈裟だろうか。「讃岐七富士」といって、飯を山のように盛ったその丸い優美さを比べて七座が選ばれていて、その筆頭格が飯野山でもある。

飯野山を遠望して確かめるには、南の金刀比羅宮《こんぴら》がある象頭山《ぞうずさん》中腹からがいい。この日は登る前に余裕があった。溜め池が光る広い平野に周囲六キロの突起が一際、凛として聳え、箱庭的風景をつくっていた。讃岐平野は、池の間に水田があるといわれるほど溜め池が多い。ちなみに、香川県人の中には飯野山を「母なる山」、象頭山を「父なる山」という人もいる。

母なる山の登り口は丸亀市にある。

飯山町から見上げた飯野山

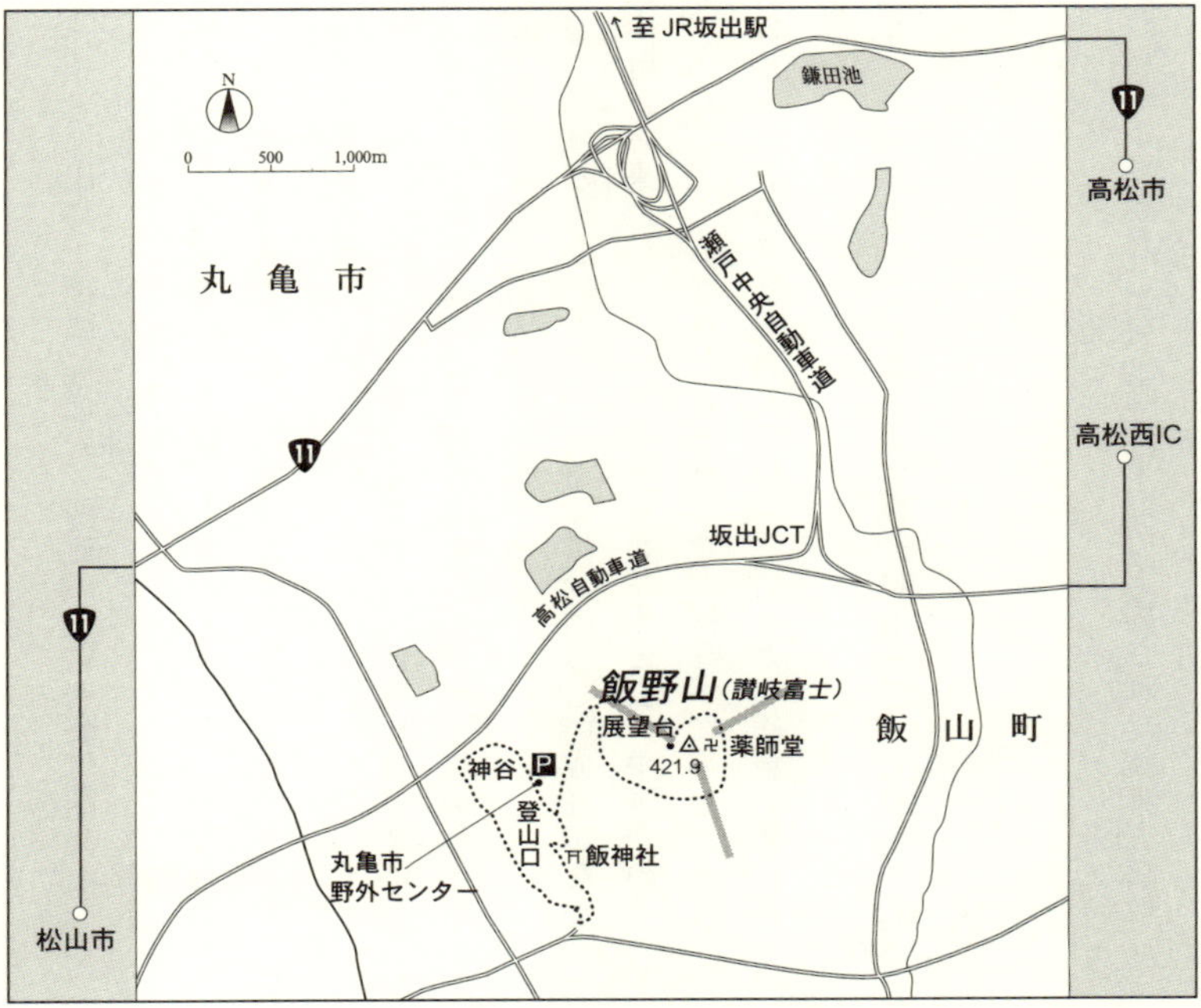

高松自動車道・高松西ＩＣを下りると国道一一号に出て、標識に従い、西麓の丸亀市野外活動センターに向かった。研修室の脇にある石段を登ると登山道に入った。飯山町《はんざん》から来た道と合流して斜面を北へ登り、北麓から上がってきた道との分岐から巻き道に進む。マツ、ヤマザクラ、クヌギなどがあった。裾野にはモモ畑が多く、花咲く春のころ、地元の人たちは「飯野山が腰巻きをした」と形容するほどきれいなピンク色に染まる。

石がゴロゴロしていたが、踏み跡はこれ以上ないというほどしっかりしていた。飯野山は見て心地いいだけではない。きっと、登る人の心を躍らせる山であることを裏付けていた。讃岐平野の他の低山には宿命ともいえる車道が、飯野山には一切貫いていない点もよかった。

登山道はちょうど反時計回りに登る形だった。ほぼ水平といっていい道では登山らしい疲れがなかなか出てこなかった。嬉しい悩みだった。飯山町から来たもう一つの道と合わさると広い平野がのぞいた。ここまで来るといくら楽でも低くても、山だと思える風景だと実感した。侮らずにポケットにしまっていた地形図を広げると、頂上が間近に迫っていることを教えていて、所々から銀色の瀬戸内海が見えた。木陰から出ると広さ約千平方《メートル》という頂だった。

薬師如来をまつる薬師堂の周りに石塔、石仏、歌碑が立っていた。この歌碑は有名で、こう刻まれていた。

　暁に駒をとどめて眺むれば
　　讃岐の富士に雲ぞかかれる

大正一一年（一九二二）の秋、昭和天皇が摂政宮殿下だったころ、讃岐平野で実施された陸軍大演習

中腹から水田と家並みが点在する麓を眺める

に訪れた際、詠まれた歌だ。

ただただ展望がないのが残念だ、と気を落としたまま下山にかかろうとした。すると、西側の少し下った所に巨岩の展望台があることに気付いた。その岩には「オジョモ」といわれる伝説の巨人の足跡が残されていた。この山を造ったのが巨人であるとか、岩は信仰の対象だったとか、伝えられている。

しかし展望台からの景観は目を見張るものだった。山に感動する心が人それぞれだとしても、四二二《メートル》の高さを十分に忘れさせた。父なる山・象頭山をはじめ独居の山が、やはり島のように浮かんで見え、その間にまるで水溜まりのような池が鏡のようだった。

同じ道を転ばないようにして下った。

帰りは野外活動センターの上から左へとり、飯《いい》神社に立ち寄った。延喜式に載った丸亀市内一古い神社で、中世のころまで山頂に社があったそうだ。飯野山は女人禁制だったとも伝えられ、この山はいくつも隠れた物語を秘めているようだった。

また、飯野山には付近の住民が噴火で被害を受けたため仙人が大石で蓋をして休火山にしてしまった、という伝説もある。実は至る所にある讃岐のミニ富士は、かつて火山だったとされていた。が、戦後、高松市の東にある屋島山上で水中堆積層が見つかり覆された。数多くの伝説から小さな山でも大きな山に劣らない魅力があることが分かる。

道路に出て、山の付け根に沿ってゆっくり帰った。住宅地の道も頂と同じ香りがしているように思えた。それほど生活と一体になった、登山本位ではない名山が飯野山だった。


（一九九七年二月歩く）

コースタイム

登山口（一五分）野外センター（五〇分）飯野山（四〇）飯神社（一〇分）車道（三〇分）登山口

登山口までの交通

ＪＲ坂出駅からタクシーで登山口まで行く。

周辺の見どころ

北東に五キロ離れた丸亀市に「丸亀城」（国指定重要文化財）があり、二万点を収蔵した「丸亀市猪熊現代美術館」もある。日本屈指の塩の産地として関係資料や道具を展示した「坂出市塩業資料館」もある。琴平町には「こんぴらさん」の愛称で親しまれる「金刀比羅宮」がある。

香川と徳島の県境

大滝山《おおたきやま》

九四六メートル

讃岐山脈第三位の高峰、ブナが繁る穏やかな山道

［地形図］二・五万図＝西赤谷・讃岐塩江
五万図＝脇町

香川と徳島の境に横たわる讃岐《さぬき》山脈。東は大麻山《おおあさやま》から西は雲辺寺山《うんぺんじさん》まで連なる。この山脈への思いやりは、両県民の意識の中で全く違うと思う。香川県の人たちは、高く深い山をそこにしか見いだすことができず、逆に徳島県人にとっては山といえば讃岐山脈から遥か南に離れた四国の真ん中を東西に貫く四国山地を即イメージする。

一見「山地」より「山脈」といった方が山の高さが優るように思われるが、決してそうではない。四国山地の高峰には愛媛の一九八二㍍の石鎚山《いしづち》、徳島の一九五五㍍の剣山《つるぎさん》があるのに対し、讃岐山脈の最高点といえば一〇六一㍍の竜王山《りゅうおう》なのだ。

竜王山にはこれまで高校時代も含めて二度登り、竜王山に次ぐ大川山にも二度、そして三番目の大滝山の頂にも二度立ったことがある。大滝山へは竜王山から縦走したことがある。今から八年も前の話だ。大滝山は縦走して幅広く風景を見たはずなのに記憶はほとんど消えていて、最近保護策が活発になった香川県側のブナ林の様相も忘れていた。

あらためて大滝山のブナ林を見たくなったわけは他でもない。この山を麓から登ることで知り尽くしたと信じていた思いが果たして正解だったかどうか判断したくなったからだ。

大屋敷の車道から大滝山(中央)を見る

徳島市から徳島自動車道に乗り脇《わき》町ＩＣで下りると左折し、国道一九三号に入った。五キロ《キロ》余り進み案内標識に従って左折。大規模農道を車で走った。まず目指したのは、山頂直下にある大滝寺。登山者のほとんどは寺から往復二〇分だけの超軽登山をして大滝山を語ることが珍しくなかった。僕の最初の大滝山登山も大滝寺からだった。

標高九二〇メートル《メートル》の大滝寺入り口でもある登山口を通り過ぎ、香川県に越え、つづら折れの坂道を下り始めた。間もなく民家が現れた。徳島県西部にある平家落人の里として知られる祖谷《いや》地方のように山肌に家々が張り付いているのを見て驚かされた。左手にほぼフラットに横たわる松葉色の稜線が見えた。際立った高低差はなく、初めて見る人には左端のピークが大滝山の頂とは分かり難いだろう。しかし徳島側と異なり自然林が多く残されていることが分かった。

大生口《おおばえぐち》の登山口が近付くと、透明度の高いアクアグリーンの渓谷が眼前に流れていた。道路が谷を半分埋めたような形だが、その渓谷の印象は想像を越えていた。鬱蒼という言葉が似合う林が、両岸から小手川を覆うように斜めに生えそろっていた。車のエンジンを切れば水音と野鳥のさえずりが反響していた。讃岐山脈には昭和九年（一九三四）、ツキノワグマが三頭捕獲されたと記録に残っている。それを知ったときは半信半疑だったが、ここへ来て初めて「記録は嘘でない」と確信できた。

大生口と呼ばれる登山口には立派な標識と周辺案内板があった。大生峠までの道はこれ以上ないというほど刈り込まれ地ならしされて歩きよかった。マツが多く乾燥した地肌だったが登るほど広葉樹が増した。大生峠に達し稜線歩きに変わるとブナの大木が囲むようになった。先だけを急いだ竜王山からの縦走で見落としていたブナ林をあらためて体感した。

大生峠から大滝山を結ぶ稜線はブナが多い

光が地面に届かず、風が樹間を抜けてほてった体を覚ましてくれる経験は四国では何も四国山地だけの特権ではなかった。

標高九四三メートルの二等三角点がある城ケ丸《じょうがまる》の辺りの稜線から眼下に吉野川が見下ろせた。大きく蛇行してゆったりと流れる姿は大河・四国三郎の名にふさわしかった。水面は無限の空を照り返して銀色に輝いていた。その向こうには、阿波《あわ》富士として名高い端整な高越山《こうつざん》がそびえていた。ここよりわずかに高いが、伝説では、高越山と大滝山が高さを競って喧嘩になり、石を投げ合ったといわれる。まるで富士山と八ケ岳のように。

両山のちょうど中間地点に阿波町という町があるが、阿波町が扇状地形になっているのは二つの山が投げ合い、届かなかった石が積もったからという話だった。しかし山の高さを重んじたのはやはり人間であり、そんな笑い話が生まれたのだと思えた。

ブナ峠。道標や解説板が香川県によって整備されている

やがて、しっかりした標柱に「ブナ峠」と書いてあるコルに出た。なるほどブナの本数がそれまでを上回ったが、ブナ峠とは直接的で、名付けの苦労をいとわずに済ましたような気がして少し興覚めがした。それからブナの表皮に文字を掘り込むという心ないハイカーの悪戯に腹が立った。ナイフを入れた本人は記念のつもりだろうが、古い表皮を繕うように新しい表皮が覆った灰色の樹肌を見て、人間の手術跡のように痛々しく感じられた。最も恥知らずなのは自分の名前を刻んだものだった。どういう神経の持ち主だろうかと、今度は哀れを誘われたほどだ。

大滝寺へは立ち寄らなかったが、所々に立て看板があり、一帯が寺の霊域だと告げていた。霊域というと真っ直ぐ天を突くように延びた大杉を連想するが、稜線付近は杉よりブナが目立ち、大滝寺を守る木の霊とはブナの精なのかもしれないと思った。

この寺は弘法大師の著書『三教指帰《さんごうしいき》』によって大師が修行したと伝えられるが、そこに出てくる「太竜岳」は、徳島県鷲敷《わじき》町にある西の高野こと四国霊場二十番札所・太龍寺《たいりゅうじ》のある山との見方が強い。

しばらく斜面を下ると車道に出た。約二時間前、車で通過した道だった。案内板のある空き地で十数人の年配者が賑かに昼食を取っていた。登山に来たのではなく、山仕事か寺に参拝に来た地元香川県の人たちのようだった。焼き肉の香ばしい匂いがプーンと漂ってきて、腹がグーッと鳴った。

五分ほどアスファルト道を歩いて再び林に入った。帰路は車道を歩き続けてもよかったが、山歩きにこだわる元気にまだ余裕があった。南斜面の中腹をずっとトラバースする道が整備されていて、それを途中まで歩き、登山口に下ることにした。トラバース道も相変わらず自然林が多いが、急な斜面で大木は少なかった。最上流部でもないのに谷水はほとんどなく涸れ沢同然だった。下流の渓谷美とはかけ離れている事実が悲しかった。

大滝山の森では、ツキノワグマだけでなくニホンジカやカモシカも絶滅したとされる。人間を感動させる林が一部に保たれていても動物が現実に棲むにはあまりにも狭すぎるのだった。所々では、小さな蝶が無数に飛んでいて感心したし、シャクナゲが出現して目を見張らされもした。林にはケヤキやヤマザクラの大木もあるようだが、お目にはかかれなかった。イノシシとかウサギもいるとのことだったが会えなかった。

車に乗ってからは脇町へUターンするのでなく、高松方面に向けてハンドルを切った。渓谷沿いの道がしばらく続き、途中、車道に停まった車が急に増えて驚いた。宅地になっているのかと思ったが、川岸が「香川県民いこいの森キャンプ場」になっていた。「えっ、こんな所に」と急ブレーキを踏んでしまった。香川県ではここでも十分に奥深く、自然を満喫できるのだった。

車道が二車線に広がると視界が明るくなった。空が大きくなったのだ。道沿いに見え始めたころ振り返った。苔色の山と山の間の切れ込みが奥まで続いていて果てには常磐緑の盛り上がりがわずかにのぞいた。大滝山とは思えなかった。それほど緩い勾配の谷だった。それが四国山地だったらどうだろう。壁のような山肌が垂直気味に立ちはだかっているに違いなかった。

紀州《きしゅう》の大杉谷《おおすぎだに》から大台ケ原《おおだいがはら》へ登ったときに見た風景が思い出された。あの深山幽谷に比べれば「小さな四国で、山地も山脈もないな」と思ったのも事実だった。山登りは山頂に立つことだけが目的ではなく、実際に時間を掛けてじっくり歩いてこそ、その山の値打ちが分かると、今更ながら身に染みた。貴重な半日だった。

（二〇〇一年五月三日歩く）

コースタイム

大生口登山口（四〇分）大生峠（四〇分）ブナ峠（五分）大滝山（五分）ブナ峠（五分）車道（五分）中腹登山口（二五分）分岐（二〇分）大生口登山口

登山口までの交通

ＪＲ高松駅からコトデンバス塩江線に乗り、塩江で下車、町営バスに乗り換え一ツ内で降りる。またはＪＲ徳島線穴吹駅から西部交通バス穴吹線に乗車し、塩江で町営バスに乗り換え一ツ内で降りる。

周辺の見どころ

塩江町には約一三〇〇年前、奈良時代の名僧・行基《ぎょうき》によって発見されたという「温泉郷・塩江温泉」がある。また「四国一の萩寺」といわれる「最明寺」も同町にあり、平安末期創建の境内には十数種、約三〇〇株の萩が植えられている。

雲辺寺山《うんぺんじさん》

九二七メートル

四国霊場の最高地、六十六番札所・雲辺寺

［地形図］二・五万図＝讃岐豊浜　五万図＝観音寺

「四国遍路《へんろ》」という言葉で知られる四国霊場八十八カ所巡り。霊場のうち最も高い地点にあるのが六十六番札所・真言宗御室派の雲辺寺《うんぺんじ》。雲辺寺山は香川、徳島県境の讃岐山脈西部の一峰で、つまり山頂部にこの寺がある山というわけだ。香川県大野原町の山麓から一気に登頂できるロープウエーがあり、徳島県側からも車道が山頂直下まで延びていて下から歩いて登る人は少なくなった。しかし、徒歩で登ることにより、信仰登山の意味について考える機会にもなるかもしれない。たとえ何も考えない登るだけの登山になったとしても、周囲の山と眼下に眺められる讃岐平野、瀬戸内海の感動は決して小さくはない。秋から冬にかけての時期がベストシーズンで静かな山歩きが楽しめる。

香川県高松市方面から松山方面に向かい、高松自動車道・大野原ＩＣから県道観音寺佐野線に入った。雲辺寺ロープウエーの案内標識が立つ地点から左の広域林道へと曲がる。大野原ＩＣから半時間ほ

登山口の標識

雲辺寺本堂とお遍路さん

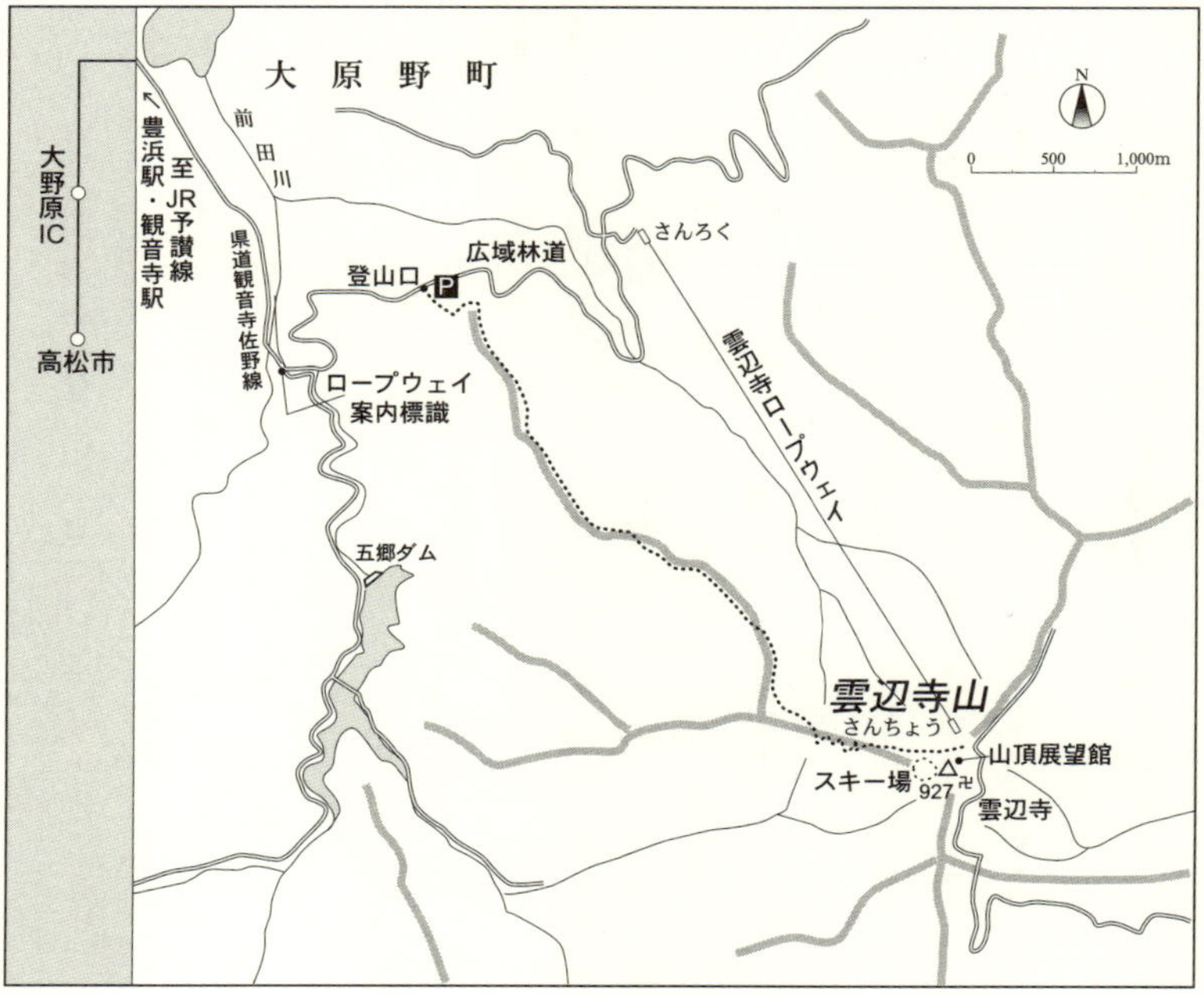

どハンドルを握ると、ロープウエー乗り場の少し手前で道標のある登山口を見つけた。

道はよく歩かれていた。昔ながらの遍路道は明瞭で迷う恐れはまずない。ある一定の間隔で道程を示す丁石が山頂まで点々と立てられているようだった。歩き始めは、緑色のペンキを薄く塗ったように露出した岩の表面にコケがまとわりついていてツルツルの岩道だった。何度も滑りかけた。沢登りの緊張感を味わうというと大袈裟かもしれない。傾斜はずっと緩やかに続いて体力的には楽だった。展望を楽しめないのが玉にきずと思えた。

道は一本きり。「心を洗い、心を磨く」と書かれた小さな札が途中何度も木に吊り下げられていた。嫌でも視野に入り、歩き遍路の気分にならざるを得なかった。秋がいいと理解していながら夏に来て暑くて暑くて汗をぬぐいながら、しかしそんな殊勝な心掛けにはなれないなあ、と季節のせいにした。一匹も見かけなかったが夏の低山では注意を要するマムシに気を付けながら歩いた。

所々、林の間からロープウエーが望めた。ピンと張られたワイヤーにぶら下がるゴンドラが上から下りてきてすっと山の端に消えた。登山道でだれにも出会わないことを考えると、歩いて上り下りする人は僕一人ぐらいなのだろうか。しばらく登行を重ねると、林道（通行禁止）から上がって来た登山道と合流。よく踏まれていて通行者の多さをしのばせた。辺りは雑木林になり、花弁が白く繊細なカラマツソウが道を飾っていた。やがて悪路のジグザグ道に変わった。水が絶え間なく流れているのか、人の頭部ほどの大きさの岩が磨かれたような光沢を持って点在し、枯れ沢のようになっている。歩きにくいことこの上なかった。

突然、工事車両のエンジン音が聞こえてきた。ひょっこり明るい斜面に飛び出す。上に向かって全面伐採され、地ならしされた赤土の斜面になっていた。香川県で初めて、四国では七番目というスキー場の建設現場だ（この時は工事中）。比叡山や六甲山と同様の人工スキー場になる予定で二〇〇一年師走から営業している。

左へ進み、スキー場の敷地の北端をなぞるように道を辿ると、再び雑木林に入った。陽が届かず暗いが、コース中では自然林が最もしっかり残っていて、ほっとできる場所だった。歩いていると風を感じなかったが、しばらく休むと肌が汗を感じた。時間がたつにつれ汗が冷えてきて気持ちよくなった。平坦な巻き道をどんどん行くと今度は舗装した車道に出た。もう頂稜部に達していた。

頂上に立つ前に、左に曲がりギボウシの咲く車道を三分ほど歩いてロープウエーの終着駅に立ち寄った。東屋がありその屋根の下で中年の女性二人が弁当を広げていた。雲辺寺山を楽に登った人には、顔中汗いっぱいでリュックザックを背負った僕の姿がどう見えただろうか。横に自動販売機が置いてあった。歩いてきたコースは水場がなく、ここで飲料を補給することができそうだ。

来た車道を引き返し、真っ直ぐ行くと、最高地点だった。地形図の通りてっぺんには三角点はないが、広場になっていてベンチの他、有料展望施設がある。スキー場も足元から広がっていた。霞がたなびく向こうに、期待通り讃岐平野と瀬戸内海を見下ろすことができた。

戦国時代の武将で土佐から阿波・白地城に攻めてきた長宗我部元親《ちょうそがべもとちか》は、この雲辺寺山に登り、四国統一の野望を持った。それを当時の雲辺寺の住職に語った際、分不相応なことをやめるよう諭す意味で「茶釜の蓋で水桶に蓋をしようとするもの」と語った話が『四国軍記』という文献に記されている。

境内の周りに五百羅漢像が並ぶ

せっかくというと弘法大師に叱られるかもしれないが、雲辺寺の境内で参拝も忘れなかった。登山道では想像しなかった混み具合だった。白装束姿のお遍路さんの団体がよく通る声で般若心経を唱えていた。わが家でも真言宗を信仰しているが、こうして実際に寺を訪れない限り信仰を自覚したり信仰について考えが及ぶことはまずないと思った。

雲辺寺の本尊は弘法大師が刻んだと伝えられる千手観世音菩薩で国宝に指定されているという。それにしても、八十八カ寺は弘法大師によって開基したとされるにもかかわらず、すべてが真言宗でないのはなぜか、と疑問に感じた。曹洞宗、臨済宗、天台宗、時宗などの寺があり不思議だった。

境内の周りには石像の五百羅漢像がずらっと並んでいて、いい知れぬ雰囲気があった。山岳寺院に来ているためか、動かぬ彫刻にも掘り手の魂が注がれているような心持ちになり、思わず姿勢を正して歩かないといけないのでは、とその場だけ気合いが入った。

下山は、来た道を滑らないよう注意して戻った。上りと変わらないほど汗が噴き出してきた。しばらく上半身裸になって車の前で体を冷ましていると、楽に参拝しようとロープウエーの駅に向かうお遍路さんが次々、バスで目の前を通り過ぎていった。

（二〇〇一年八月四日歩く）

コースタイム

登山口（一時間二〇分）林道分岐（四〇分）車道（五分）雲辺寺山（一時間一〇分）登山口

登山口までの交通

公共交通機関はなく、ＪＲ予讃線豊浜駅か観音時駅からタクシーで登山口まで行く。

周辺の見どころ

観音寺市に巨大な銭型の砂絵（東西一二二メートル、南北九〇メートル、周囲三四五メートル）を書いた「琴弾《ことひき》公園」がある。公園は「日本の桜の名所百選」でもある。同市には有明浜を見ながら入れる天然ラドン温泉「湯屋琴弾回廊」があり神経痛、婦人病に効く。また大野原町には二四種、二〇〇〇株の萩が咲く「萩原寺」があり、国指定重要文化財を収めた宝物館がある。

石鎚山《いしづちさん》

一九八二メートル

南国四国が誇る西日本第一の高峰

［地形図］二・五万図＝石鎚山・瓶ヶ森
五万図＝石鎚山

石鎚山は愛媛県最高峰というだけではない。南国四国が誇る西日本第一の高峰だ。石鎚山脈の盟主にふさわしい堂々とした山容は見る角度によって個性的な姿をつくり、四方どこから見ても例外なく凛々しい。特に岩稜をまとう屹立した山頂部は心を打つ自然風景の極致だろう。七世紀に役ノ行者が開山したと伝わるが、長い山岳信仰の歴史を秘めることも素直に納得させる。修験者だけでなくスポーツマンや観光客に応える山にもなったのは、万人を受け入れる大らかな名山聖峰の所以である。風渡る石鎚の頂に立ち、冴え渡る眺めに出合ったとき山に生かされている自分の存在に気付かされる思いさえする。

わざわざ混むことを承知で、初めて年に一度の山開きの期間を選んだ。松山自動車道・いよ西条ICで下りると国道一一号を走る。加茂川橋から左折し、一路石鎚山の登山口目指して二車線道路を行った。西の川の登山口は予想通り、大勢の白装束姿の信者や一般のハイカーで押すな押すなだった。標識に従って、石鎚登山ロープウエーの駅へ向かう。車を近くの駐車場に置いた後、ゴンドラに乗り全長一・八キロを終点まで約八分で渡る。標高差八五〇メートル、歩けば二時間近い距離。その間、眼下の林

瓶ヶ森から石鎚山を望む

を見下ろしながら文明のありがたみをかみしめた。

成就駅から車も通れるような広い道を歩いた。急に視界が開け、市街地に匹敵するような人声が聞こえたかと思うと石鎚神社成就社《じょうじゅしゃ》に着いた。役ノ行者が石鎚山開山を願ったとき、開山が成就されたことに由来した地名だ。本殿とその隣に拝殿があった。石鎚山に向かっている拝殿からは山の全景が見通せ、こうして拝む方法も許されるのか、と感心した。通年営業の旅館も数件、立ち並んでいた。山開きのときだけ必要な入山料を出し、お払いを受けて南山門へ入った。

科学万能の現代でも七月一日だけはここから女人禁制となり、女性の入山が拒まれる。七月一日から一〇日まである夏の大祭「お山開き」では女人禁制が千年間も続いた。しかし昭和二一年（一九四六）六月三〇日、信者の議論によって六日から一〇日まで女人禁制を解くことにした。さらに昭和三六年（一九六一）には一、二日の二日間だけ女人禁制となり、

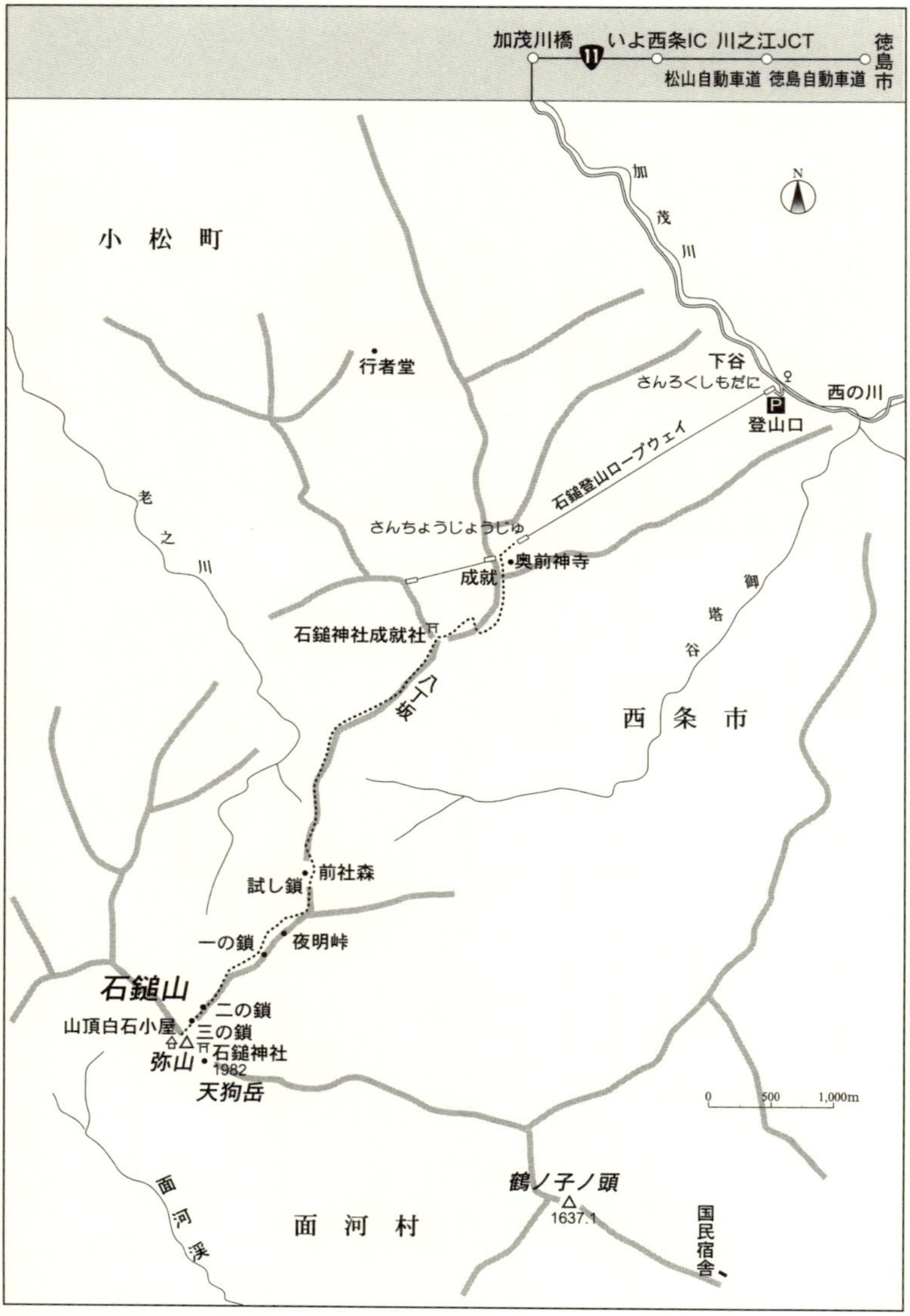
加茂川橋
11
いよ西条IC
川之江JCT
徳島市
松山自動車道
徳島自動車道
加茂川
小松町
行者堂
下谷
さんろくしもだに
西の川
登山口
石鎚登山ロープウェイ
老之川
さんちょうじょうじゅ
奥前神寺
成就
御塔谷
石鎚神社成就社
八丁坂
西条市
前社森
試し鎖
一の鎖
夜明峠
石鎚山
二の鎖
山頂白石小屋
三の鎖
弥山
石鎚神社
1982
天狗岳
0
500
1,000m
鶴ノ子ノ頭
1637.1
面河渓
面河村
国民宿舎

昭和五二年（一九七七）は三度目の開放を実施して、女性の入山が拒まれるのは七月一日の一日だけとなった。

七月七日のこの日は、多くの女性ハイカーが僕の前後をどんどん頂を目指した。

幅広の遊歩道が整備されていたが、しばらくは下っていく。「帰りは辛いなあ」と思うが周囲のブナ林の雰囲気を楽しんだ。登り返しは「八丁坂」という名のごとくきつかった。しかし表参道だけに上りも下りも人は絶えなかった。突然、下ってきた人が「おのぼりさん」と声を掛けてきた。「えっ」と驚いて聞き返すと「あいさつです。登ってくる人にはおのぼりさん。下る人にはおくだりさんというんですよ」と教えられた。

前社《ぜんじゃ》ケ《が》森《もり》の手前で試し鎖が出た。長さ四八メートル。石鎚山には全部で四か所の鎖場がある。鎖は何度か掛け変えられたのだろうが最初の設置は江戸時代初期の元禄より古いといわれる。その最初の鎖は上り下りとも太い鎖を頼って越えると、今度は正面に立ちはだかった絶壁に上へ上へと向かう三つの鎖場が目に飛び込んだ。すべて巻き道が用意されているが僕はどの鎖にも挑戦する覚悟だった。間もなく平坦なササ原の夜明《よあかし》峠に着いた。

一の鎖は長さ三三メートル。よくまあこんな重い鎖をいくつもつなげたものだ、と感心しながら登った。石鎚山の北麓の面河《おもご》渓谷《けいこく》から通じたスカイラインで標高一四九二メートルもある石鎚山東側の尾根「土小屋《つちごや》」まで上り、そこから来たコースと合流すると二ノ鎖小屋に着いた。眼前の二ノ鎖は先ほどと違って急峻だ。鎖の長さは六五メートル。一歩一歩慎重に手足を掛けていき体を引き上げた。「やはり落ちたら助からない」と思うと自ずと真剣になる。山道を歩くのと違って緊張の度合が高い。修験者は苦行が本旨

山頂手前の三角点のあるピーク

のこういう登山を繰り返して心身を鍛えるのだろうが、山登りを行とは思っていない僕も神経が張りつめ邪念が消えるという気持ちは理解できた。
　最後が最も長い三ノ鎖だ。この鎖も六七メートルと長い。長さだけでなく高度感も断トツだ。取り付きの傾斜は六〇度になるという。恐怖感からか握力は緩まないし、足も踏ん張り続けている。腕に若干疲れを覚えてきた後半は、鎖を離しても大丈夫になった。
　上り切った所が主峰より約二〇〇メートル北西に離れた弥山《みせん》だった。石鎚蔵王大権現をまつる石鎚神社奥宮があり、裏に白石小屋があった。白石小屋は戦時中、気象庁の観測所として建てられたが昭和二四年（一九四九）、維持管理費の不足などで全国の観測所が廃止される中、ここも閉所された。その跡を山小屋に改築された。
　最高点へはスリップに注意しながら細い岩稜を辿った。頂は「天狗岳」と呼ばれ空に突き出した牙のようだった。牙の上にいるような登山者がはっきり分かった。到着した山頂は狭く、まさに高山らしい地形だった。特に岩にしがみついて見下ろした北側は垂直の岩壁になって切れ落ちていた。夜明峠の付近には、蟻のように見える小さな登山者が行列になってこちらを目指していた。

北壁は岩登りが盛んに行なわれ昭和一〇年（一九三五）一〇月、初登攀された。ちなみに石鎚山天狗岳の厳冬期初登頂は翌年一一月、藤木九三、西岡一雄氏ら四人の登山家によって成し遂げられた。一方、石鎚山は遭難者も多く昭和一八年（一九四三）以降、約半世紀に全山域で約一二〇人が遭難、五〇人余りが命を落としている。二〇〇〇メートルに満たず日本アルプスなどに比べて低いが魅力、怖さともに決して遜色はない。

石鎚山は山自体がご神体とされる。きっと成就社の吹き抜けの拝殿から遥拝している信者はいただろうが、米粒ほどの小さな僕の姿もとらえられただろうか。晴れているものの薄いもやが出て、景色はそれほど冴えてはいなかった。快晴なら中国山地の大山《だいせん》や九州の九重山《くじゅうさん》、高知の室戸《むろと》岬も見えるそうだが、とても信じられなかった。

山頂と北壁（右側壁）

　石鎚山は岩だけが取りえかと思ったが、よく見ると頂上から下へ主に南面約一三〇〇メートルの間の林が素晴らしかった。この山には森林限界は認められずウラジロガシ、モミ、ツガ、ブナ、ダケカンバ、シコクシラベと連続的に木が生え、森林管理署が「生きた植物図鑑」として約四二四五ヘクタルを森林生態系保護地域に指定していた。石鎚山では残念ながらツキノワグマが明治期に絶滅し、国指定特別天然記念物ニホンカモシカも戦後間もなく姿を消した。せめてこうした希少な森林だけでも後世に受け継がれてほしいと願った。

西日本ではここより高い土地がないと思うと「四国という島だが、山好きの世界では捨てたものではない」という最高の気分が湧いた。帰りは四か所ある鎖場はすべて巻き道を下った。夜明峠でもう午後二時を回っていたが、登ってくる信者や登山者はたくさんいた。往路で掛けてくれた「おのぼりさん」を今度は僕の方が笑顔で掛けながら下った。

（二〇〇〇年七月七日歩く）

コースタイム

石鎚ロープウエー山麓駅（八分）成就駅（三〇分）成就社（一時間三〇分）前社ケ森（二〇分）夜明峠（三〇分）二の鎖小屋（三〇分）弥山（四〇分）石鎚山（一時間）前社ケ森（一時間一〇分）成就社（一五分）石鎚ロープウエー成就駅（八分）山麓駅

登山口までの交通

JR予讃線伊予西条駅から、せとうちバスの西之川線に乗り、ロープウェイ前で下車する。

周辺の見どころ

西条市には四国初の「アサヒビール園」があり工場直送のビールが飲めるほか、食べ放題・飲み放題のメニューで、工場見学も可能。また同市には名水百選「うちぬき」があり、一日九万立方メートルの自噴水が見られる。東予市には伊予三湯の一つ「木谷温泉」がある。低張性アルカリ性冷鉱泉で神経痛、筋肉痛などに効く。

愛媛・石鎚山脈

瓶ヶ森《かめがもり》

一八九六メートル

石鎚連峰で二番目に高い山、
ササ原と白骨樹が頂稜を飾る

［地形図］ 二・五万図＝瓶ヶ森
五万図＝石鎚山

四国の屋根石鎚連峰で二番目に高い山・瓶ヶ森。茫洋としたササ原と彫刻のような白骨樹が頂上部を飾り、巧みな自然の造形美に触れさせてくれる。屈指の眺望がある中で、他の山からは見られない雄々しい石鎚山を至近に望める好適地でもある。林道から容易に登れる山になったが、優れた山ほど下から歩いて全部を知る方がいい。優れた芸術品はその周りを巡らせるという。風景や植生だけではない。人との関わりも深く、感性を鍛えてくれる山だといえる。

午前七時すぎ、石鎚山の登山口をすぎ西の川の名古瀬《なごせ》集落に着いた。大宮橋からしばらく行った空地に車を置いた。今日のコースは西の川から山頂へ達し東の川から下りてくるというものだ。

南東の名古瀬谷に沿って付いた未舗装の西の川林道を三〇分ほど歩くと左側の斜面から登山道が始まっていた。白い看板もある。林道工事はまだ前へ進捗していて登山口は将来は変わるかもしれない。地形図では高知県境の標高一四〇〇メートル《メートル》のシラサ峠に向かう道と分かれるようだが分岐には気付かなかった。

シラサ峠も今では林道が横断しているが、峠越えの道は藩政期には高知県側の木材を運搬する人の

氷見二千石原から山頂を見る

メーン路だった。まじめな樵が通うほかに、愛媛側の人たちが木曽ヒノキに匹敵する良質材の土佐ヒノキを盗伐して運ぶのに使ったという史実もある。西条市内の氷見という町には盗伐材で栄えた材木問屋もあるというから驚きだ。さらに明治中期から大正末期までは峠の南に位置する高知県寺川の白猪谷《しらいだに》銅山へ働きに行く人が数珠の列を作った。往路は食料を、帰路は一〇〇《キロ》を越す粗銅を肩に担いで越えたという。

　これから登る瓶ケ森へのルートは、数え切れない修験者の通い道でもあった。一五分も歩くと再び先ほどの林道に出た。横切って旧道に入る。アケビの殻がたくさん落ちていて目線を上げたがそれらしい木はなかった。動物が運んで来て食べ散らかしたのだろうか。最近は八百屋でもアケビを売っているらしい。背後から聞こえるダンプカーのエンジン音を気にしながらしばらく登り、斜面を登り切った所で尾根に立った。地図に載る「常住《じょうじゅ》」だった。柱のない屋根が地面を覆う格好で古い建物が二件倒壊していた。どちらか定かで

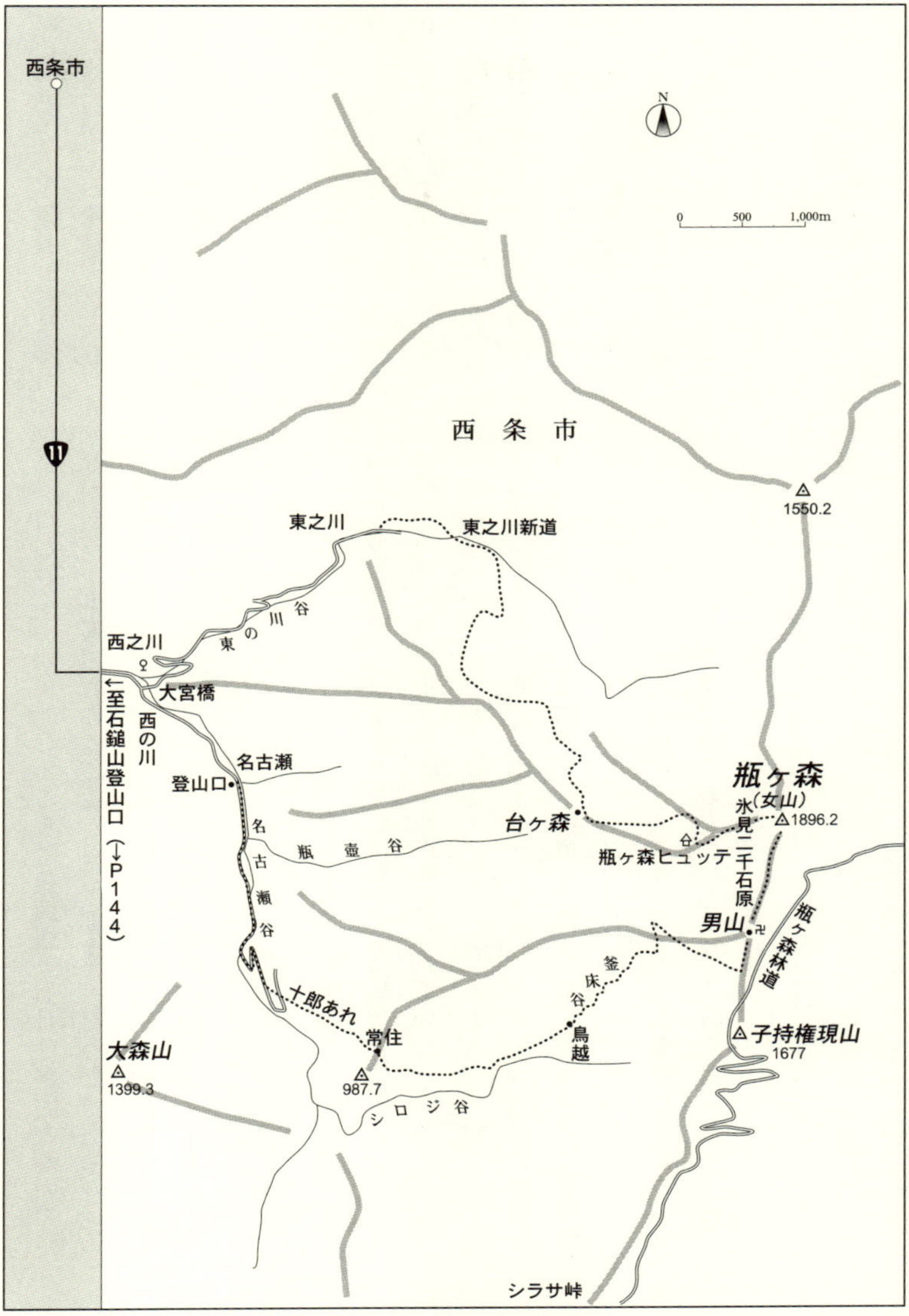

N
0
500
1,000m
西条市
11
西　条　市
1550.2
東之川
東之川新道
東の川谷
西之川
大宮橋
←至石鎚山登山口（↓P144）
西の川
名古瀬
登山口
名古瀬谷
瓶壺谷
台ヶ森
瓶ヶ森
（女山）
1896.2
氷見二千石原
瓶ヶ森ヒュッテ
男山
瓶ヶ森林道
釜床谷
十郎あれ
常住
鳥越
子持権現山
1677
大森山
1399.3
987.7
シロジ谷
シラサ峠

はないが寺の出張所とされるお堂があったという。昭和一〇年ごろは名前通り七月は案内人がいたそうだ。石鎚山の北側中腹にも、成就《じょうじゅ》社があるが本来の名称はここと同じ「常住」だった。明治の神仏分離により管理先が麓の石鎚神社に変わって名称変更された。瓶ケ森の常住もかつては修験者の宿坊があったのかもしれない。短時間の一服だったが南斜面から上がって来た風を受けてすぐに背中からぞくっとしてきた。

それまで目立たなかった自然林が、常住から急に増え始めた。国有林に指定されたモミやツガの大木を見ながら少々下りながら斜面を巻いて進んだ。枯れた釜床谷から直登が始まった。ゴロゴロした岩に滑らないよう注意。谷を忠実に詰めても登れるが、斜面を絡んで安全に歩ける登山道を利用した。花の形が人の文字をしたジンジソウや紫色のトリカブトなど秋の花が咲き乱れていた。

常住を発って四五分も汗を流すと巨岩の前に出た。岩が鳥に似ていることにちなんでつけられた鳥《とり》越《ごえ》という地名だ。ここも昭和初期には西の川の人が経営する山小屋があった。左に行けば目標の瓶ケ森だが、右へ行けば瓶ケ森の南南西約二キロにある修験道の山・子持権現山《こもちごんげんさん》に至る。だが途中の断崖で道に迷ったり転落したりと事故が多発。現在は子持権現山へはロープを張って通行を禁じている。

道は階段を上るような状態になった。頭上はブナ、カエデ、ヒメシャラなどの広葉樹の葉がクロスし時折、はや色づいた葉を愛でながら足を出した。断崖に挟まれた斜面を行くような箇所もあり変化の多い道だと改めて感心した。夏には道脇の大岩に咲くイワタバコが可憐だという。

いよいよ「氷見二千石原《ひみにせんごくはら》」と呼ばれる頂上部のササ原に出たころ、太陽もほぼ真上に達していた。飲料と顔を洗うため「瓶壺《かめつぼ》」に立ち寄った。直径、深さとも一・五メートルの円形の壺状に削られた自然の岩穴に満々と水があった。湧水でなく上部のササ原から集まった水だが手を浸すと冷たくて気持ちよかった。瓶ケ森の名はこの瓶壺からきたという説と、山容が水瓶に似ているという説がある。山頂一帯が亀の甲羅に似ているからかつては「亀之森」ともいわれていた。

大勢の登山者が顔を洗ったり飲料に使ったりしている瓶壺の水

瓶ケ森林道から来たという瓶壺での先客に「下から歩いてきたとは真面目な人だ」と褒められて笑ったが、確かに瓶ケ森は今や直下を東西に貫く瓶ケ森林道から三〇分足らずで登れ、そこを利用して年間十万人以上が訪れていた。麓から歩く人が多かったのは、瓶ケ森林道ができる昭和四〇年代までだったようだ。

男山に先に登るため、林道に向かう巻き道を歩き、車道の直前から尾根を辿った。一面、膝下ほどのミヤマクマザサが覆い、登るに従い氷見二千石原の全貌が見え始めた。空は抜けるようなセルリアンブルー。西に目を凝らすと、四国最高峰の石鎚山が頭を出していた。登るに連れ、白骨林とササ原がキラキラ輝いて見えた。男山は狭く蔵王権現をまつる石のお堂があった。二等三角点が埋まった最高峰の女山へは真紅に染まるドウダンツツジ

女山山頂から西条市と瀬戸内海を望む

に感激しながらゆっくり歩を進めた。

女山は男山とは正反対の広いササ山だった。北に西条市の町並みと海岸線、そして瀬戸内海がすぐ下にあるような錯覚にとらわれた。東には手前から東黒森、伊予富士、寒《かん》風《ぷう》山、笹ケ峰、平家平など石鎚連山の名峰群が次々に海の大波のような盛り上がりを見せていた。深く切れ込んだ南斜面は吉野川源流の森が裾野まで覆い尽くしていた。南三六〇度のパノラマの中では知らない山の数の方が多かった。周囲にいた数人の登山者は皆、林道から来ていたが瓶ケ森は麓から来ないと値打ちが分からない気がした。例えば、林道から来るのは、コース料理でいえば、デザートだけを食べてメーンディッシュを食べないに等しい。

帰路はまず西直下の瓶ケ森ヒュッテを目指した。その管理人だった故・幾島輝夫さんは、氷見二千石原の真ん中に計画された林道建設に猛反対し、現在の聖地を守った大功労者だった。

道はよく踏まれ一気に下っていた。ダケカンバ、ブナの林にレイジンソウ、ハガクレツリフネが咲いていた。上り下りとも花の山だという実感も持った。途中、水墨画に見られそうな台《だい》ケ《が》森《もり》を往復した。四方を囲む断崖にマツが生えた狭い頂だった。瓶ケ森山頂部のササ原の一角と、下ってきたばかりの急な斜面が間近にとらえられた。登山道に戻り再び坂道を下った。ヒノキの植林帯に入ると、やがて沢音が響いてきた。昭和一九年（一九九四）まで近くの鉱山で働いていた人の住居跡の石垣が現れ、長い下り坂が終わった。

青石で形成された沢は明るく、気分を和ませてくれた。沢伝いの道はしっかり踏まれていが、途中からは沢のかなり上部を行くようになり、転落しないよう細心の注意を払った。城壁のように精密に組まれた石垣の間の登山道に飽きたころ、車道（東の川線）に出た。そして、朝、車を置いた地点まで約五〇分間、最後の力を振り絞って歩いた。

（二〇〇一年九月二九日歩く）

コースタイム

西の川（四〇分）登山口（一時間）常住（一時間）鳥越（一時間）瓶壺（四〇分）男山（二〇分）瓶ケ森（一五分）瓶ケ森ヒュッテ（三〇分）台ケ森分岐（一時間）沢（三〇分）東の川林道（一時間）西の川

登山口までの交通

JR予讃線伊予西条駅から、せとうちバス西之川線に乗り、終点西之川で下車し、登山口まで歩く。

周辺の見どころ

西条市には工場直送のビールが飲める「アサヒビール園」、名水百選の「うちぬき」があり、東予市には伊予三湯の一つ「本谷温泉」がある。

伊予富士《いよふじ》

一七五六メートル

愛媛、高知の山々と瀬戸内が一望できる山

［地形図］二・五万図＝日ノ浦　五万図＝日比浦

「もう一度、あの頂に立ってみたい」というよりも「再びあの紺碧《こんぺき》の空に抱かれながら、ほてった頬に柔らかな南風を受けてみたい」と思うのが、伊予富士である。

山頂を極めたという喜びのみでなく遮断物のない狭い天辺の壮快感が得もいわれぬ喜びを生み出すのだ。例えば、隣接する山々との間に漂う空間は、まるで測って作られたかのように悠々として、眺める者に対し一切押しつけがましい対象を与えず何の圧迫感もない。吸い込まれそうな脚下の谷間も高度感に満ち満ちて、いつしか浩然の気に浸ってしまうほどだ。晴れ晴れとした青天の幸運に恵まれて、視界を欲しいままにすることができれば、きっとその日の空の色と風の香りは忘れられないものとなるだろう。途中の桑瀬峠は風情のほかに由緒も興味深い。今でこそ廃れたといわれるが、峠の北麓の瀬戸内の集落へ向けて山道が下りていたという。この要衝を、海側の物資と山あいで拵えられた作物が頻繁に行き交ったであろう様子が目に浮かぶ。

北の瀬戸内側から入山する場合は、臨海工業地帯を形成する愛媛県西条市《さいじょう》が起点。松山自動車道いよ西条ＩＣで下り、国道一一号を経て一九四号に入った。運転の途中、目指す南の空を仰げば、薄い

登山道は快適なササの間に延びている

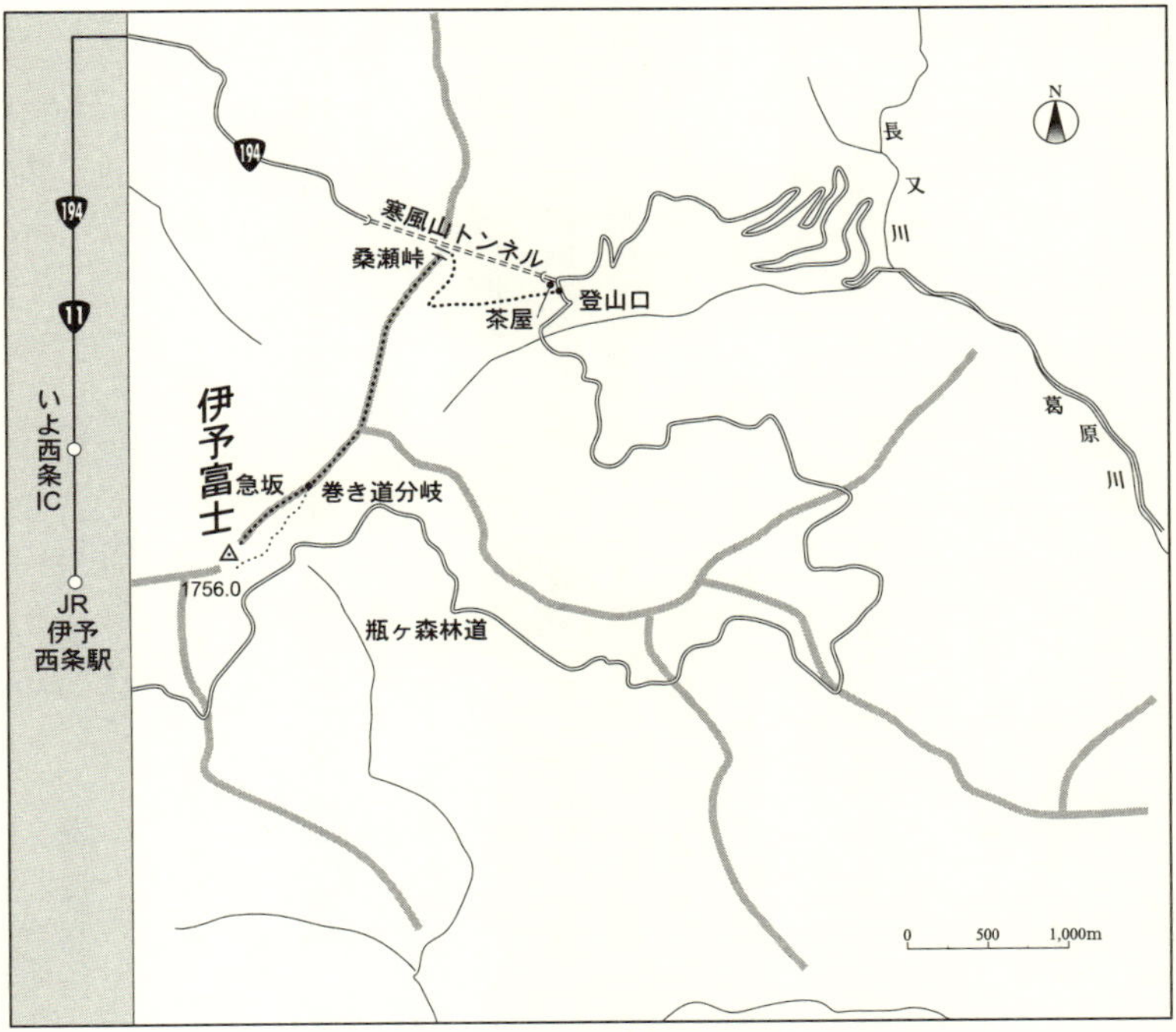

霞を通して名に由来する「富士型」の山体を望むことができたが、伊予富士だったのか。一説には高知側からも優美な富士型の山容が見られるという。曲がりくねった道がやがて長い寒風山《かんぷうざん》トンネルを抜けた広場「桑瀬《くわせ》峠登山口」で車を捨てることになるが、「こんな山の中にどうして」と不思議に思えるほど立派な茶屋があった。

休日など、県外から観光バスも来ていて駐車場があふれるほどで店も凄い活気を醸して大変な繁盛ぶりだ。ただ全員が山登りを目的にしているわけではなく、物見遊山で訪れた人々も多いから、山頂や道中の騒がしさを想像して悲嘆に暮れることもない。ともかくここは、風光明媚で行楽の適地となっている場所なのだ。必要なら公衆トイレも完備していて重宝する。

準備体操をして出発した。いきなり急勾配の坂道には泣かされたが、半時間余りはこらえなければならないから、あらかじめ程よいペース配分に徹して軽はずみな足運びを控えた。それにしても落葉樹の森には心が洗われる。景色が得られるなら、腰を降ろして一服といきたいところだが樹林のトンネルは切れ目なく続き残念ながら望み通りにはいかない。いつの間にかずっと高くに見えていたササ原に出て間もなく桑瀬峠に到着した。いつ来ても北風の強さには驚かされる。山肌に沿って這い上がって来た烈風がこの峠で四散するのだろう。右手に見える山は寒風山といい、伊予富士の登山とセットで楽しむ人が多い。桑瀬峠から往復二時間もかければおつりがくる。

伊予富士へは桑瀬峠から左にとる。来るたびに拡大している南斜面の崩壊地の脇を抜け、樹林帯の急な坂をやり過ごせばやがて木陰になった鞍部へ出た。ここで初めて目の前に、伊予富士の全容がおっぴらになる。尾根は長大な石鎚連峰と重なっており、この辺りは山脈の枢要な位置に当たる。西

山頂と桑瀬峠の間の稜線

黒森、瓶ケ森、石鎚山をはじめ、振り返ると笹ケ峰や冠山、平家平など名だたる名峰が望見できた。

やがて分岐点。左の山頂を通らないトラバース道は縦走時間を短縮するのには便利だが、伊予富士の山頂が目的のきょうはトラバースする必要はなかった。左に見送るとますます目的の峰が迫って来てそのボリュームに圧倒された。普通ならそろそろ疲れてくる足も逆に元気になってきた。足を滑らせると一瞬で転げ落ちそうな斜面の道が続く。最後は顎が出るほどしんどいが、あとわずかで再上部に手が届く。立ち止まって呼吸を整えるついでに背面から見守る寒風山に目をやった。踏ん張るエネルギーが沸いてきた。

車を離れてから、およそ二時間足らずで三等三角点のある山頂に達することができた。申し分のない展望で、愛媛県と高知県の主要山岳はもちろん、目を凝らせば指呼の間で東黒森を目指すパーティーがとらえられ、カラフルな服装に包まれた米粒ほどの人の姿まで浮き彫りになって見ていて楽しかった。

藍の色にも似た美しい瀬戸内海の青さにも出合え海、山両方の良さを兼ねた風景を思う存分楽しめた。ササ原の斜面にはコメツツジやツクシシャクナゲが群落を成していた。
伊予富士の名が『日本山嶽志』（高頭式編纂）にも掲載されているところをみると、この山は往時から人気の高い所だったということが察せられた。もちろん近代登山の始まる以前は、ハイキングなど観光で訪れたわけではなかっただろうが、地方から地方への往還道が尾根を縦横に走っていて、小さなドラマを繰り広げ、人間の素朴な生活の舞台を提供していたに違いない。
身も心も洗った気分になり、伊予富士を後にする時、山頂直下は急角度で落ち込んでいるので細心の注意を払った。

（一九九四年七月中旬歩く）

コースタイム

登山口（四〇分）桑瀬峠（四〇分）分岐（四〇分）伊予富士（一時間）桑瀬峠（三〇分）登山口

登山口までの交通

ＪＲ予讃線伊予西条駅からタクシーで登山口まで行く。

周辺の見どころ

一四八ページ参照。

愛媛・石鎚山脈

寒風山《かんぷうざん》から笹ヶ峰《ささがみね》

一七六三・一八六〇メートル

「伊予三山」に数えられる名峰
紅葉のコメツツジに感動

[地形図] 二・五万図＝別子銅山・日ノ浦
五万図＝新居浜

石鎚山、瓶ケ森と並んで「伊予三山」に数えられる石鎚山脈の名峰・笹ヶ峰。雄大な山体は全面ササに覆われ、コメツツジが点在する。笹ケ峰といえば、徳島、高知県境にある剣山山系の三嶺《みうね》、天狗塚《てんぐづか》とともにコメツツジの殿堂として僕の好きな山の一つだ。笹ケ峰ではまだ出合ったことはないが、秋のコメツツジの紅葉は他の二山同様、震えがくるに違いない。笹ケ峰の全貌を見るなら東の平家平《へいけだいら》からが一押しだ。これは自分の目で確かめた。優に二〇〇〇メートルを越す山に見えて心の躍動を抑え切れず、いつかそこから笹ケ峰を目指したいと願ったことだった。この日は桑瀬《くわせ》峠からのコースを選んだ。伊予三山の中で最も静かな山骨の折れる長距離往復縦走だが、遠く近く笹ケ峰を味わう狙いだった。歩きができると確信していた。

松山自動道・いよ西条ICを下りると、国道一一号を西へ走り、加茂川橋から国道一九四号に入った。麓から新しく通じた新寒風山《かんぷうざん》トンネルではなく旧道を上って寒風山トンネルをくぐった。寒風山トンネルを抜けるとすぐ右側に駐車場があった。登山口だ。

登り始めから九十九折れの道はきつかった。ミズナラ、ブナなどの落葉広葉樹が覆って気持ちはい

寒風山山頂付近

いが、二次林だという。標高差三〇〇メートル余り登ると穏やかな稜線が見えた。ササの斜面を横切って間もなく標高一四五一メートルの桑瀬峠に到着した。急に風が強くなったように感じた。この峠は大正期まで高知と愛媛を結ぶ往還道の中間点で、食料品から木材まで人の背に担がれ行き来した。愛媛側の道は現在、廃道になっているようだ。

　北側にまず越さなければならない寒風山が見えた。寒風山の東斜面は白い岩肌が垂直に切れ落ち、厳つく見えた。峠から寒風山にかけてはふだんでも風が強いのだろうか、稜線の木々をよく見ると一方にだけ枝を張り出した偏形樹が目立つ。ブナ林を抜けると、岩の細尾根をどんどん登った。季節なら花の種類は豊かだという。タカネマツムシソウ、ウメバチソウ、ダイモンジソウ、カラマツソウ、シコクフウロ、テバコマンテマ……。

　坂を登り切ると風がピュウピュウ吹いていた。平坦な尾根を少し歩いて山頂に立った。地図を確

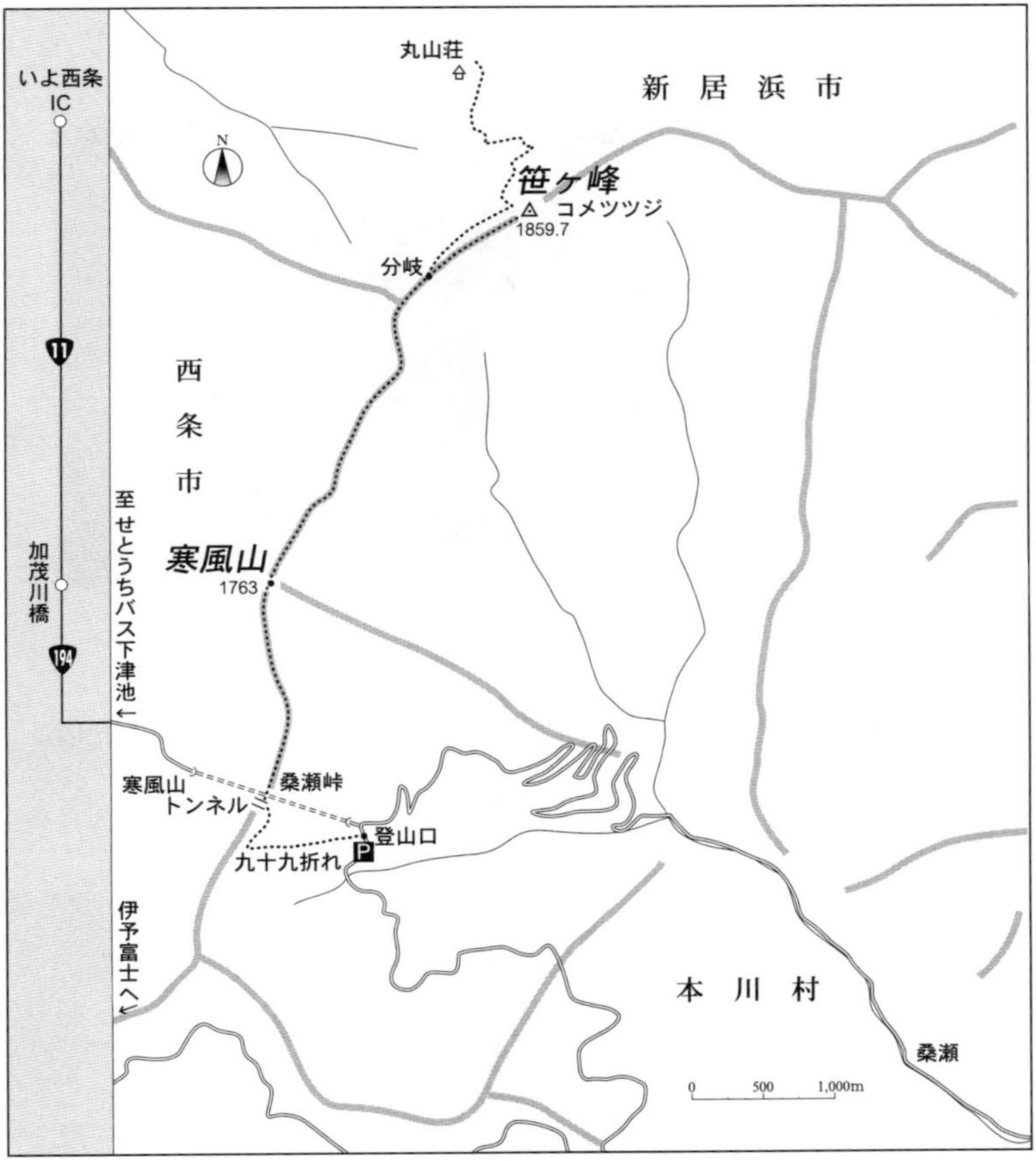

かめると三角点は埋まっておらず標高点で高さを示していた。昔は「さむかぜやま」とも呼ばれていたらしいが、呼び名が変わった今でも気象は変わらない。冬なら霧氷が名物になる山でもあるのだった。ザックを下ろすのも忘れ何を置いても目にした風景が抜群だった。北に瀬戸内海、東に赤石《あかいし》山系、西に石鎚連山が延々と続いていた。峰伝いのササ原、広葉樹の装飾も美しかった。

どっしりとした笹ヶ峰

環境省は一帯五三七ヘクタールを「笹ヶ峰自然環境保全地域」に指定している。寒風山もいろいろな点でひとかどの山なのだ。

寒風山からは標高差約一四〇メートルの急な坂を下らなければならなかった。岩場もあるので慎重さを要するし、笹ヶ峰への登り返しと帰りの苦労を想像するとそれ以上前進するのがためらわれた。目指す笹ヶ峰へ近付くに連れ、二重山稜のように幅広の稜線にコメツツジが増え始めた。岩とコメツツジが絶妙な配置となり見事な庭園風情を醸し出していた。

山頂直下で左に分かれ道があった。北斜面の八号目にある丸山荘へ通じる登山道だった。分岐を過ぎてすぐ、だれ一人登山者がいないてっぺんに着いた。寒風山に比べて弱いが体のほこりを一瞬にして飛ばすような強風が吹き付けた。さすが寒風山に隣接する山だと思った。山仲間が冬期に登った際、体ごと吹き飛ばされそうになった、と言っていたのを思い出した。

そもそもコメツツジが群生していることは厳しい気象

条件を裏付けている。山の姿は違うが、笹ケ峰の植生と気象、漂わす雰囲気は剣山山系の三嶺や天狗塚とそっくりだった。

山頂には石鎚蔵王権現が祀られていた。文献や口碑伝説によると、笹ケ峰と瓶ケ森は石鎚山よりも早く開山したと伝えられる。しかし笹ケ峰は戦国中期から江戸初期にかけて衰微し、江戸中期までに瓶ケ森もすたれていったようだ。それ以降、笹ケ峰の信者も絶えてはいないものの、信者が目指す聖の山は石鎚山に変わっていった。

石鎚蔵王権現を祀った祠

一等三角点があるだけに四方に甲乙付け難い展望が広がった。西の石鎚山から瓶ケ森、ずっと手前に寒風山があった。振り返った東方には笹ケ峰を望む好適地だと信じる平家平と冠山があった。唯一、この山の汚点は広告塔のように巨大な反射板（一九九七年撤去）が山頂東端にあることだった。反射板は山の希少な自然環境には決して手を付けてはいないが、山を見て感動するときの重要な物差しになる景観を著しく傷つけていた。人は山へ入るとき、人工物を極力目にしたくないと無意識に願っているのかもしれない。しかもそれは、石像物や道標など歴史的遺物の場合はそれほど気にならないが、現代的で大きな物体ほど毛嫌いするように思えた。
この日は桑瀬峠から縦走して来たが、再び来る機会があれば平家平から超一級の展望尾根を辿るか、北斜面から笹ケ峰を極めてみようかと考えた。北からの場合、四国の山では最も早く昭和八年（一九三三）に、建てられたという山小屋・丸山荘とやはり四国のスキー場発祥地でもあるササ原の道を経てシコクシラベとオオイタヤメイゲツの林を抜けて登れるからだった。

（一九九二年一一月一五日歩く）

コースタイム

登山口（四〇分）桑瀬峠（一時間）寒風山（一時間二〇分）笹ケ峰（一時間）寒風山（五〇分）桑瀬峠（三〇分）登山口

登山口までの交通

ＪＲ予讃線伊予西条駅から、せとうちバス加茂線に乗り、下津池で下車し歩く。

周辺の見どころ

一四八ページ参照。

愛媛・南東部

平家平《へいけだいら》と冠山《かんむりやま》

一六九三・一七三二メートル

屋島の合戦のあと平家の落武者が隠れ住んだという平家平南麓一ノ谷

［地形図］二・五万図＝別子銅山・日ノ浦
五万図＝新居浜・日比原

瀬戸内海に面する屋島《やしま》の合戦から逃れて来た平家の武士が、徳島の祖谷《いや》地方から高知の横倉山《よこぐら》へ逃げる途中、石鎚山系東部に位置する平家平南麓の一ノ谷などの集落に隠れ住んだと伝えられる。徳島にも同じ名前の山があり、中腹に落ち武者が住み着いた伝説が今も語り継がれている。

徳島の突起のような鋭い山容の平家平と違い、愛媛の平家平は小高台地をして膝下ほどのササが一面を覆い、登りの苦労に報いてくれる雄大な展望が持ち味だろう。「展望の平家平」といっても過言ではない。前景の冠山とその背後の笹ケ峰《ささがみね》が絶妙の位置にあり、山登りの楽しみが眺望の得心によって極まる、という体験を如実に感じられる山なのだ。四国山地でも屈指の風景ではないだろうか。笹ケ峰が二〇〇〇㍍《メートル》未満の山であることを疑わしく思わせる。

晴天のこの日も展望を楽しみに、北麓の中七番《なかしちばん》の登山口から登る計画を立てた。

愛媛県新居浜市の松山自動車道・新居浜ＩＣを下車。国道一一号を経て県道・新居浜山城線に入り、大永山《だいえいざん》トンネルを抜けてしばらく下ると、住友林業が所有・管理する森林と事務所がある。車は事務所の入り口を過ぎた右側の路肩に止めた。荷造りと簡単な準備体操をして登山口に向かう。事務所で

平家平山頂から冠山(左)と笹ヶ峰を見る

入山届をして西に延びたシラカバ林を歩き、二股から左に見える河原へ下りた。釣り橋で対岸へ渡り、よく整備された道を行く。一帯では天然ヒノキとシャクナゲが約三〇〇㌶の規模で残されていて、そのずっと上にもブナ、モミ、ツガの原生保護林が三四七㌶にわたって手付かずのまま広がっているとのことだった。

　すぐに出てくる分岐は標識に従って右にとった。ほどなく沢筋の道になるので赤テープに注意しながら進む。透明の流水が岩を磨き上げ美しく滑らかな沢を造っていて驚かされた。清い水の流れの上部には必ず豊かな森があるはずだった。出発して一時間余りたったころ、電源開発が建てた鉄塔に到着。さらに一五分ほどで二本目の鉄塔が出てきて「なかなか稜線にでないなあ」と思い、ペースを上げようとして、すぐ主稜線だった。

　登山道はササがきれいに刈り込まれていた。稜線は東の大《おお》座《ざ》礼《れ》山《やま》から続いていて、ほんのちょっと東に歩くとそのどっしりとした姿を晴天のおかげで容易に望めた。

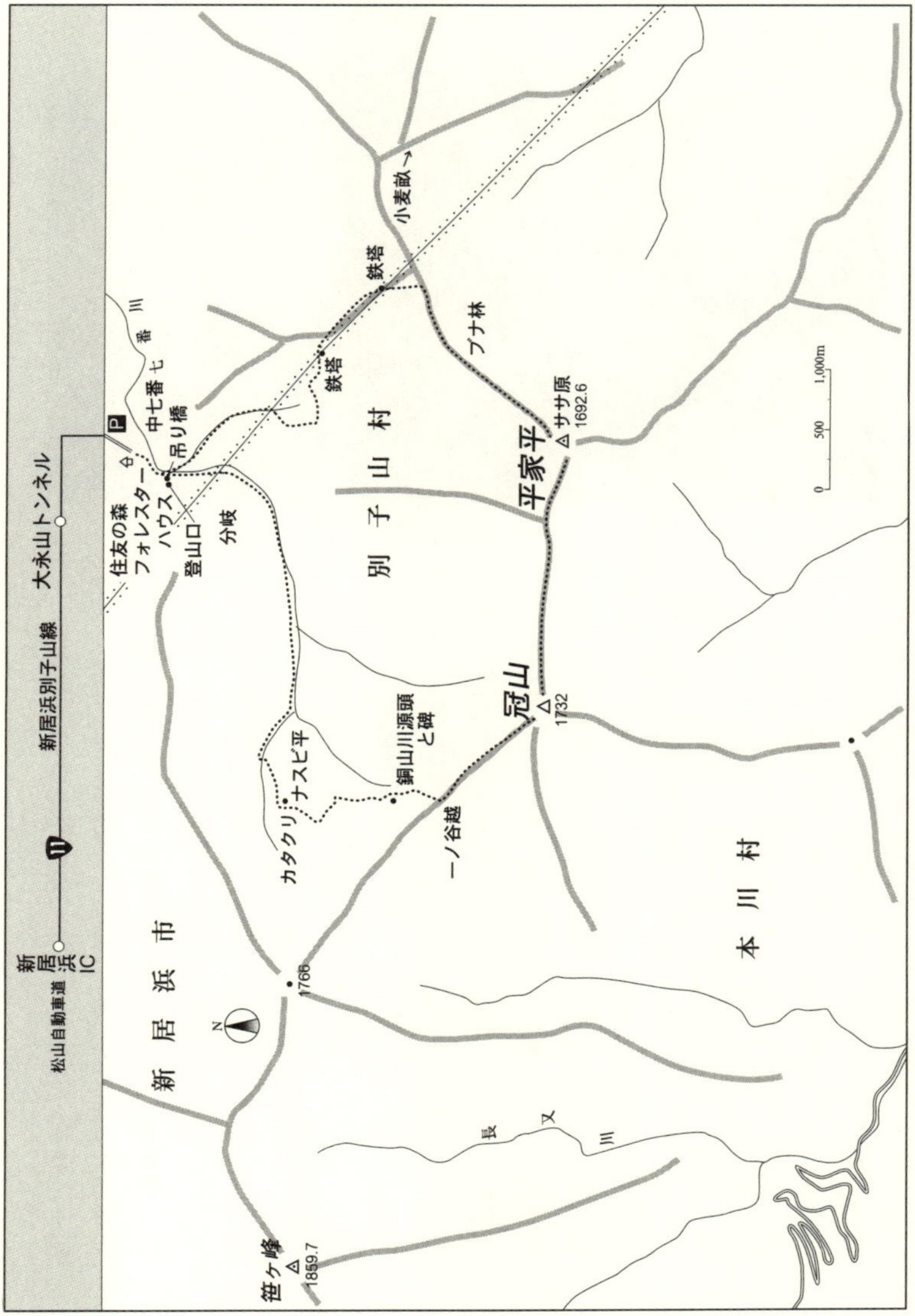
松山自動車道
新居浜IC
新居浜別子山線
大永山トンネル
住友の森
フォレスターハウス
登山口
分岐
中七番
吊り橋
七番川
鉄塔
鉄塔
小麦畝→
ブナ林
平家平
ササ原
1692.6
別子山村
冠山
1732
銅山川源頭と碑
ナスビ平
カタクリ
一ノ谷越
新居浜市
1766
本川村
長又川
笹ケ峰
1859.7
N
0
500
1,000m

平家平山頂，右に笹ヶ峰

主稜線までは南の高知県側の大川村小麦畝《こむぎうね》からも通じていた。今は登山者しか使わないが、昔は生活道の役割も担った。高知営林局は昭和初期、小麦畝から石鎚山東側中腹の土小屋まで約三〇キロに及ぶ尾根筋に歩道を開設したのだった。当時は主に生活物資の運搬や林業のために使われていたのだろうが、現在は大勢の登山者が重宝がる登山道になっている。

山頂に向かう道の横にはブナが林立していた。巨樹と呼べる個体はなかったが、数は目を見張ったし黄葉しかけた木もあって里ではまだ実感できない季節の移ろいを教えてくれた。左前方で見え隠れする平家平に招かれるように必死に足を出したが、刈ったササで靴底が滑り思うようにはかどらなかった。最後の頑張りだと一気に駆けあがろうとしたころ、そこより上がなくなった。

名前の通りの広大なササ原だった。三等三角点と登頂記念の小さなポール、平家平も含まれる「笹ケ峰自然環境保全地域」（昭和五七年三月指定）の案内標識があるだけだった。山頂西端へ来て、道の横の岩に腰を下ろしてみたパノラマが思っていた通り天下一品だった。東赤石山を盟主とする赤石山系が北に平行し、南には稲叢《いなむら》山や戸中《とちゅう》山、はるか西の果てにはかすんだ石鎚山まで望めた。そして至近の冠山と、ササの斜面を輝かせどっしりと胸を張って立つ笹ケ峰の風景があった。

中七番の渓谷中流付近

「この山頂に勝る山が四国にいくつあるだろうか」と このとき僕を得心させた。

冠山まではコメツツジやドウダンツツジなどの間を縫うようにして歩いた。山頂から少し西側に下ると見晴らし台になる岩場があった。下りから振り向いて分かったが、直立の高さ数十《メートル》はある断崖だった。

ブナやカエデ、ダケカンバの林が尾根を埋め尽くし、間もなく一ノ谷越に着いた。かつては南麓の一ノ谷と北麓の中七番とを結ぶ峠越えの道だったが、ここからは一ノ谷側へは道が崩れていて廃道になっている。今は六〇〇《メートル》進んだ一六一九《メートル》のピークから下ることになる。反面、中七番への下り道はしっかりしていた。高木の原生林の他にシャクナゲと足元にはレイジンソウの群落、サラシナショウマが目立った。帰路は頂稜部の壮快さとは

銅山川源頭碑

銅山川源頭

対称的に深い森を行くことになった。

　幾つか涸《か》れ沢を横切り、大きな沢音が響いてくると、一抱えほどのコンクリートの碑を見つけた。「銅山《どうざん》川の源頭碑」だった。銅山川は四国三郎・吉野川の支流の一つで標高約一四五〇メートル。銅山川の名は承知していたが源頭の位置まで想像したことはなかった。意表を突かれた思いがした。水は正に道のすぐ脇から染み出していた。碑には、一七団体の建立者名と「東経一三三度一八分二二秒　北緯三三度四九分一六秒　標高一四五三メートル」と刻まれていた。

　ブナ、カエデなどの広葉樹林帯がひたすら続いて、沢を渡り再び大きな沢の右岸を行く。作業小屋でも建っていたのか石垣が右手の斜面に残っている。やがて薄暗い木陰になると右斜面にずっとトラロープが張り巡らされていた。一帯は「ナスビ平」と呼ばれる四国随一のカタクリの自生地だが、心ない見学者がいるせいで山の所有者・住友林業が平成一二年（二〇〇〇）から対策に乗り出したのだった。

林を出て沢を渡ったあと、ひたすら水平道が続いた。が、何か所も小さな沢にかかる木橋があり、最後まで気を抜けない山行だった。

（二〇〇一年九月二四日歩く）

コースタイム

登山口（一時間五〇分）主稜線（四〇分）平家平（四〇分）冠山（二五分）一ノ谷越（三〇分）ナスビ平（一時間一〇分）登山口

登山口までの交通

ＪＲ予讃線新居浜駅からタクシーで登山口まで行く。

周辺の見どころ

新居浜市には「別子銅山記念館」があり、地質鉱床、生活風俗などの資料約三〇〇点を収める。館前には日本最初の山岳鉱山鉄道で使われた蒸気機関車が展示されている。「マイントピア別子」は、銅山の歴史や文化遺産を生かしたテーマパークで砂金採りパークや立ち寄り湯もある。また同市には一五〇〇〇株の花菖蒲が植わる「池田池公園」もある。

愛媛・赤石山系

東赤石山《ひがしあかいしやま》

一七〇七メートル

赤茶けた岩稜の鎧で覆われた峻険な連なり

［地形図］二・五万図＝東予土居
五万図＝新居浜

赤石山系。石鎚山系と剣山山系のような名の知られた派手な山塊に挟まれひっそりとたたずむ。文字通り、赤茶けた岩稜の鎧《よろい》に覆われた峻険な連なりは地味だが、四国の山通の心をとらえて離さない。同じ赤石でも南アルプスの赤石山脈のスケールには及ばない、といって、四国山岳特有のなだらかでゆったりとしたササ山でもない。東赤石山は約一五キロに及ぶ連山のほぼ中央にあり、その主峰でもある。仲良く肩を並べる八巻《はちまき》山と合わせて散策すれば、ひとときだが中部山岳を想わせる岩稜歩きの爽快な気分が味わえる。

また一五〇種を数える草花の豊富さや中腹を深く穿つ瀬場《せば》谷の豪快さも四国では抜きんでていて、東赤石山の大きな魅力になっている。稜線は瀬戸内海を眼下に望むビューポイントとしても評価が定まっている。

花と谷を目指して久しぶりに東赤石山へ向かった。前回は瀬戸内側から登ったので今回は南側の登路を選択。瀬戸内側の愛媛県伊予三島市から赤石山系東部を法皇《ほうおう》トンネルで越えて銅山川に沿った車道に入った。瀬場登山口を通り過ぎてすぐ、目的の筏津《いかだつ》登山口に着いた。立派な標識があったが駐車

八巻山付近から東赤石山山頂を望む

場がなく対岸の筏津山荘前の駐車場に車を置いた。

登山口から緩い人工林の中の水平道を行くと間もなく瀬場《せば》登山口からの道と合流。付近は平家屋敷の跡だと伝えられる。瀬場谷が見え始めた。道はしっかりしているが、踏み損ねるとまっすぐ谷まで転落する岩壁の上の道だった。水音が一際高くなって、注意していると林間から真下に八間滝が見え、落差と膨大な水量に驚かされた。

登山道と瀬場谷が交わるころ、谷幅は狭まり、設けられた木組みの橋で難なく渡れた。すぐに分岐点に来たが、上りは左にとることにした。カエデ、ヒメシャラ、アセビ、シャクナゲなどが多い鬱蒼とした林になり薄暗かった。直下を流れる沢の轟音も手伝って深い山を印象づけられる。暑い直射日光を防いでくれあり難くもあった。

次に出てくる橋で右岸に渡る。アセビやシャクナゲが増えてきた。樹林限界を抜け、白いウツギが見え正面に三角の山があった。周囲の景色からかなり目的地に近付いたことを知り、気分が高揚してきた。しばらく歩いて細くなった沢を越すと、ようやく青空と山の端が見えた。

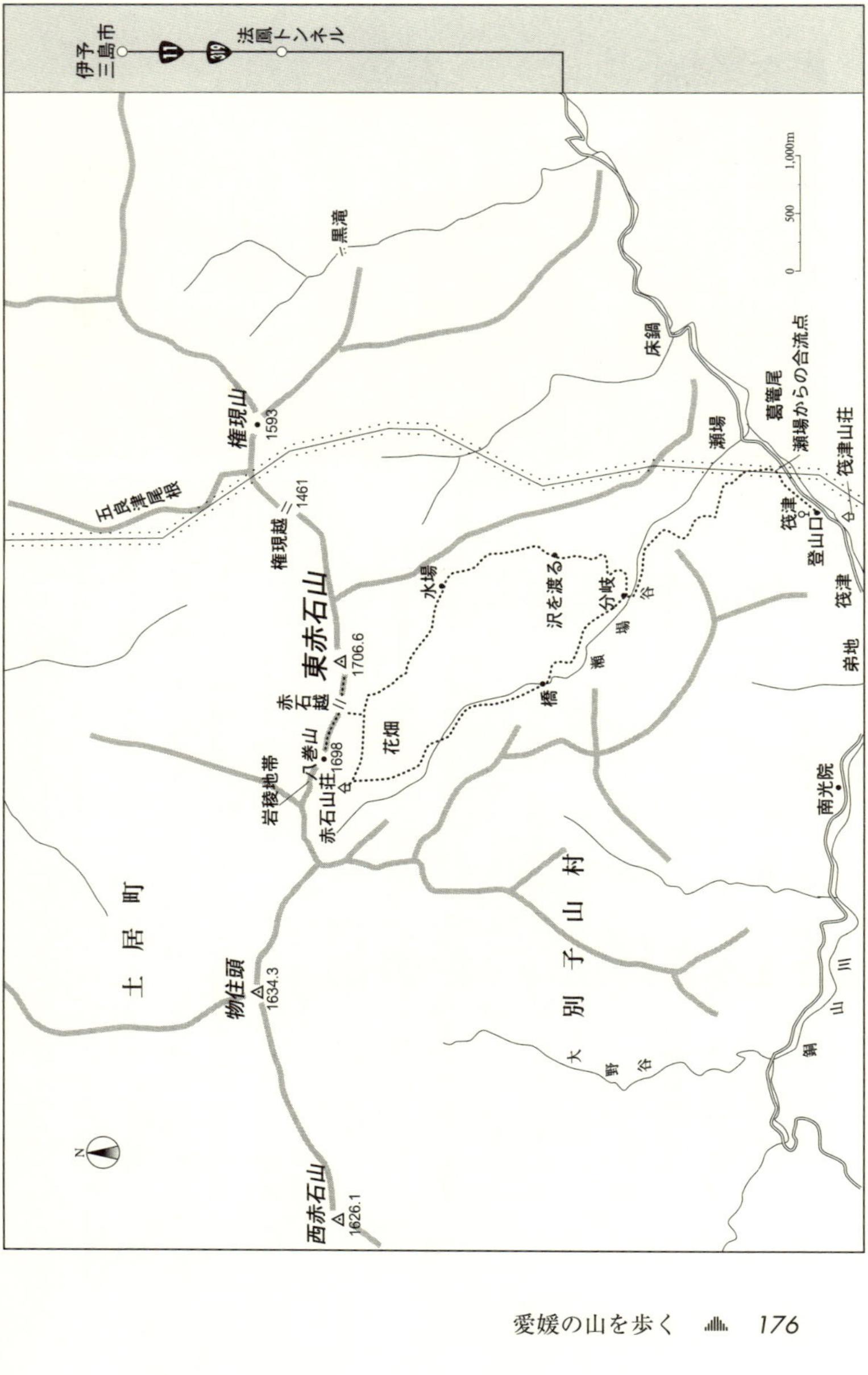
伊予三島市
11
319
法皇トンネル
黒滝
権現山
1593
五良津尾根
権現越
1461
東赤石山
1706.6
赤石越
八巻山
1698
岩稜地帯
赤石山荘
花畑
水場
沢を渡る
分岐
瀬場谷
橋
床鍋
瀬場
葛籠尾
瀬場からの合流点
筏津山荘
筏津
登山口
筏津
弟地
南光院
銅山川
別子山村
大野谷
土居町
物住頭
1634.3
西赤石山
1626.1
0
500
1,000m
N

花はこの山固有のオトメシャジンをはじめ、シモツケソウ、タカネマツムシソウがよく目立った。分岐点から左の赤石山荘へは寄らず右へ頂を目指した。

階段のような上り坂だったが自然の花畑になった斜面を登り楽に感じた。山系一高い峠・赤石越《あかいしごえ》に達し、瀬戸内側の新居浜市から登ったときのことが懐かしく思いだされた。あのときも長い坂道に喘ぎここで息を整えたのだった。霧に包まれていたが一服して緑のトンネルを十数分で頂に着いた。

北面よりも南面の樹林が乏しいのは気候のせいなのだろうか。赤石山系の高木層は、銅を精練するとき焼鉱炉から出た亜硫酸ガスで一度枯れてしまったといわれるが、あるいはその影響が残っているのかもしれない。切れ落ちた足元の断崖から時折ヒューッとガスが立ち上ぼってきて体にまとわりついた。高山の気分この上ない。春と秋のこの山なら、北面から「やまじ風」という強風が吹いてくることがよく知られていた。

霧が晴れると、三六〇度ぐるり風景が見渡せた。新居浜市街地の向こうに瀬戸内海が鏡のように輝き、南麓の別子村を見下ろすことが適った。しかし別子ダムの湖面の光沢は、なんとなく輝きを失って見えた。中国山地まで肉眼でとらえられる日もあるが、これも見られなかった。目と鼻の先にある八巻山と合わせて散策し、ひと時ではあるが北

タカネマツムシソウ

東赤石山山頂付近

アルプスを思わせる岩歩きの爽快な気分を満喫することにした。稜線を忠実に辿れば、半時間ほどで山頂に立つことができる。

　途中の赤石越まで引き返し、尾根道を西へとった。赤茶色をした岩稜地帯に「珍しい風景だなあ」と感想を連発した。蛇紋岩を含む橄欖《かんらん》岩だ。しかしもともと赤石山系は岩石は豊富だった。地質学的に重要な岩石「エクロジャイト」や「ペリドタイト」の世界的に珍しい産地でもある。エクロジャイトは玄武岩が地殻変動で地下に沈み込んで化学変化した岩石でザクロ石と輝石からなり高圧などによって赤や緑系統の輝きを持つ。ペリドタイトは、橄欖岩からなり、マントルを構成する主要な岩石だそうだ。

　岩と岩の間にタカネマツムシソウ、イワキンバイ、シコクフウロが無数にあり華やかに山を飾っていた。季節なら四国ではここにしかない希少なコケモモ、アカモノ、ツガザクラが見えるはずだった。可憐なゴゼンタチバナの花やチョウセンゴヨウマツの樹木もあるらしい。赤石山系は登山者だけの山ではなく地質学者、植物学者の山でもあった。

八巻山の手前で振り返ると、さっきいた東赤石山が手が届くくらい近くに見え、その左に権現《ごんげん》山が見えた。西には居丈高な前赤石山の尖峰やずっと先には端整な西赤石山も控えていた。累々とした赤い岩石は赤石山系を貫く背骨が露出したようだった。石鎚山系の笹ケ峰もわずかに額を見せていた。

復路は山頂の下の坂道を下り分岐を左にとった。しばらくゴロゴロの岩道を歩き、次の分岐を右へ曲がると薄暗い林になった。水場となった小さな沢を渡り、植林のヒノキ林をくぐると気持ちのいいさわやかな沢に着いた。ここを過ぎると少し退屈な巻き道が続くが、やがて往路で分かれた瀬場谷の分岐点に戻った。後は上り道を忠実に引き返したが、登山口に近づくほど左の沢に転落しないよう注意した。

（二〇〇一年七月二十八日歩く）

コースタイム

登山口（四〇分）瀬場谷分岐（一時間四〇分）赤石山荘東側の分岐（五〇分）東赤石山（三〇分）鉢巻山（三〇分）東赤石山頂下の分岐（一時間三〇分）瀬場谷分岐（四〇分）登山口

登山口までの交通

ＪＲ予讃線伊予三島駅から、せとうちバス別子山線に乗り筏津駅で降りる。

周辺の見どころ

伊予三島市にはコスモスの楽園「翠波高原」（標高九〇〇メートル《メートル》）があり、三・五ヘクタール《ヘクタール》に三五万本が咲く。山頂まで車道がある。隣の川之江市は紙の町として知られ、紙の生産工程が学べる「紙のまち資料館」がある。

西赤石山《にしあかいしやま》

一六二六メートル

「別子銅山《べっしどうざん》」の名で親しまれた山

［地形図］二・五万図＝別子銅山
五万図＝新居浜

今、僕は一人の登山者として西赤石山の山頂を目指そうとしている。ここはしかし、ほんの二〇年前まで日立、足尾と並んで日本でも有数の銅の採掘場所として知られ、日常生活の中で当たり前のごとく登り下りが繰り返されていた。約二八〇年間にわたり「別子《べっし》銅山」の名で親しまれ、近代産業に貢献し得た礎を懐深くに抱く赤石連山も、現在ではすっかりローカルな山岳の一つでしかなくなりつつあるが、登山途中目に入る数々の遺跡は、僕の想像を勝手に往時に追いやり〝隔絶された山の人生〟に想いを至らせないわけにはいかなかった。登る楽しみ以外にも、見て心中に再現する楽しみが、この山行にはふんだんに盛り込まれている。

愛媛県東部の新居浜《にいはま》市にある松山自動車道・新居浜ＩＣを出ると国道一一号をしばらく走り、県道新居浜山城《やましろ》線に入った。帰りに立ち寄ろうと思う鉱物と温泉のテーマパーク「マイントピア別子」（一九九一年六月開設）を右に見て過ぎ、途中から市道東平線に分かれた。登山道は自然の家の手前から始まっていた。

コンクリートで固められた道を間もなく、広場脇に建つ煉瓦造りの旧変電所にまず目を見張らされ

銅山越から山頂を見上げる

た。周りは背丈を越える高い草に覆われ、窓から中を覗くことは容易ではなさそうだ。第一薄気味悪くてそんな気にはならなかった。近くにトンネルもある。しかし、入り口には頑丈な檻がしてあって人の侵入を拒んでいる。長大な銅山越《どうざんごえ》の山腹を抜いて南麓の日浦《ひうら》集落まで続いているらしいが、向こうの明りは見えていない。昭和四八年（一九七三）に閉鎖されるまで、一日に三回箱車が走っていたといわれる。暗闇の奥から冷たい風だけが流れてきていた。

柳谷に沿った道が暗い樹林下の九十九折りとなり、次第に傾斜を増してきた。快調だった足取りにやや乱れが生じてきて額から大粒の汗も吹き出し、たちまち顔全体を不快感で満たし始めた。体のサーモスタットも壊れたのか、あちこちがくすぶってやけに熱い。どうやら疲労だけではなさそうだ。連日続いていた睡眠不足と久しぶりの山行の両方がたたったに違いない。「今日はもう長期戦で行こう」と腹積もりを決める。

馬の背と呼ばれる細い尾根を過ぎると、突然明るい平地・角石原に投げ出された。付近にはかつて旅館が並び、

新居浜IC
11
新居浜別子山線
鹿森ダム
至マイントピア別子
新居浜市
旧変電所
物住頭
1634.3
西赤石山
1626.1
別子山村
日浦谷
銅山峰ヒュッテ
別子銅山跡
銅山越
蘭塔場
西山
1428.7
登山口
東平
自然の家と
歴史資料館
二の森
1156
小女郎川
0
500
1,000m
N

銅山越から西の方を見ると西山(右)が見える

精錬の中心地でもあって大変な賑わいぶりを醸したという。蒸気機関車が走っていた左の水平道を巻いて行けば、五分足らずで銅山峰《どうざんみね》ヒュッテに行くことができる。この山系で唯一つ通年営業をしている山小屋だ。

顕著な道が三方向に分かれているが、銅山越へは最も近いセメントで塗り固められた真ん中の道を取った。秋なら萌黄色に装う落葉松も、今は新芽の緑が瑞々しい。お墓の整列した緩い坂道の傍らでしばし沈黙した。この地で生を全うした人たちが石の碑にとって代わり、今日のように後の来訪者を見守ってくれているかのようだ。

稜線を目の前にして、つぼ状の白花が姿を現し始めた。ツガザクラである。四国ではこの付近にだけ根付く希少なツツジ科の高山植物で愛媛県の天然記念物である。本邦生育の南限地としても知られている。

ようやく待ちに待った風光絶佳の峠、銅山越に到着した。西山にかけての広大な尾根筋は、荒れた山肌がむき出しになっていて寥々としている。森林限界を越えている故に岩稜帯で構成された白妙の峰ではなく、盛んに採掘されていた当時、溶鉱炉から吐き出された排ガスの影響でいつしか不毛の地と化した哀れな景観だった。一方、来た方向は末広がりに街並みが連続していて、その果てに、空と区切りのつかないほど青く冴えた瀬戸内海が陽光を照り返していた。申し分のない快晴が本当に有り難く思われた。

お地蔵さんを内に囲った石垣の右側から山頂へ向けて再出発した。林を抜け出てすぐに一三八〇メートルのハゲ山の頂に到達した。眼下の南斜面の突起状の丘の上にU字形をした石垣がくっきり見えているのが「蘭塔婆《らんとうば》」である。元禄七年（一六九四）の火災で命を奪われた一三二人の霊を祭る墓標だ。こうして悠々と見下ろしていると、遊楽の一環として気ままに山を歩いている自分の姿が何となく彼らに申し訳なく思われてきて、無意識のうちにこうべを垂れてしまった。

ササ帯から尾根上の岩伝いの登山道に変わって視界を遮るものがなくなり、随分向こうの前赤石山の尖峰と目が合った。赤石山系は東西わずか一五キロの山域で山と山が相迫る中の、ひと際重量感と容姿に恵まれた山で僕は好きだ。「どうせ日のあるうちに下りればいい」と決めた身の上。「もっとゆっくり味わおう」と決断して腰を下ろした。昼食の半分をここで平らげた。銅山越の辺りと異なって、ここまで来ると銅採掘の被害を感じさせない原初の山の息吹をすっかり取り戻していた。

噂に聞いていたアケボノツツジも満開に近く、山脈の北側斜面を可憐に彩っていた。西赤石山のアケボノツツジ群落の規模は関西随一といって過言ではないだろう。

後ろから「ダダッ、ダダッ」と音がしたかと思うと、あっというまに一人の高校生くらいの男の子が追い越して行った。獅子奮迅の勢いが感じられ「当時の僕もあれに似た歩き方をしていた」とつい苦笑いが漏れ「ようし、あとひと息だ。こっちも頑張るぞ」と彼の背中目指して我然張り切った。ついに順番は入れ替わらなかったが、気紛れのせいでほんのちょっぴり早く二等三角点の横に立つことになった。歩き始めてちょうど三時間を要した計算だ。

山頂からの景観は期待にこたえくれ大変優れていて飽きることがなかった。平家平《へいけだいら》、笹ケ峰《ささがみね》、瓶ケ森《かめがもり》、石鎚山《いしづちさん》など石鎚連峰の雄峰たちのオンパレードだった。一眼に展開する赤茶けた岩山は山名の由来を教えてくれた。西山の痛々しく荒れた姿もここからだと高山の表徴に思え哀れを誘った情景がウソのように懐かしかった。残りの昼食を片付けたころ、早駆けの登山者はすでに親指ほどの大きさになっていた。「やれやれ、どうぞお好きなように」。僕も高校時代を振り返って「あの時何を見ながら歩いたろうか」と、ふと考えてしまった。下りも同じ道を引き返し、「マイントピア別子」で汗を流した。

（一九九四年五月中旬歩く）

コースタイム

登山口（一時間二〇分）銅山越（一時間三〇分）西赤石山（一時間）銅山越（四〇分）登山口

登山口までの交通

ＪＲ予讃線新居浜駅から、せとうちバスのマイントピア別子線に乗り、マイントピア別子で下車。そこから登山口まで歩く。

周辺の見どころ

一七三ページ参照。

皿ヶ峰《さらがみね》

一二七一メートル

松山市近郊の広大な台地状の山

［地形図］二・五万図＝石墨山
五万図＝松山南部

仮にあす山登りをやめるとしたら、今日中にでも登っておきたい山がいくつもある。春に勘定したら、四国の山に限っても数十にのぼり、驚くほど多かったので嫌になって数えるのを中断した。もちろん今も、山登りをやめるつもりは毛頭ない。

例年なら「あの山のあの花」といった具合に、何日も前から待ち遠しくソワソワしたものだったが、恋い焦がれた未知の名峰が浮き彫りになったことで今夏はあまり花情報に耳を貸そうともせず、手を付けていない山を一つひとつ登ることが先決だと決め込んでいた。しかし花の山を一つも登らなかったかというと、決してそうではない。印象深いのでは、初夏五月に殺人的密ヤブで名高い徳島一の難関峰・平家平《へいけだいら》へ登る途中、山姥岳《やまうば》でシャクナゲの大群落を見ている。ずしりと根を張った主幹から縦横に大枝、小枝が張り巡らされ命の色に染まる真紅の花ぶりが素晴らしかった。目の奥に残るシャクナゲの残像と心情の余韻を引きずっていたわけでないが、その後も花の宝庫を追いかけたつもりもなかった。

皿ケ峰《さらがみね》は、夏目漱石の小説『坊っちゃん』や道後温泉で知られる松山市近郊にある標高約一二八〇米《メートル》の広大な台地状の山で、愛媛県立皿ケ峰連峰自然公園に指定されている。

山頂直下に広がる湿地帯の「竜神平」。登山者の休憩地として最適

西の山麓にはスキー場、南の麓にはリンゴ園やぶどう園があり、旬の季節には家族連れらの声が絶えないという。高松市から松山市へ向かう国道一一号から山の全容が南に見えるが、名がなければ目立つ山岳らしい突起でなく、単なる連嶺の一部にしか見えない。唯一、救われた気持ちになるのがブナの樹林が確かめられることだ。

松山市の東に隣接する重信町の国道一一号から南に曲がり一路南下。民家の間を擦り抜けるように九十九折の坂道を上へ上へ車を走らせると、横目にする棚田に張った青い水が上部に落葉広葉樹の森があることを物語っている。「緑のダム」という言葉が浮ぶ。やがて広場になった登山口に着いた。

歩き始めは緩やかな杉の人工林のトンネルだった。一〇分後には視界いっぱいに自然林が広がった。気軽に森林浴に訪れた散歩者が頻繁に息継ぎをしなくても歩ける坂道が続いた。七合目ぐらいでベンチに腰を下ろして蜜柑を胃袋に入れたのが幸いしたせいか、元気が出て竜神

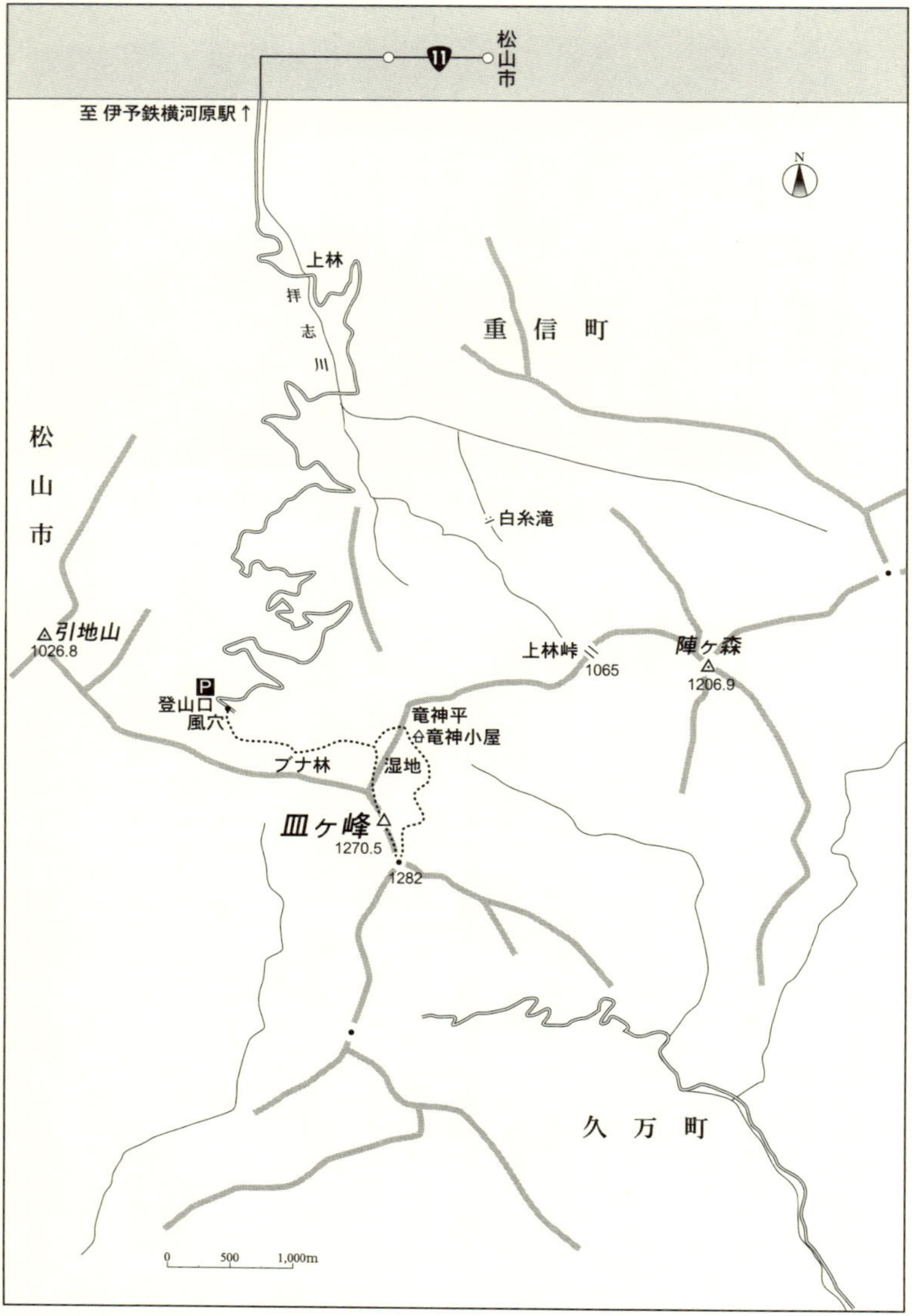
11
松山市
至 伊予鉄横河原駅↑
N
上林
拝志川
重信町
松山市
白糸滝
引地山
1026.8
上林峠
1065
陣ヶ森
1206.9
P
登山口
風穴
竜神平
竜神小屋
ブナ林
湿地
皿ヶ峰
1270.5
1282
久万町
0 500 1,000m

平と呼ばれる湿原まですぐに到着した。人一人いなかった。都市近郊の低山にありがちな「押すな」の煩わしさの予感も杞憂に終わった。

南北約一五〇《メートル》、東西約七〇《メートル》の広大な湿地には、枯れ草がはびこりクサイやオオバコなど乾燥に耐え得る種が多く根付いていた。しかし「名は体を表す」の言葉通り、かつては龍神の泉が湧きミズゴケが原自然的な景観を醸し出していたという。突然、視界が開けたせいで、道の先が狭い山頂という決まり切った登山常識に、水を差す新鮮な気分に浸れ、未知の山で味わう躍動感がみなぎった。

ブナの風倒木を苦心して乗り越え、さらに自然林が続いて、ふと林の切れ間に目をやった。一眼に見下ろす瀬戸内海が、たむろしたモヤの奥に細長く横たわり反射して小さく光るビルの借景として広がっていた。風に潮の香りは含んでなかったが、山から見た海は近い、と今さらながら思った。

木を倒すチェンソーの響きが聞こえて間もなく山頂だった。何の変哲もないなだらかな尾根の頂点という狭い草地だった。南斜面の植林された杉の枝越しに眺望を得られたが、見えるのは山の端の一部や、漂泊する無造作な白雲と青い空との区切りのない薄い水色の掴みどころのない盛夏の風景だった。直射日光にさらされ、風も流れないので着いて五分後には往路と違う道を木陰を求めて下りた。あるはずの二等三角点は天辺から少し離れてみつかった。来た道を忠実に下っていたなら、三角点は消えてしまったものと信じていたに違いない。

竜神平まで下り、避難小屋として建つ愛媛大学の山小屋の前を西から東へよぎって湿原の周りを歩いたが、たいした寄り道にもならなかった。それにしても蛇行する水流の痕跡さえなかったのは日照りのせいか、それとも水源涵養林が減ったためか。「この日はこんなもの」と、不運の時代に来てしまったと諦めたが、実は徳島中央部の平家平にあるシャクナゲのような高嶺の花でもあれば、もちろん嬉しかった。例えばミズバショウみたいに見栄えのいい花やサギソウのように小さくても可憐な白い命が息づいてくれたなら嬉しかった。またいつか、ここに似合う草花の宝庫に戻る日を楽しみに帰路を急いだ。

乗って来た車が確認できる地点まで下り、登山道から林道に出る直前、出発直後にも見たはずの木製の道標と向き合った。読むと、すぐ隣に風穴があることを教えていた。「もうこれ以上歩かなくて済む」という思いに気持ちは楽になった。それより好奇心が湧き五感が研ぎ澄まされ、別世界に足を踏み入れるようになり体が涼しくなった。歩く速度が無意識のうちに早まった。心地好く肌をくすぐる冷気の糸を手繰って進んだ。果たして風穴は道沿いの斜面にあった。数は特定できないが、濃い萌黄色のコケの美事な石と石の隙間の闇から勢いよく冷風が吹き出していた。

風穴の前には、地下約二メートルに四畳程度の石垣で囲った竪穴があった。さらに目を凝らすと、真ん中で青いケシの花びらが小さく震えていた。標高五〇〇〇～六〇〇〇メートルにしか自生しないとされるヒマラヤ山脈の青いケシがあるなど一瞬信じ難かった。地元の重信、久万両町の山草会の試験栽培と記した説明板がなければ知らないままだった。事前に読んだガイドブックにも記述されていなかった。ケシを見た感動は山旅を充実したプロジェクトに変える思わぬ展開をなした。

八月は当然花期に遅く、日本アルプスでも盛りは過ぎている。イワカガミやツガザクラなど高地にしか根付かない雲表の植物群が四国にもまれにみつかるが、栽培とはいえ遠くヒマラヤ産まであったとは。情報も物流も年々狭くなる世界を証明する材料の一例として役立つ話だろうか。雪深い白銀の山群を、ケシを介して身近にイメージした反面、やはり「四国の森には本来存在しないものだ」と、思わざるを得なかった。

無尽蔵の水を湛えた豊かな森、天然クーラーの源・風穴……。花情報を頼らず気楽に訪れながら、豊かな情趣を芽生えさせた山行に山の判定など初めに下したことが愚の骨頂に思われて恥ずかしかった。「一登は百聞に勝る。山は上から下まで舐めまわすように見ただけでは到底解らない。登ってこそ個性の正体をつかめるのだ」と本当に思った。

ケシに見とれて二〇分、冷えた汗で体から熱を奪われていることに気付き立ち去った。熱気が満ちムンムンした車に覚悟して乗り込んだ。約三〇分後、里の人となり振り返って見上げた。ついさっきまで潜っていた山腹の常磐色の林に随分と距たりを感じた。

（一九九六年八月十九日歩く）

コースタイム

登山口（一時間）竜神平（三〇分）皿ヶ峰（二〇分）竜神平（四〇分）登山口

登山口までの交通

松山市の伊予鉄道松山市駅から横河原線に乗り、横下河で下車し、タクシーで登山口へ向かう。

周辺の見どころ

松山市には「道後温泉本館」（国指定重要文化財）がある。夏目漱石、正岡子規の文人墨客も愛した名湯。温泉近くに子規の資料五五〇〇〇点を収蔵する「市立正岡子規記念博物館」もある。松山市中心部の勝山山頂に立つ「松山城」は、天守閣と小天守閣が結ばれた連立式平山城である。

愛媛・鬼ヶ城山系

三本杭《さんぼんぐい》

一二二六メートル

宇和島藩・吉田藩・土佐藩の三藩の境を印す杭が立っていた山

［地形図］二・五万図＝宇和島・松丸
五万図＝宇和島

四国南西部の代表的景勝地の一つ「滑床《なめとこ》渓谷」。花こう岩でできた河床を長い歴史がツルツルに磨きあげ、その上を清流が滑らかに下に向かう。山好きなら、その地域にある山群が鬼ケ城《おにがじょう》山系であることを承知している。三本杭は山域の最高峰。馴染みにくい山名だが由緒は藩政期にさかのぼる。地元宇和島藩、宇和島藩に隣接する吉田藩、山の南の土佐藩の三藩の境を印す杭が立っていたという山だ。実際には三本杭から南に四〇〇メートル離れたピークに立っていたが、山名は定着した。三本杭の林が生む目黒川は著名な滑床渓谷をつくり、そしてやがて日本最後の清流・四万十川に入る。豊かな山は豊かな川を生む。

愛媛県松山市方面から松山自動車道に乗り、大洲ＩＣで下車。国道五六号で宇和島市へ入った。ＪＲ宇和島駅前で山仲間と合流し、さらに国道三二〇号で広見町を通過し、松野町を経て

雪輪の滝

八面山から眺めた三本杭

滑床へ向かった。車を無料駐車場に置き万年橋まで歩いた。観光客も手軽に往復できる滑床渓谷の遊歩道を歩き始めたのは午前一〇時半を過ぎていた。

　下りてくる観光客とは反対方向に歩いていく。ほとんど傾斜はなく、しっかりした石畳の道が続いた。山と山に挟まれて陽《ひ》は刺さず、日中であるにも拘らず少し暗かった。渓谷はさすがと思わせる風景が連続した。水流が洗う大きな一枚岩に目を見張り、岩を彫刻して造った溝がまるで細い滑り台に見え感動した。宝石を溶かしたような水が流れ込む深い渕も所々にあった。自然の造型美に心打たれる思いがした。

　滑床渓谷のシンボルは日本の滝百選にも入っている「雪輪《ゆきわ》の滝」。半時間余も歩くと、頭上の山がぱっくり開き空の面積が増えた。滝に辿り着いたのだ。三本杭が聳える南側から、二段三五メートルの高さで落ちる大迫力が伝わった。見えない上部の滝も合わせると計三〇〇メートルの全長があるという。展望台に上って眺めると、とろっと粘り気を持つ液体がゆっくり滑ってくるように見えた。よく見ると滝の表面に淡雪を想像させる水の紋が浮かんでいた。これが名称の由来のようだ。

滝から奥では一組の観光客にすれ違っただけだった。いよいよ山好きの世界に入ったことを実感した。やがて谷が二つに分かれる「奥千畳」に着いた。広い河原で周囲は豊かな自然林が包んでいた。ここから二ノ股《にのまた》と呼ばれる沢に沿う道に入る。部分的には昔の森林軌道の跡を歩き、

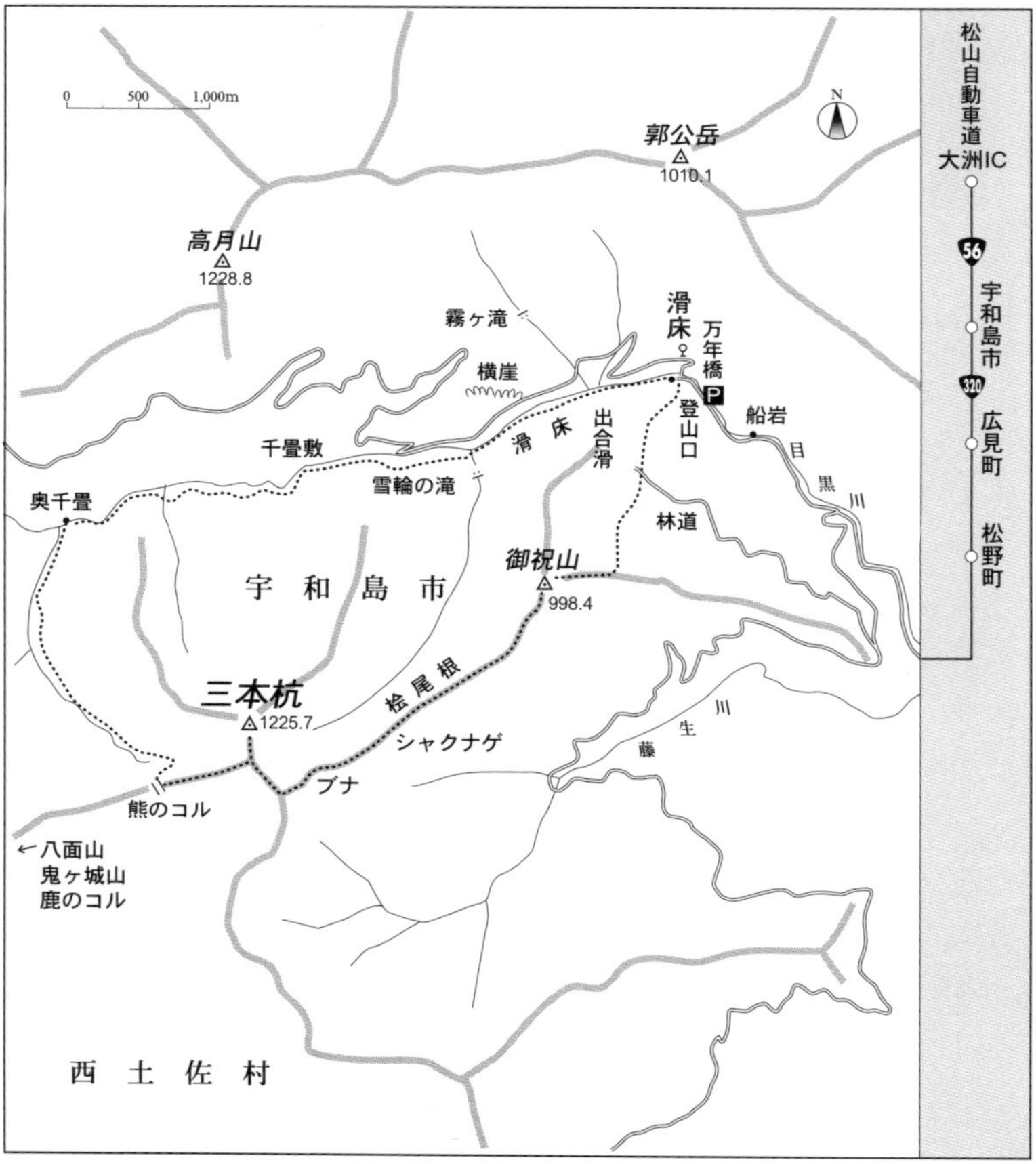

前半の傾斜と打って変わる爪先上がりの登行を重ねた。ブナ、ヒメシャラ、ケヤキ、モミ、ツガなどよく知られた自然林が出てきて、渓谷美から森林美へと山から与えられる印象が変わった。

ケヤキとブナの大木に感心していると、やがて三本杭と八面山《やつづらやま》を結ぶ通称「吊尾根」の中間にある峠「熊のコル」に到着した。

下草のない尾根には一抱えほどのブナが無数に林立していた。どの木も葉を落として身軽になり、上からの陽光は真っ直ぐ地上を刺して林全体がとても明るかった。この峠は滑床越、黒尊《くろそん》越とかの別名もある。しかし多くの猟師が言うようにクマが越す峠でもあったのだろう。また、近くでは昔、宇和島の漆器商が木地屋《きじや》を営んでいたという。

「熊のコル」から三本杭への登山道

熊のコルまでは登山者がいなかったのに尾根に出て一気に大勢の人と顔を合わせた。ほとんどの登山者は三本杭とは反対の方向にある尾根筋の鹿のコルまで車で来ていた。しかし、滑床渓谷を経由しないと三本杭の値打ちは分からないだろうと思う。熊のコルは観光開発で一時、林道計画もあったようだが免れたようだ。このままの自然がいかに美しく、後世に残す価値があるかを、ぼくと同じコースを辿れば万人がきっと理解できるはずだ。

三本杭直下のゆるやか尾根

道は徐々に傾斜を増したが、標高差一五〇メートル余を残すのみだった。山頂直下の広々とした草原の一角に出て、アセビが茂る坂道を再び駆け上がると山頂だった。すぐに一等三角点が目に入った。見渡す限り、緑の山並みが四方にどこまでも果てしなく続いていた。滑床渓谷を囲むようにして連なる鬼ケ城山系の高月《たかつき》山、鬼ケ城山、八面山がほぼ等間隔で指呼の間にあった。北方にはキツネ色の四国カルストが横たわっているのが分かった。南にもアケボノツツジで有名な篠《ささ》山などがあった。ずっと西方には九州の山々まで見えるらしいが、断定するのは困難だった。

　帰路は、同じ道を下らなくてもスタートした同じ登山口に戻れる「檜尾根」を下った。一端、山頂直下の草原に出て、東方向に進路を合わせた。しばらく背後に三本杭が見えたが、やがてしっかりした山道がシャクナゲの森へと導いた。

　シャクナゲはふつう断崖などに多くて目につきにくく、登山道に沿ってこれほど多く生えている山は他に

三本杭山頂付近からの眺望

浮かばなかった。四国屈指だと思った。植林したヒノキが多いのかと思っていたら嬉しい方に外れた。ヒメシャラやブナなどの森でもありヒメシャラは胸高周囲一・八《メートル》を越す大物もあった。森林管理署がわざわざ看板を立ててこうした森の保護を呼び掛けていた。この日は新緑紅葉とも縁がなかったが、次にもう一度来ることを森に誓った。

三角点がなければ知らずに通過してしまいそうな御《おい》祝山《わいやま》で一服した。古い地図では「大岩山」と記されているらしく、地図に掲載されるに当たって転化したのだろう。

道は緩い尾根から斜面に変わった。行きと比べて、渓谷もなく傾斜もきつかった。闇雲に下りるといった感じだったが、膝が笑いかけて少し気持ちをひき締めた。過去に膝を壊した経験があったからだが、けがでもすれば痛いだけで終わらずせっかくの山の好印象が壊れてしまうものだ。

林道に出て再び山道を下ると、向かいの山の斜面にきれいな一筋の滝が見えた。地図に載った霧が滝の上部にある「布が滝」だろう。現地点からしか望めない滝に思えて嬉しくなった。最後のご褒美をもらうと、いつのまにか登り口に無事、着いた。朝出発してから約五時間半が経過しようとしていた。大勢の観光客を見て混雑のない静かな山の世界から繁昌な観光地に帰ったことを知った。

（二〇〇一年一一月二三日）

コースタイム

万年橋登山口（四〇分）雪輪の滝（二時間三〇分）熊のコル（四〇分）三本杭（一時間）御祝山（四〇分）林道（二〇分）登山口

登山口までの交通

ＪＲ宇和島駅から宇和島バスに乗り、滑床で下車。

周辺の見どころ

宇和島市には慶長六年（一六〇一）に築城された「宇和島城」（国指定重要文化財）がある。宇和島藩主・伊達家の歴代藩主の資料を置く「伊達博物館」や同館西側には国の名勝で池泉回遊式の庭園「天赦園」がある。また宇和島駅前の「市営闘牛場」では、一・四・七・八・一一月に闘牛大会が開かれる。同市は真珠、蒲鉾も有名で市街地には販売店が並んでいる。

鬼《おに》ヶ《が》城山《じょうさん》と高月山《たかつきやま》

一一五一・一二二九メートル

宇和島市街の背後に聳える鬼ヶ城山
青い宇和島湾の眺望が圧巻

［地形図］二・五万図＝宇和島
五万図＝宇和島

四国南西部の六万人都市・愛媛県宇和島《うわじま》市の背後に大きな山が聳える。鬼ヶ城山だ。山に鬼が住んだとか、山の形が宇和島の祭りの山車「牛鬼」に似ているからとか言われ、市民の心の山である。宇和島市は西に宇和島湾を配し、市街地からすぐ山になる。海から五キロ以内に高山がある例は全国でも珍しいという。こうした地形から鬼ヶ城は思わぬところで世界に紹介されたことがある。

明治維新の前後を通じ二五年間、日本に滞在したイギリスの青年外交官アーネスト・サトウが著した『一外交官が見た明治維新（上）』（岩波文庫、二一七ページ）にこうある。「一月五日に、われわれは鹿児島を出発して、翌日の十一時に宇和湾に投錨した。美しい湾がほとんど陸に取り巻かれており、二千フィートまでの高低さまざまな山に囲まれていた。町の東側のすぐ後ろに、鬼が城、すなわち悪魔の城として有名な高い峰が聳え立っている」。慶応三年（一八六七）のことだ。

この山の名をとって一帯の山域は鬼ヶ城山系と呼ばれている。しかし鬼ヶ城山系の最高峰は鬼ヶ城山ではなく、高月山なのだ。鷹が多く藩政時代に鷹狩りの舞台だったとか、九州の古称、筑紫《つくし》が見える高い山だからとか、由来は諸説ある。

高月山へ登る途中の林

　両山を一日でセットで楽しむため、宇和島市から国道三二〇号を走り、鮎返《あゆがえり》から黒尊《くろそん》スーパー林道に入った。登山口は「鹿のコル」と呼ばれる標高一〇二〇メートルの広い尾根だった。駐車場がありマイカー登山の基地になっている。

　最初に高月山に向かって林道を歩く。しばらく行くと森林管理署が保安林について説明した看板があり、尾根へ通じる登山道の入り口になっていた。すぐに梅《うめ》ケ《が》成《なる》峠に到着。道は尾根の上にしっかり刻まれていた。間もなく麓の成川《なるかわ》渓谷から上がってきた道と合流した。尾根の南側は明治末期に始まり現在も続けられている植林帯で、北側はブナやシャクナゲの自然林が続いた。

　一〇五四メートルの三角点を過ぎると胸高周囲二・八メートルのブナがあった。端整な三角形をした山頂部が目前に迫ると、斜面の勾配が急にきつくなった。周りの山から見て三角形の二等辺の部分に当たる斜面の真ん中であえいでいるのだろうと思った。背丈を越す

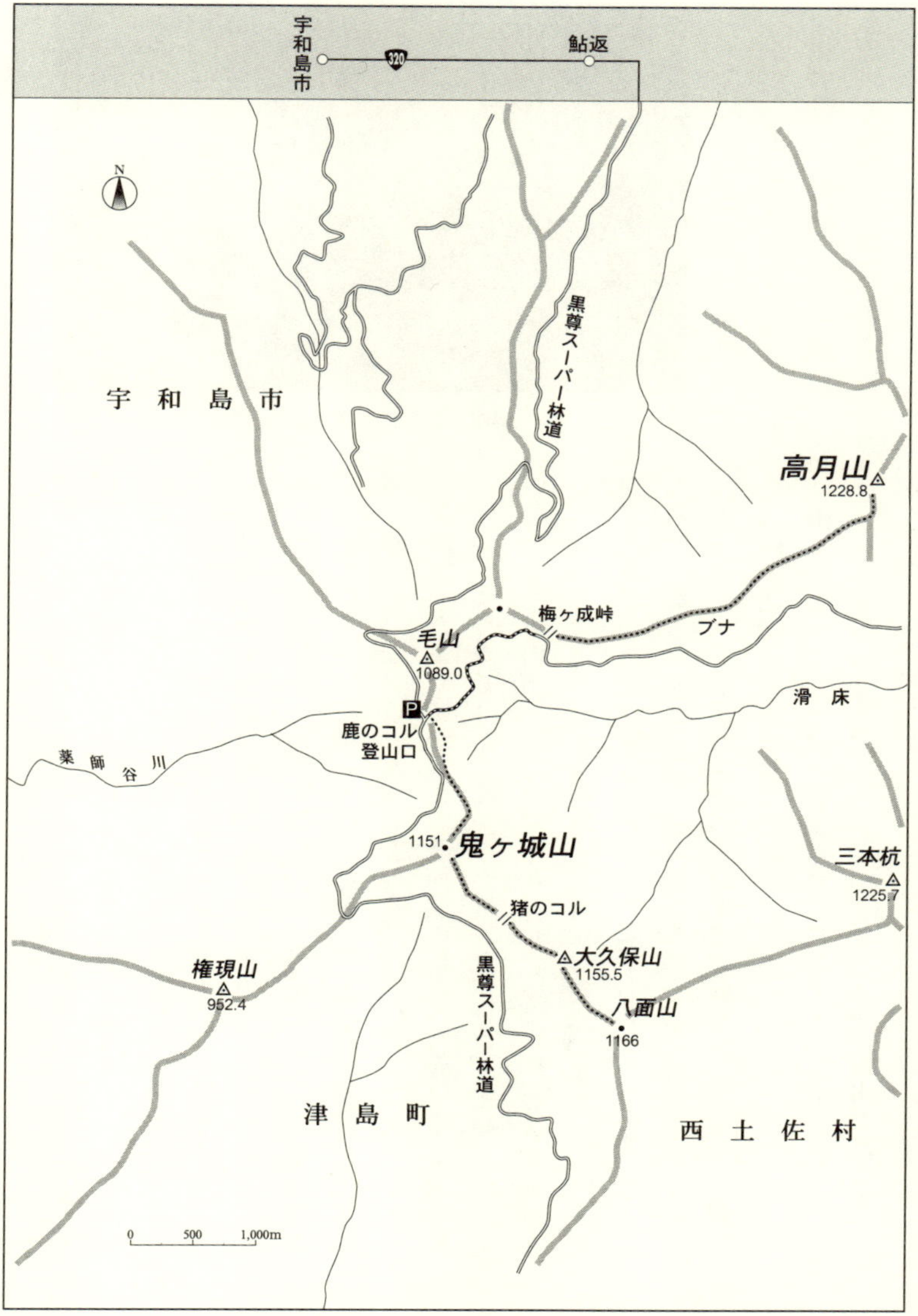
宇和島市
320
鮎返
黒尊スーパー林道
宇　和　島　市
高月山
1228.8
梅ヶ成峠
ブナ
毛山
1089.0
滑　床
鹿のコル
登山口
薬　師　谷　川
1151
鬼ヶ城山
三本杭
1225.7
猪のコル
大久保山
1155.5
権現山
952.4
八面山
1166
黒尊スーパー林道
津　島　町
西　土　佐　村
0
500
1,000m

スズタケが見通しを悪くしたがブナ、ヒメシャラ、イヌシデ、シャクナゲが増えてきて自然度が益々高くなり唯一気持ちの救いになった。

山頂直下で尾根道の進路が九〇度転換して、北に変わった。他に分岐はなく相変わらずスズタケが壁のように左右を覆っていて迷う恐れはなかった。階段のような坂にロープが垂れ下がっていた。上りでは使わなくてすむが、帰りはどうだろうか。雨が降っていないことが幸いだった。

頂は思ったより広かった。北西側の樹木を伐採して見通しが効くようになっていた。残念ながら、九州は見えず鷹も飛んでいなかった。山頂にはまた、享和元年（一八〇一）に安置されたという高月権現の祠があった。高月山は霧氷の美しさも有名だが、快晴でそれほど寒くないこの日はお目にかかれなかった。山系中、最も遅くまで雪が残る山でもあるという。

祠がまつられた高月山の山頂

来た道を忠実に辿り、新緑の春に来ればライトグリーンのブナの葉の下で、紅のシャクナゲを観賞しながら歩けるのかもしれないなあ、と次回に期待を膨らませて下った。

駐車場まで帰って一服した後、鬼ケ城山に向かった。標識が整備され、道もしっかりしていた。歩き始めて五分で尾根に乗る。山頂を通らず巻き道が左に分かれていた。この道は鬼ケ城山だけでない。

鬼ヶ城山の頂から宇和島湾を見下ろす

三本杭へ続く最短距離の楽な道でもあった。

すぐ下に林道が走っていることは分かったが森は深い印象を与えてくれた。ただ鬼が住んでいたようには思えなかった。高月山へ連なる尾根同様、ブナ、シャクナゲのトンネルだった。途中、目通り二・九メートル、三・六メートルの大ブナを確認した。三・六メートルの根元には小さな祠があった。

坂を登りきり平坦な道になると、山頂はすぐそこだった。三角点はなかったが、標識が幾つもあった。宇和島市街地が一望の下にあった。リアス式海岸と青い宇和島湾も眼下に広がり、見る目をひとしお熱くさせた。もしこの山に鬼が住んでいたら人間界をこんな風に見下ろしていたのかと想像した。残像が目の奥に残る眺めだった。

宇和島市からダイレクトに登っていれば別だが、思ったより疲労感がなかったので、欲張って峰続きの大久保山を経て八面山《やつづらやま》を往復することにした。急きょ計画を変更したが、計画は融通が効く方がよい。幸い、

大久保山から高月山（左）と三本杭（右）を眺める

道もしっかりして迷うことはなかった。大久保山、八面山とも三六〇度のパノラマに恵まれた。縦走してきた山々が長大な尾根から頭を持ち上げていた。高月山、三本杭がくっきり見え「鬼ケ城山系の代表山岳を極めた」という気持ちが芽生えた。もちろん単なる達成の誇りではなく、小さな登山でもいつも覚える冒険心を満たしたときの喜びだった。

　八面山からは往路をとり、ブナをゆっくり見ながら気ままに歩いた。

（二〇〇一年一一月二四日歩く）

コースタイム

　鹿のコル（三〇分）梅ケ成峠（二〇分）一〇五四メートル（五〇分）高月山（一時間一〇分）鹿のコル（五分）尾根分岐（三〇分）鬼ケ城山（一五分）猪のコル（一五分）大久保山（一五分）八面山（四〇分）鹿のコル

登山口までの交通

　JR予讃線宇和島駅からタクシーを利用する。

周辺の見どころ

　一九八ページ参照。

高知の山を歩く

美空ひばりがかつて「日本一の歌手になれますように」
と祈った，四国一の巨杉「杉の大杉」

高知・石鎚山脈

手箱山《てばこやま》

一八〇六メートル

[地形図] 二・五万図=筒上山　五万図=石鎚山

吉野川の源流にある高知の最高峰

別名「四国三郎」といわれる吉野川。全長約一九四キロ。紀伊水道に注ぎ込む徳島市に河口を持つが、源は石鎚山系の瓶ケ森《かめがもり》の中腹にある。源流部では本流の名を白猪谷《しらい》と変え、その支流の一つに名野川《なの》がある。高知県本川村《ほんかわ》の越裏門《えりもん》集落が吉野川の源流に最も近い集落だ。村を含む一帯の地域は四国犬の産地として知られ、今も猟犬として活躍する有名な犬種がいるといわれ、名野川とその源を発する手箱山というと、すぐに思い浮かぶ。

高知市を出発して、越裏門集落を過ぎ、吉野川に沿ってまだ奥へと延びる車一台の幅の細い道を進んだ。「大滝」という名の滝の近くに車を置いた。吉野川源流に行くには、車を置いたあと徒歩約二時間歩かなければならない。源流地点の河原にはステンレス製のモニュメントが据えられ、一滴のしずくが落ちる厳密な源流よりもはるかに手前にあるものの、それ以上は容易に登れないため、そこが「源流地点」とされている。白猪谷の清流を包み込むトチの巨樹が目立つ森は、ピークを目指すだけの山行とは違った趣に浸ることができる。

吉野川源流域は、瓶ケ森、子持権現山《こもちごんげん》、東黒森《ひがしくろもり》、岩黒山、筒上山《つつじょうやま》、手箱山など一七〇〇メートルクラスの

手箱山の山頂下のササの斜面

山が連なり、吉野川は諸岳が生んだ甘露水を集めて旅立つ。どの山に登るにしろ標高差一〇〇〇メートル以上稼がなければならず物見遊山の気分を捨てなければならない。例えば、手箱山や西隣の筒上山に登る場合、通常、石鎚連山を貫く瓶ケ森林道から岩黒山を経て往復する。目一杯、山登りを堪能するなら白猪谷と名野川の分岐点に車を置く必要がある。僕が苦しいのを承知で手箱山に登った訳は二つあった。

江戸時代、土佐藩主は夏にかき氷を食べていたという。その氷を製造した竪穴の「氷室《ひむろ》」が手箱山にあるというのだ。氷室は四国では徳島県神山町の高根《こうね》山、宇和島市の滑床渓谷や薬師谷渓谷にもあった。しかし手箱山の氷室と氷室番所跡を見たかったことと、ブナを主体とする夏緑林が素晴らしいと愛媛県川之江市在住の岳友から聞いていて、自分の目で確かめたかったからだ。

手箱山は、山容が玉手箱に似ているからという

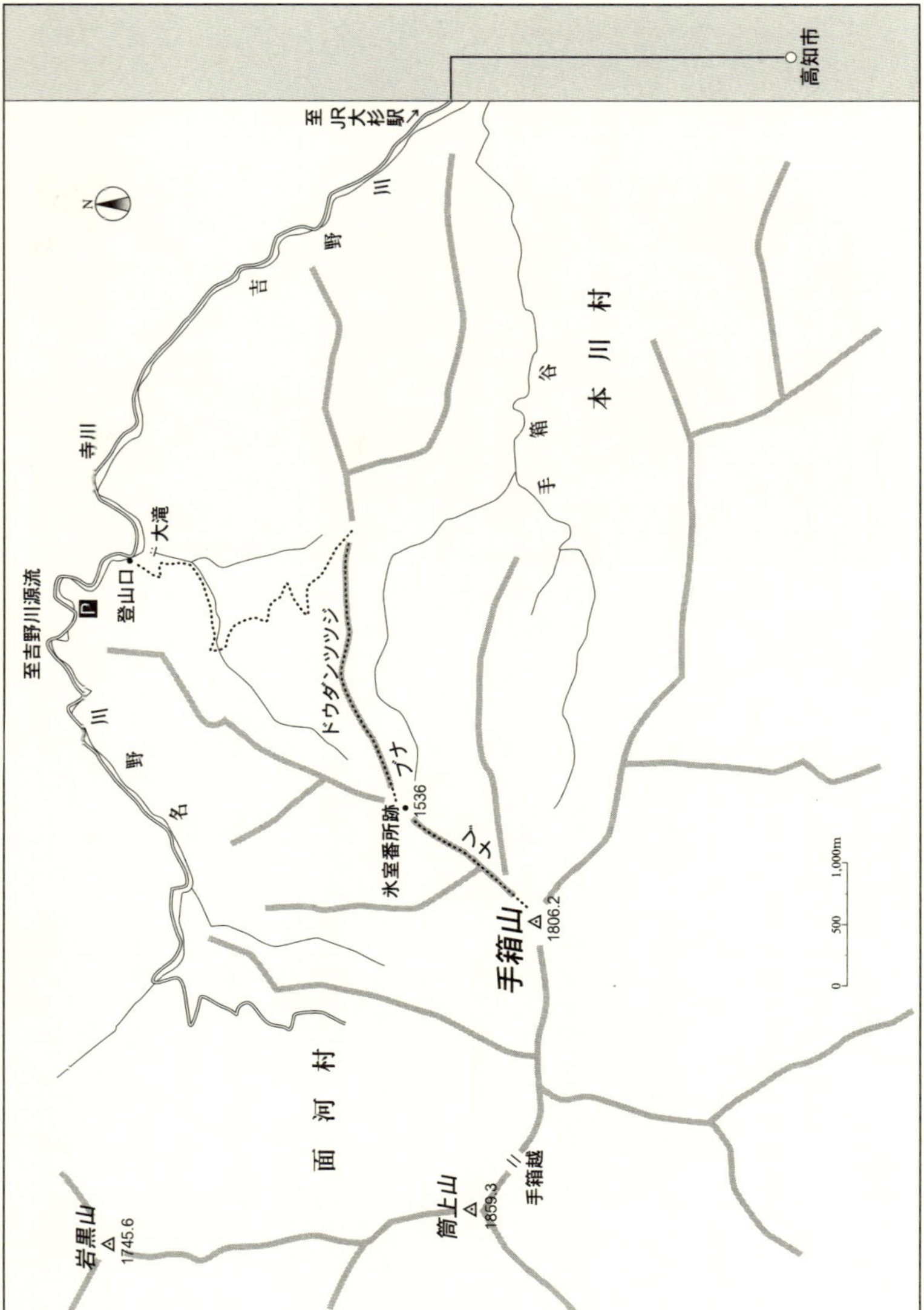
高知市
至JR大杉駅
吉野川
寺川
至吉野川源流
登山口
大滝
ドウダンツツジ
ブナ
1536
氷室番所跡
手箱山
1806.2
手箱谷
本川村
名野川
面河村
筒上山
1859.3
手箱越
岩黒山
1745.6
0
500
1,000m

説があるが判然としない。むしろ、山頂の西一・五キロにある筒上山こそ遠目に見た姿が大らかな四角の山が玉手箱にそっくりだ。山頂に祀られた遺物にも「手箱」と記されていたとされ、筒上山が実は手箱山だった可能性が高いと考えられる。筒上山の手前に四国第三位の標高を誇る峠「手箱越」がある点は、その説を裏付けるかもしれない。そうすると、これから目指す手箱山の由来は結局、不明になってしまった。山道はいきなり胸突きの稲妻状の形から始まった。この登路は登山者が少ないと聞いていたが踏み跡は鮮明だった。よく手入れされたスギ、ヒノキの林を見て納得がいった。

地元の村おこし協議会が分岐に道標を立てていた。度々、地元の中学生が遠足で登った山の頂に記念ポールを立てたのを見るが、道々を案内した道標はマイナーなルートだけに珍しかった。村人の郷土の山を思う気持ちが相当深いのだろう。

山腹の自然林

高さ一二〇〇メートルの稜線まで来ると、ようやく自然林が目立ってきた。尾根を跨いで南側に下れば渓谷美で知られた手箱谷で、しっかりした踏み跡が下っていた。東に向かう尾根には道はなかったが、忠実に歩けば一三二一メートルのピークに辿り着くことを地図が教えていた。細い尾根道には満開になったドウダンツツジが多く目を楽しませてくれた。

現在の氷室貯蔵所

坂がきつくなり笹原が出てくると周囲が徐々に明るくなった。ブナの大樹が次々に現れた。幹周りひと抱えぐらいはざらで、二《メートル》を越す代物や恐らく三《メートル》クラスの巨樹もあった。岳友から「ブナが美しく、手箱山の登路の中では一押し」といっていた通りの風景が眼前を占めた。地盤が安定した平地ならブナはもっと大きく育っただろう。

やがて木陰になった狭い場所に着いた。第二の目当てだった氷室番所跡だった。

周辺では鉄の棒や古銭の寛永通宝、古伊満里の陶器の破片が出土していることから江戸期の製作だと『本川村史』に記されている。ここでは十数年前から村起こしとして年一回、「氷室祭り」が開かれている。冬に現地で氷を作り、穴に入れておがくずをかけて貯蔵し、夏に取り出すのだ。しかし氷の原形を無事とどめているのは一割程度だといわれる。

当時、氷室で作られた氷は、手箱山の頂を通り、手箱越から南麓の安居渓谷へ下ったと推定されている。麓に氷室神社のあることが根拠だそうだ。高知市内の高知城までは家来がリレーをして運んだ。氷室から山頂まで歩くと一時間余りを要するので、氷が溶けないよう馬で運んだのであろうか。

番所に住んだ人は昔、生活の薪をブナやヒメシャラに頼ったため、周囲の森は木と木の間隔が適度に空き、見栄えがよくなったように感じた。樹林を抜けたあと笹原の中を北から南に周り込んだ。霧でかすんでいたが左側に椿山や雨ケ森がうっすらと見えた。

例年、六月末ごろ開花を迎えるコメツツジが早くも咲いていたのに驚き、間もなく山頂を踏んだ。前にきたときよりましだったが、期待していた眺望は得られなかった。日曜日だというのに登山者はだれもいなかった。そのためか、不運にもダニが知らぬ間に次々ズボンと服に忍び寄って来たのには閉口した。この吸血虫には何人もの山仲間が被害を受けていたので苦労は十分見聞きしていた。

下る途中、山頂直下から真東に延びる尾根に付いていた道が気になった。午後三時を過ぎていたせいで行方を探るのは次回に見送ったが、帰宅してから行き止まりになっていることが分かった。

笹原を歩いているうちはよかったが、林に入ると夕暮れのように暗くなった。全国の山の環境問題をルポしている登山家（大学教授）が「外国人は雨の京都が理解できないが雨の山登りを理解できない登山者も多い」と言っていたのを思い出し気を取り直した。

氷室番所跡まで下りると、あらためて周囲を見回した。ここに人が住んで氷を作ったり、溶けないよう点検したりする姿を想像した。現代なら避暑のセカンドハウスとして生活を望む人も出てこようが、当時はどんな暮らしぶりであっただろう。森が人間の精神衛生上、値打ちがあることを氷室の小屋番は知っていただろうか。かといって、山の暮らしが特別に苦だったとも言い切れない。しかし、氷室が使われたのは藩政時代前半に限られたらしく、藩の財政が厳しくなるとやはり氷作りは贅沢の一種とされたようだ。

風が通る涼しい尾根で一服した。手箱谷へ下る分岐点だ。行きに腰掛けた石の横の木に蛾がとまっていた。羽の色模様が薄緑の葉に似ていた。複眼とぼてっとした腹が嫌いなので、その姿を見ただけで風に当たるより体が冷えた。行動食のプルーンを二個口に入れて立ち上がった。名野川の河原までわずか四〇分しかかからなかった。二《メートル》はあると思われる深さの渕の上に橋が架かっていた。橋の上から悠々と体をくねらせる魚影を数匹見つけた。宝玉の瑠璃色のような流れが、吉野川上流ということをいつしか忘れていた。手箱山はそれほど河口から遠かった。

手箱山は、県境を含まない高知県の最高峰。県境を含むと徳島県境の三嶺《みうね》があるが、高知県の岳人は三嶺の方に熱を上げている気がした。だが手箱山には地元の案内書にもあまり紹介されていない豊かなブナの森と静かな道があった。その上、氷室のようなすべてが永遠に解けないロマンも秘めていた。

（二〇〇一年六月一七日歩く）

コースタイム

登山口（一時間一〇分）尾根（一時間）氷室番所跡（一時間）手箱山（五〇分）尾根（三〇分）登山口

登山口までの交通

JR高松駅から土讃線に乗り、大杉駅下車。そこからタクシーを利用して登山口まで行く。

周辺の見どころ

本山町の吉野川沿いに「帰全山《きぜんざん》公園」がある。園内には日本一の規模を目指すシャクナゲ約三〇〇〇〇本が植わっていて、四月中旬から五月上旬が見ごろ。また大豊町には、野外ハーブ園「ゆとりすとパークおおとよ」がある。約二〇〇種のハーブと温室、ハーブ料理レストランもある。

雨《あめ》ケ《が》森《もり》

一三九〇メートル

四国アルプス（石鎚山系）を間近に望める山頂

［地形図］二・五万図＝筒上山・上土居
五万図＝上土居

眺望に恵まれた山頂

四国では最高高度を誇る山波とダイナミックな景観が合わさり「四国アルプス」と呼ばれる石鎚《いしづち》山系を、間近に望める魅力が雨ケ森《あめがもり》にはある。登山口周辺には民家が点在するものの、見上げると岩壁が立ちはだかり険しさを伺わせる。登山口からは一三九〇メートルの高さがある頂を望めず人の生活とは無縁の山を連想させるが、実際はそうではない。確かに人工物もなく人工林も広くないが、山岳信仰の山として地元では古くから親しまれた。いつしか登る人は減り最近、登山道が整備されたのは魅力の独立峰を目指す登山ブームを反映した結果とみていいと思う。

山名の由来は判然としないが、そそり立つ地勢から「天の森」から転化したという説、気流の関係で雨が降りやすいから、との説が有力なようだ。

アプローチはマイカー頼みだった。高知自動車道・伊野《いの》ＩＣから国道三三号で吾川《あがわ》村大崎へ。さらに国道四三九、四九四号を経て池川町に入り、大西集落から岩柄《いわがら》方面に曲がった。分岐点は鋭角状に曲がるので注意していないとうっかり通り過ぎてしまう寸前だった。登山口まで舗装はされているが対向車がいたらどうしようかと悩ませる狭い道だった。

登山口には標識があ

り、駐車場もあった。見上げると豪快な滝が見え、変化の多い山道を予想して少しワクワクした。そしてもちろん「心して登ろう」と誓った。

木のない斜面にまっすぐ設けられた石段をしばらく登るとスギの人工林に入った。暗く退屈な道で、転石に足を取られないよう注意しながら進んだ。左に巨大な岩壁が見え、水が極端に少ない滝のようになった景色が現れると自然林が囲むようになる。

小さな谷を渡り、今さっき見えた滝の上に出て、しばらくジグザグに登行を重ねると水場があった。水の補給の必要はなかったが、持って来た果物を食べて一服した。標高一〇〇〇メートルごとに立て札があり、九〇〇メートルの標識を見て、尾根を左に進み、少し下って沢を越えた。ここは水量が豊かな渓谷で谷の奥が見通せて気持ちがよかった。写真を数枚撮った。沢は二つに分かれ、右の沢に登山道が続いていた。やがてガレ場が現れた。トラロープが垂れ下がっていたが、全面的には頼らず、足元に気をつけながら登った。一歩に力を入れ過ぎると靴が土に潜り、石まで動いた。落石の可能性さえあった。ガレ場の途中から赤テープに従い左へ巻き道をとる。

水量豊かな山腹の沢

小さな石積みのケルンがある涸れ沢を

よぎると、雨ケ森山頂から南に張り出してきた尾根の登り道になった。ぐんぐん高度を稼いでいることが実感でき、また深い自然の中にいることが実感できた。

ヒノキ林になり、ほどなく大きな岩が眼前に見えた。近付くと洞窟《どうくつ》のような岩屋になっているのが分かった。現在は登り口の集落に移されたが、元は頂上にあった岩伽羅《いわがら》神社が一定期間、祭られたことがあるという。道に迷っても雨を凌げる穴で、かつて命拾いした登山者もいたのではないだろうか。猟師なども利用したのではないかと思った。

岩の前を通って尾根に乗った。左の林に踏み跡が消えていたが、間違わず右の踏み跡に入る。爪先上がりの急登になり、とにかく歯を食いしばって足を出した。右も左も切れ落ちた斜面で、余裕があるわけではなかったが見下ろしてスリルを楽しみながら登った。あらためて深山の風情に満ち急激な断崖を擁した山という事実に気付かせられた。

所々にある独特の樹肌を持つヒメシャラがよく目だって林全体が美しく見えた。四月下旬ならアケボノツツジが咲き誇るという。

尾根上の道をぐんぐん登り、コース中で油断をすると最も危険な岩場に来た。高さは大してないが、落ちると助からないと思った。ホールドはしっかりあったので慎重に越えることができた。登り終えて「下りも安全に通過できますように」と念じた。

尾根からすぐ奈落に落ちる崩壊地を見ながら前進した。やや傾斜が緩くなり、山頂が近いのか、膝下ほどのササが出てきた。一三〇〇メートル地点を告げる標識を過ぎササの急斜面になった。踏み跡はウソのように薄くなり、ブナやリョウブの天然林を見る余裕もなく、ササをつかみながら必死にはい上が

「雨ヶ森さま」をまつる山頂

った。

写真で見覚えのある石垣が見えると、ひょっこり山頂に飛び出した。石垣は、麓で農作業にいそしむ氏子らがまつる「雨ケ森さま」と呼ばれる祠を覆うようにして造られた自然石の囲いだった。

一帯には木がなく平坦で広かった。上り約二時間の比較的楽な椿山《つばやま》集落、四時間も掛かるきつい樫山集落それぞれから通じた登山道が見えた。結局、この日辿ってきたのルートは二番目に楽な登路だったわけだ。今度来るときは椿山集落からにしたいと思った。椿山は戦前ごろまで他の部落とは物流や縁組をせず自給自足で暮らす秘境の村だったとされる。四国では最も遅くまで焼き畑農業も行われていて「四国のチベット」ともいわれた。

三等三角点の周りに案内板とベンチも設けられていて大休止をとった。出発した時から晴れることは期待していなかったが、山頂は登山口より霧が濃かった。肌寒くなってヤッケに袖を通した。

上天気なら展望がいいことは予測できた。石鎚連峰が北に聳え、見事なパノラマだそうだが、この日は夢だった。パノラマをおかずにして昼食をとるはずだったのに……。悔しかった。

（二〇〇一年三月二八日歩く）

コースタイム

登山口（二〇分）水場（一時間二〇分）ガレ場（二〇分）岩屋の祠（一時間）雨ケ森（二時間三〇分）登山口

登山口までの交通

ＪＲ高知駅から土讃線に乗り佐川駅で下車。黒岩観光バスで池川町役場前まで行き登山口まで歩く。または佐川駅からＪＲバス松山行に乗って土佐大崎で降り、そこから池川町営バスで池川まで行く事もできる。

周辺の見どころ

池川町には四〇〇年前から伝わる「池川神社」（国指定重要無形文化財）がある。毎年一一月二三日、池川神社で大祭がある。上流の安居川は県立自然公園「安居渓谷」があり、全長一〇キロにわたって奇岩、巨岩、滝などが点在する。池川町に隣接する吾川村には「ひょうたん桜」（県指定天然記念物）がある。ウバヒガンザクラで根回り八メートル、樹高約三〇メートル、推定樹齢五〇〇年。

高知・中央部

横倉山《よこぐらやま》

七九三メートル

四億年の長い歴史を持ち
豊かな植物と伝説に恵まれた山

［地形図］二・五万図＝大崎　五万図＝上土居

横倉山が、ハイカーだけでなく地質学者、植物学者、歴史学者などにも愛され、またとない山として重宝されているわけは、四億年の長い歳月生き長らえることに成功し、数え切れない大舞台の提供者となったからにほかならない。わずか七百㍍《メートル》余の山ではあるが、ほかに無数に存在する高山を圧して人気を得ているのは、まぎれもなく日本一長い間呼吸し、粘り強く踏ん張って崩壊からまぬがれているからだろう。

こんな具合に、徳島市から西へ徳島自動車道を経て高知自動車道を行く長い車中で、いつもの山登りでは決して浮かんでこない思いを巡らせながら退屈せず随分と楽しかった。国道三三号を走り、いつしか仁淀川が流れる越知《おち》町に着いた。

華やかなコスモスの咲き乱れた織田公園休憩所を過ぎてまもなく、表参道の入り口に到着した。登山口に立った早々圧倒された。鉄砲上りを求められる急な斜面に、ひと抱えほどもある大岩で組まれた階段が上へ上へと積み重なっている。築かれた時代は見当もつかないが、角の丸み、コケの様子からみて年代ものであることに間違いはないようだ。覚悟を決めて「一種異様な未知の世界に飛び込む」

修験者の道場「カブト岩」の崖を中腹の車道から望む

そんな思いで最も下の石段に初めの一歩を預けることにした。

平日に来たせいか僕一人の足音しか響かない静まりかえった森。そこは隣町・佐川《さがわ》町に生まれ育ち、世界に名を知られた植物学の大御所・牧野富太郎氏も頻繁に通った所でもあった。ヨコグラノキ、ヨコグラックバネ、ヨコグラブドウなどがよく知られ、この山全体で、七〇〇種を越える植物が根づいているといわれる。にもかかわらず、目線より上にはモミやスギの針葉樹、足元にはミズヒキソウぐらいしか分からず、情けなく思いながら歩を進めた。根がひとつになった「夫婦杉」が突如眼前を塞ぐようにして現れたのには、出会い頭に人と対面したようなショックを覚えた。

丈余に茂るアオキに左右から挟まれた平坦道になってホッとひと息つく。スタスタと歩いていくと、再び数本の大杉が姿を見せ、これらは「夫婦杉」をはるかに上回っていた。遊歩道を通ってきたという

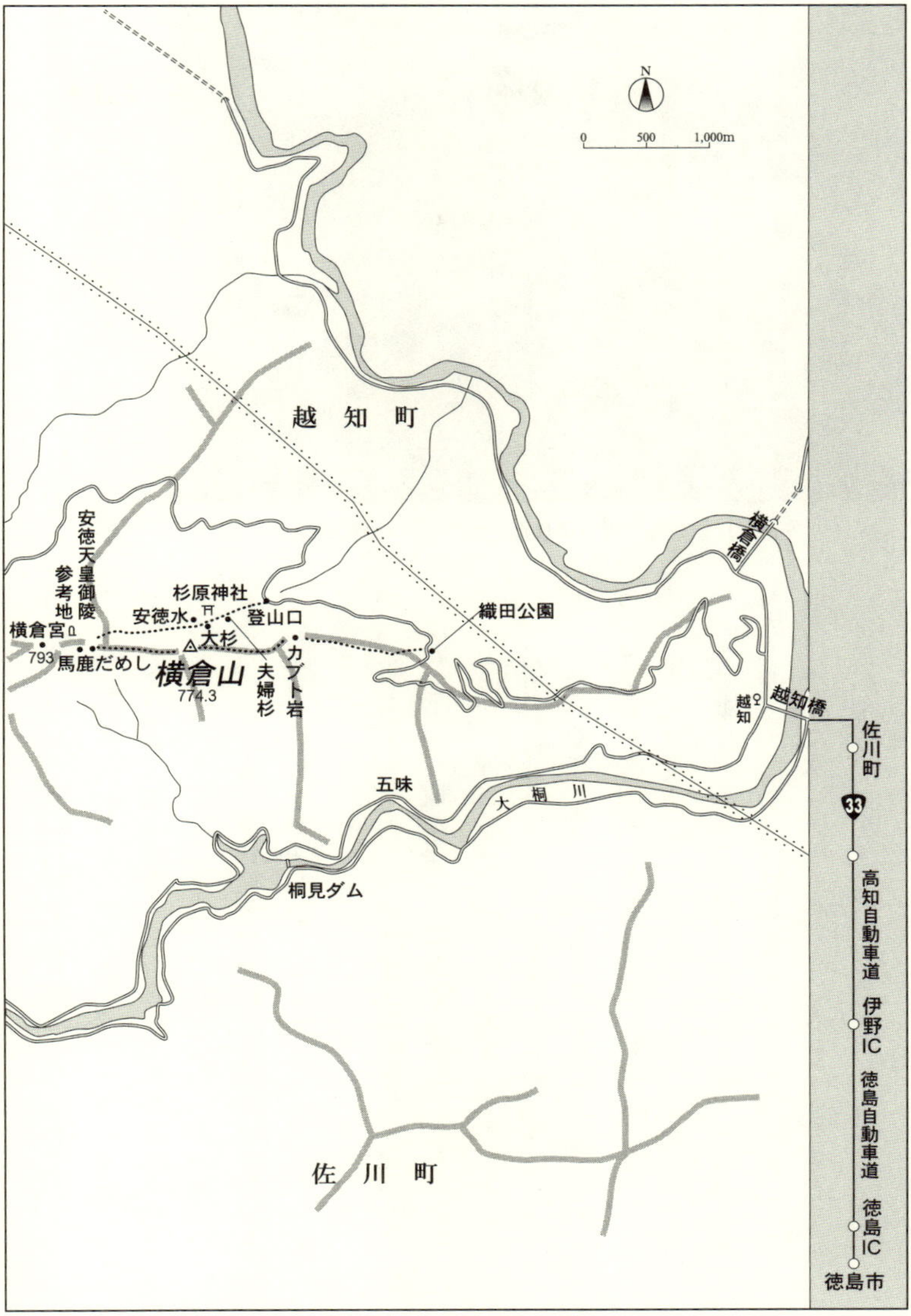
N
0 500 1,000m
越知町
安徳天皇御陵参考地
杉原神社
安徳水
登山口
横倉宮
大杉
793
馬鹿だめし
横倉山
774.3
夫婦杉
カブト岩
織田公園
横倉橋
越知
越知橋
五味
大桐川
桐見ダム
佐川町
佐川町
33
高知自動車道
伊野IC
徳島自動車道
徳島IC
徳島市

地元観光客のグループの一人が「高さ五〇メートル、幹周り七メートル余、樹齢六百年」と教えてくれる。

杉原神社を右に見て歩くこと数分、今度出てきたのは切り開かれた広い平地に立つ一軒の無人ヒュッテ。広場は、壇ノ浦から落ち延びて来た安徳天皇はじめ、平家の残党が住み着いたかつての「山の都」でもある。車のない時代に「自らの足と馬だけで命からがら辿り着いた思いとはどんなものだったろう」「ここを安住の地と決定した理由は果たして何だったのか」。追っ手にビクビクしながら不安な日々を送っていた安徳帝や、彼と運命をともにした旧臣たちの気持ちを思うと、平和な現代がとても貴重なものに思われた。辺りに漂う空気や草木を支える不動の土地には、彼らの匂いや汗が染みこんだまま、まだ消えてないように感じられて身の引き締まる思いがした。

安徳天皇を祭神とする横倉宮，800年近い由緒を持つ

右に少し下った所から湧き出している「安徳水」で渇いた喉を潤す。安徳天皇の用水に供したといわれる流れだ。舌を満足させる冷たさがいまひとつ足りないが、透明に澄んだ水は全国名水百選に入っているという。

本道に帰り、しばらくは何の変哲もない林が続くが、

カブト岩からダイナミックに蛇行する仁淀川を見下ろす

やがて待望の横倉宮。急坂を上り切ると、石垣に囲まれた春日造りの社の前に出た。安徳天皇を祭神とする神社だけに場ちがいなほど立派。最高点に来て山全体に満ちていた荘厳さも頂点に達した。西へ数分下った所には、高知県で唯一宮内庁の管轄とされている「安徳天皇陵墓参考地」があるという。

境内の裏へ出て、八〇メートルの高さを持つ石灰岩、通称「馬鹿だめし」の上に立ったが、土佐湾は霞の向こうに隠れていて、羊腸のように曲がりくねる大桐川が青く輝くのを一望の下に見るのみ。岩の先端へ行くものを「馬鹿」呼ばわりして名付けられた大岩だが、山の来歴に似合わない愉快なネームに、命名者のユーモアが偲ばれ思わず笑いがこみあげた。崖下の岩屋からは、平安期のものと思われる土器や古銭が発見されているのだそうだ。

戻りは横倉宮から東へとる。しばらく辿ると三角点があり、北に展望が優れている。彼方に霊峰・石鎚山、中ほどに筒上山、手箱山の連山、間近に黒森山など、そうそうたる四国山地の重鎮オンパレード。修験道の道場だったクサリの掛けられた「カブト岩」からも眺望は冴え、屈曲した仁淀川の様が「川といえば一直線に流れるもの」と決めつけていた僕には新鮮で珍しく、数刻見入ってしまうほどだった。

出発して以来ずっと石の露頭を見るたびにシルル紀に思いを馳せ、注意深くサンゴや三葉虫の化石はないかと目を凝らしてきたが、結局手にすることは不可能だった。しかし、ともかくこの山には見るべき風物が数え切れず、引きも切らず次から次に現れ、一つひとつがれっきとした由緒を持っているのだから驚く。アルペン風情とは遠くかけ離れた小さな島の小さな山が、無数の宝に恵まれた日本で最も高齢に当たる山とは誠に恐れいった。登山口に近付くのがもったいなく思われて、車のエンジン音がまだ聞こえない地点でもう一服することに決めた。

（一九九五年一〇月中旬歩く）

コースタイム

登山口（二〇分）杉原神社（四〇分）横倉宮（二〇分）横倉山（三〇）車道（三〇分）登山口

登山口までの交通

JR高知駅から土讃線に乗り佐川駅で下車。黒岩観光バスかJRバスで越知まで行き、そこから登山口まで歩く。

周辺の見どころ

越知町には「横倉山自然の森博物館」があり、横倉山で採れた化石が展示され、佐川町出身の植物学者・牧野富太郎博士や横倉山の植生などについて解説されている。近くには紅葉時の風景が美しい日本の滝百選の一つ「夫婦の滝」（落差三四メートル）がある。佐川町には牧野富太郎の生誕地も残っている。

高知・北西部

不入山《いらずやま》

一三三六メートル

四万十川の源流を探る

［地形図］二・五万図＝王在家　五万図＝新田

静かな不入山の山はらから細々と染み出る透明の雫が、やがて大河・四万十《しまんと》川となることを知ったのはいつのころだったか。同じ四国徳島に河口を持つ吉野川を見ながら、そしてその水で成長した僕にとって、つい最近まで四万十は正直言って興味の標的に上らなかった。川と言えば、悠々と下る吉《よし》野《の》川のイメージが勝ち過ぎてしまい身近にあるその立派な清流を知るだけで十分満足していた。「川と言えば吉野川」と思っていた。

全長一九六キロの四万十川、そして吉野川の一九四キロと、くしくもよく似た全長距離を誇り、しかも四国という小さな離れ島に両方の流れが存在することは既に知っていたとはいえ、別段珍しくも感じられず、その観光的価値を確かめたいなどとはつゆとも思わなかったのだった。なぜ、突然探訪を思い立ち向かわせる気持ちになったのかはほかでもない。平成六年（一九九四）九月にこの山でのツキノワグマ目撃情報を嗅ぎつけたからだ。四国では絶滅が憂慮されているあの森の王者だけに、それが健在ということであれば間違いなく〝荒らされていない現代のオアシス〟が残っているはず、と踏んだのである。

クマそのものと遭遇するよりも、まだまだ絶美な自然の味を秘めているだろう四万十源流と、それ

不入山（中央）

を湧き出す不入山への登頂に宿意を果たしたくなったわけだ。あくまで「ついで」として、わが国最後の清流として誉れ高い四万十川の姿を見ておきたいという希望を持って出発したのだった。

徳島市から高知市を経由し高知県仁淀《によど》村まで約二〇〇キロを夜通しかけて六時間に及ぶ長い車の旅の末、仁淀・東津野《つの》村境の矢筈《やはず》トンネルに着いた。入り口から左折して林道船戸線を通り、日の出から間もなく登り口の広場に至った。夜が明け切る前の薄紅色に染まる車窓の闇を通して、すぐに大きな看板が目に飛び込んできた。「クマに注意」と読める。しかし視界を覆う景観は見慣れて飽き飽きしている半分人工化された痛々しい山肌だった。「これだけ伐採と植林の犠牲を被った山なのに、屈強な図体とは不釣り合いな過敏な神経を持つツキノワグマが本当に潜んでいるのだろうか」と勘ぐりたくなるほど辺りは切り開かれていた。

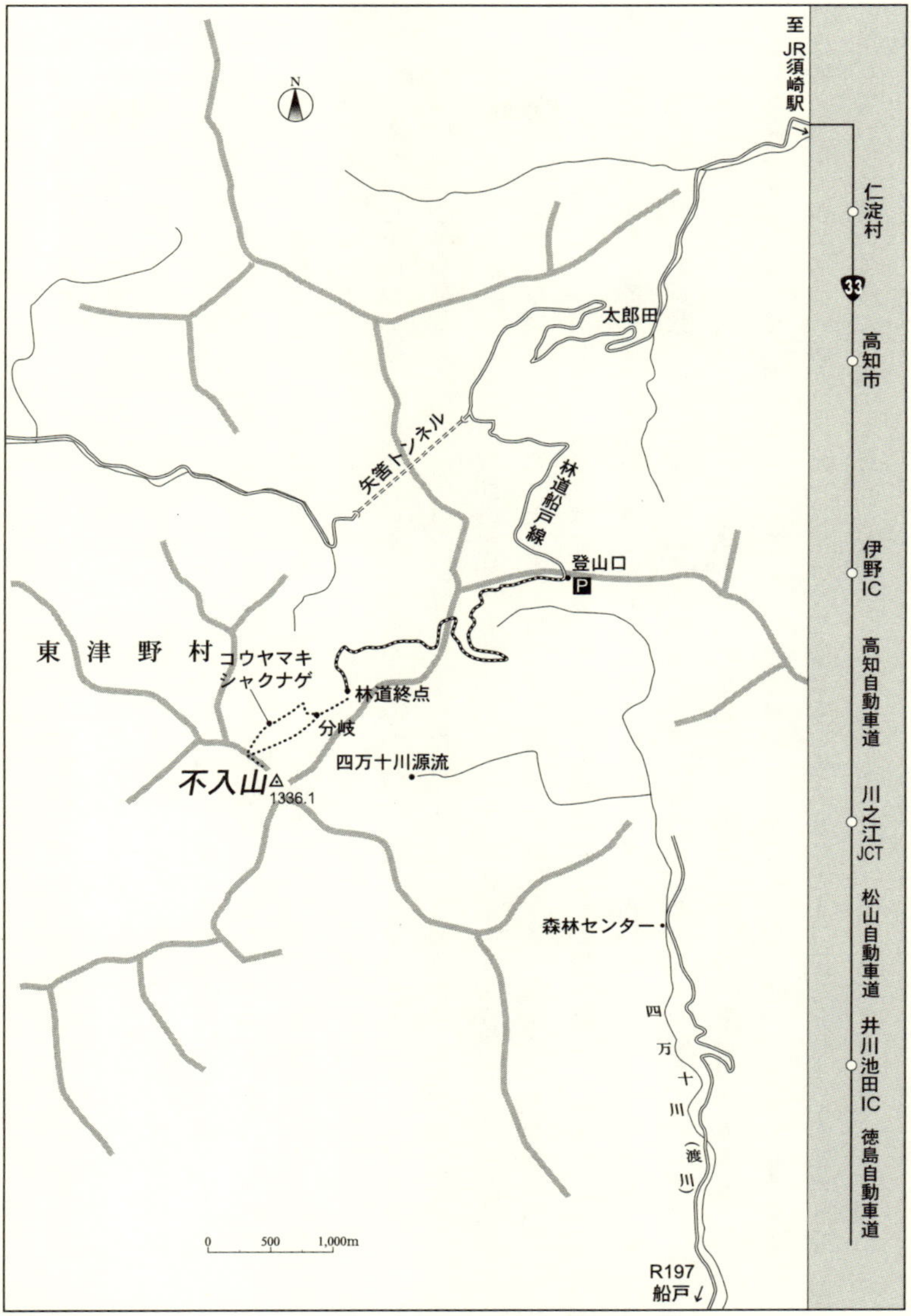

至JR須崎駅
仁淀村
33
高知市
伊野IC
高知自動車道
川之江JCT
松山自動車道
井川池田IC
徳島自動車道
太郎田
矢筈トンネル
林道船戸線
登山口
P
東津野村
コウヤマキ
シャクナゲ
林道終点
分岐
不入山
1336.1
四万十川源流
森林センター
四万十川（渡川）
0
500
1,000m
R197
船戸

眠い目を無理やり瞬かせてはるばるやって来ていながら、鼓舞してすっかり浮かれていた心中に少し後悔の念を起こさせる第一印象を投げつけられてしまった。

例えば、徳島でもここ二年間に三頭のクマの生け捕りに成功しており、県の手によって探知機を装着されて放され行動調査が進められている。そのフィールドは、いずれも秘境然とした雰囲気の消えていない奥深い山中であって、極めて人家の少ない豊かな広葉樹林で形成された森で、不入山で目の当たりにしている殺伐とした山肌とは雲泥の差と思われた。このどこかで四方に警戒を重ねながら闊歩するクマがいるなどとても想像できなかったのである。

完全に空が白むを待って登山靴に履き替え、苦虫をかみつぶしたような気持ちで迂曲する林道を一時間も歩いた。小さな鞍部で一服し、先ほどは見えなかった日の当たらない陰になった西斜面へ回り込んだ途端、蔑んで諦めかけていた周囲の景観に変化の兆しが見え始めたのが分かった。立ち止まって眼前を見つめれば、草原状のゆったりとしたスロープを持つ天狗高原が淡い黄金色の光を放つ横長の膨大な山稜に見えた。手が届く近景では幾本ものすくすくと伸びたブナが根を張っていて、まるで車両の進入を禁止した砂利道の本来殺風景な路肩を賑やかに飾り立て、古い轍をくっきりと盛り上がらせて荒れるに任せた風景の短所を補っているかのようで車を降りた地点とは正反対だった。

道の幅が急に狭まって人一人が進める本格的な山の小道に変わると、辺りは一層静けさが募り、自然美にも深みを増して「やはり来てよかったのだ」と予感めいた喜びが湧いてきた。足元の遥か底からは四万十川の西の源流の音が聞こえ「さてクマの姿はないものか」と不安定な足場も忘れて身を乗り出して河原を覗いてみた。周囲を見渡しながら「もっと豊かに、もっと森閑に」と永遠にこの自然が続く事を祈らずにはおられなかった。
緑の精が充満した山への期待は、心のときめきに命ずるまま幻想を追うごとくに、膨らんで尽きることがなかった。

自然美が深みを増す山腹

コウヤマキの多いルートは帰りに使うことにして、上りは分岐点から左にとった。孤独に徹した岩肌や自由自在に肢体を伸ばして生えるホンシャクナゲが、これでもかこれでもか、というほど矢継ぎ早に現れ、苔むした石組みの道に一歩一歩預けながら「ここには人の一生など到底かなわない永い歴史が刻み込まれている」といった漠として実体はないが、それでいて強力な山の空気に包まれていることを感じさせずにはおかなかった。

ササ腹を巻くと、やがてまともに風を受けるやせた尾根に出て一本の大きな天然ヒノキに出合った。奈良吉野や高知魚梁瀬《やなせ》に見られる手入れの行き届いた美形のそれではなく、人手に頼らないため不細工で荒らくれてはいるが、無頼を貫く野武士風の威厳を漂わせた実に逞しく見ごたえのある大樹だった。この山の土にどれほどの歳月身を託してき、今後もまたそうすることだろう。メモ

眺望に恵まれた山頂

に書き留めなかったことが悔やまれるが「太郎坊」とか何とか、由緒ありそうな名前が確か白いラベルに黒字で記されていたと思う。

一等三角点の埋め込まれた山頂がまたよかった。吹き清められた晴朗な天気の上に、無辺際の広闊な景色が広がっていた。灌木が少し目障りだが、独居峰独特の何者にも遮断されない恵まれた眺望が期待を上回って、道中既に感興をもよおしていた僕をさらに輪をかけて有頂天にさせた。

南の土佐湾があまりに近いのには驚かされた。あの海の向こうには、赤道付近まで陸地は存在しておらず「地の果て」という思いに、例えば標高のように天を目指す縦の無限ではなく、水平に延びる横への広まりをイメージせずにはおかなかった。とりとめのない海を思う時、かつて明治維新へと駆り立てた土佐の志士たちに培われ、英図した"夢"がちょっぴり視えたような気持ちになった。一方こんな感想も持った。山の上から海が見えるという「明るさ」は、故郷・徳島の山ではめったに味わえるものではない。海岸線のピークに登れば、そうした景観に接することができないわけではないが、低山ゆえに大した高みから望めないといった救いようのない欠点がある。海岸に腰を下ろして眺めたものとそれほど変わりのないものといえるだろう。徳島の大半の山の天辺の景観は、つまり「どっちを向いても山ばかり」とこの不入山とは対蹠的な「暗さ」があることに気づかされた次第なのだ。

南東に張り出した尾根を下れば、四万十川の源流に行き着くことは知っていたが、はるばる山を目指してきた心は既に十分満ち足りていたので、すんなり来た道を引き返しても悔いはなかった。転がる石のように急降下し、ひと息ついて辺りを見回すと「何と見栄えのするコウヤマキの樹木群か」。幹回りといい、枝ぶりといい無数の大樹が取り囲んでいた。やはりお留め山期の生き残りなのだろうか。間もなく林道へ出たが最後までクマには会えずじまいだった。正式な四万十川の源流にも行かなかった。しかし希少動物や澄んだ清流を生み出す山体の言い知れぬ魅力を堪能でき、期待通りの山行に何の不満も出てこようはずがなかった。夜の宿泊地はまだ決めていなかった。天狗高原を越えて宇和島へ出るか、長い川の流れに沿って中村へ下るか……。日はまだ、やや傾きかけたところだった。

（一九九四年一二月四日歩く）

コースタイム

登山口（一時間）林道終点（一時間）尾根分岐（三〇分）不入山（一時間三〇分）登山口

登山口までの交通

ＪＲ高知駅から上讃線に乗り須崎駅で下車。高稜交通バス梼原線に乗ることもできる。

周辺の見どころ

不入山東麓には四万十川の源流地点がある。県道仁淀東津野線から道標に従って分かれ、車でしばらく行った後、徒歩三〇分で行ける。日本三大カルストの一つとして知られる「天狗高原」も近く、国民宿舎やカルスト学習館もある。

天狗《てんぐ》ノ森《もり》と黒滝山《くろたきやま》

一四八五・一三六七メートル

愛媛・高知両県にまたがる
日本三大カルストの「天狗高原」

［地形図］二・五万図＝王在家　五万図＝新田

愛媛、高知両県にまたがる日本三大カルストの一つ「天狗高原」。隆起と浸食を経た石灰岩が風雨によって溶食され、地表に現れた高位高原カルストだ。西の大野《おおの》ケ《が》原《はら》から東の鳥形《とりがた》山まで全長約二五キロにおよび、広さでは山口県の秋吉台にかなわないが、標高と延長距離では日本一の規模を誇る。付近ではシベリアオオカミの化石も出土したとか。麓の村人が、牛馬の飼料や農作物の肥料、屋根を葺くカヤを採るため、毎年規則を設けては刈り採り、野焼きや野火を繰り返した結果、天然林は姿を消した。

羊の群れを思わせる石灰岩の集団「カレンフェルト」の間でススキが揺れ、風が舞う天狗高原では、現在も毎年四月から一〇月にかけて草をはむ放牧牛の姿が見える。

この連山の東部に天狗ノ森と黒滝山という名峰がある。天狗ノ森は最高峰、黒滝山は高山植物の宝庫として知られる。

キャンプ場になった登山口

石灰岩が散らばる天狗高原

車道を使って天狗高原の標高一三五〇メートルにある国民宿舎・天狗荘をまず目指した。高知自動車道伊野ICで下り、さらに須崎市から一九七号を経て駐車場に車を置いたのは、徳島市を出発して五時間後だった。砂色の雲がびっしりと覆って曇天だが展望はよかった。南方指呼の間に、国内最後の清流四万十川の源流の森をつくる不入山《いらずやま》がそびえていた。

斜面にあるキャンプ場を抜けると尾根上の一本道になった。高原西部の草原と違い、ブナ、イヌシデ、ウラジロモミなどの深い林が形成されていた。足元には白い石灰岩が至る所に露出し、西部のように刈り取りや野焼きが進んでいれば、ここも牧場の一角になっていたはずだと思えた。壮快な草原もいいが、山好きにとって自然林は捨て難いものだ。

ウラジロモミのトンネルを出ると「瀬戸見の展望台」に着いた。車を置いた天狗荘はそんなに遠く離れてはいなかった。名前に似合わず、瀬戸内海は見えることの方が珍しいらしい。

天狗ノ森山頂から鳥形山を望む

林が切れ再び景色が見えると、目指す天狗ノ森だった。あっけなく着いた感じだった。六人グループを一度追い越しただけで登山道では誰にも会わなかった。山頂は狭く、石灰岩の間に三等三角点と標識があるだけで、名を馳せた天狗高原の主峰にしては少々地味だった。南側に視界が開け、出発点からも見た不入山がぐっと近寄っていた。次の目標の黒滝山が一段低く見え、その横に白く照り返す海面のような水平の線が見えた。鳥形山だった。

鳥形山の山名は、鳥が翼を広げた形に由来するが、昭和四六年（一九七一）に始まった石灰石採掘のため山はどんどん削られていった。年間一四〇〇万《トン》、三〇年間で約三万《トン》が産出され、一四五九《メートル》あった高さは現在一二六五《メートル》にまで下がってしまった。麓の村のシンボルとして校歌に歌われ遠足の対象でもあったその山の頂の岩に立てば、四国山地の山並み、太平洋がほしいままだったといわれるが、今では昔のこととなった。こちらの大自然と真っ向から対決するような山容だった。

山頂を後にして斜面を下り切るとスズタケが現れ、平地になった姫百合平《ひめゆりだいら》に到着した。南斜面に続

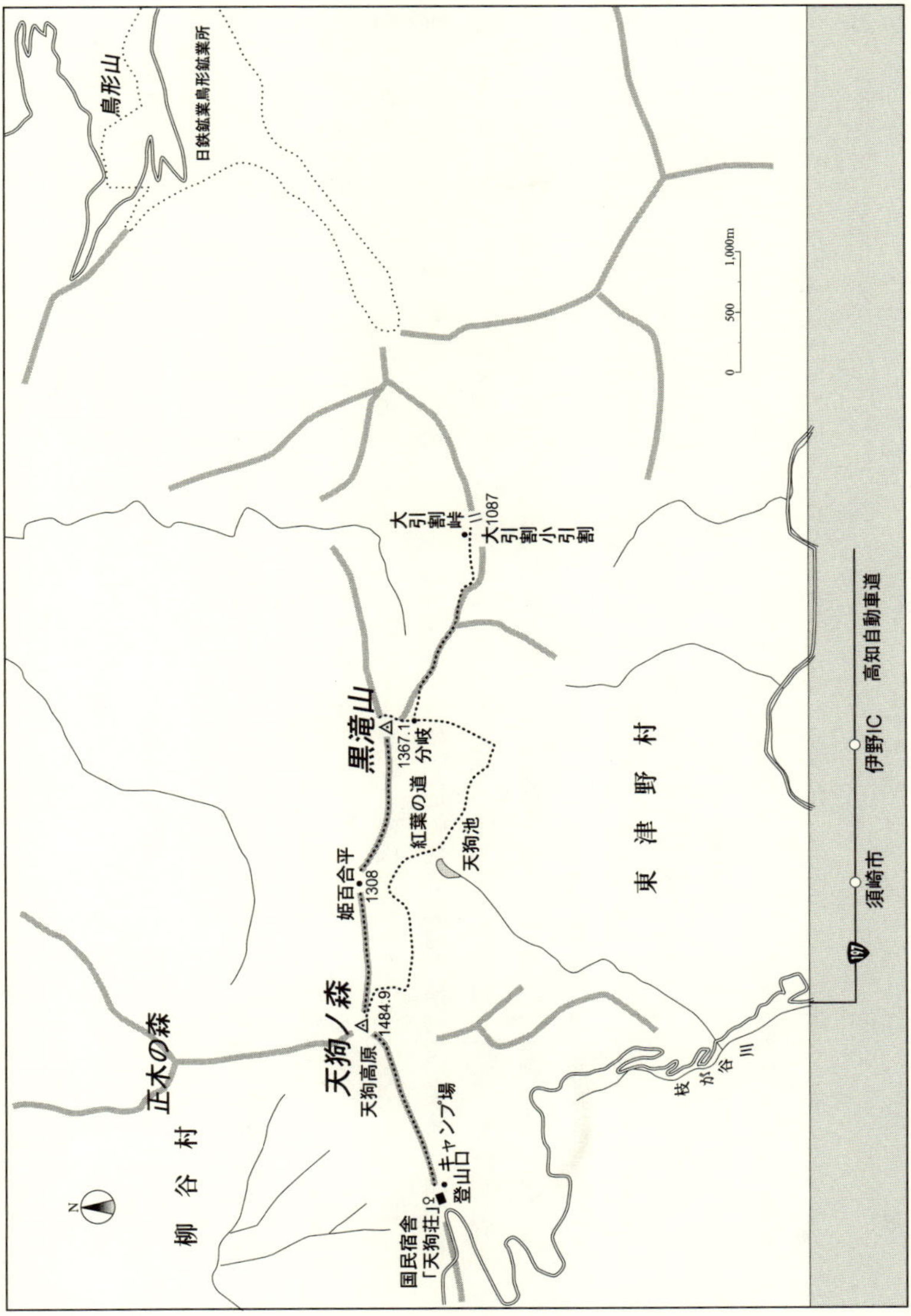
鳥形山
日鉄鉱業鳥形鉱業所
大引割峠
1087
大引割
小引割
黒滝山
1367.1
分岐
紅葉の道
天狗池
姫百合平
1308
天狗ノ森
1484.9
正木の森
天狗高原
キャンプ場
登山口
国民宿舎
「天狗荘」
柳谷村
東津野村
枝ヶ谷川
須崎市
伊野IC
高知自動車道
197
0
500
1,000m
N

く巻き道に通じる分岐点でもある。そこからあいにく小雨になった。しかし目を見張る林が続いた。特にブナをはじめ、カエデ、ウラジロモミを主体にした樹相がよかった。広葉樹がアーケードのように頭上を覆ってくれ雨をほとんど地面に落とさなかった。途中、北側に中津明神山《なかつみょうじんやま》、石鎚山、筒上山《つつじょう》、手箱山《てばこ》がかすんで見えた。道の脇には白く繊細な花びらをしたカラマツソウが咲いていて、じっくり観察しながら進むと階段状の登りも全然苦にならなかった。夏ならアケボノツツジやオオヤマレンゲにも出合える道だった。

徳島の最高峰・剣山を舞台にした宮尾登美子の小説『天涯《てんがい》の花』で一躍有名になったユキノシタ科の多年草キレンゲショウマのレモンイエローの大群落も盛夏にこの山を彩るという。その花は一属一種で日本人が初めて属名を作った花とされ、新世代前半、第三期の代表的遺存植物でもある。満開になるとまるで斜面に降りた星を思わせる雅やかさで、今や剣山ハイカーの必見の花になった。剣山とは別の山で出合うキレンゲショウマを楽しみにしていたが、時期から考えても到底無理だった。

枝ぶりの見事なブナの横に黒滝山の四等三角点が埋まっていた。三角点がなければ通り過ぎてしまいそうだった。坂道を下るとすぐ二又に分かれ右にとった。左へ行っても少し下で合流する。やがて引割峠、天狗池、巻き道との分岐点に立った。広い平地で感じのいい林だった。

間もなく辺りの空気が赤く染まったのかと錯覚した。道の両側にヒメシャラがびっしり壁のように覆っていたのだ。人肌に似た赤茶色のすべすべとした樹皮は優美そのものだ。上下の斜面にも生えていて数え切れない群落だった。四国でも珍しいのではないかと嬉しくなった。感動の余韻が冷めないうちに引割峠に到着した。

ヒメシャラの並木道

巨大な亀裂「大引割」

峠には国指定の天然記念物「大引割」「小引割」がある。どちらも巨大な硅岩の亀裂で、大引割は長さ八〇《メートル》、幅三～八《メートル》、深さは三〇《メートル》。少し北側に平行してある小引割は長さ一〇〇《メートル》、幅一・五～五《メートル》、深さ二〇《メートル》の規模がある。どちらも際まで近付いて写真を撮った。吸い込まれそうな迫力があって足がすくんだ。四国の深林にひっそりと隠れた地球の生の証を垣間見ることができた。形成の要因には百万年前から二万年前にかけて隆起を伴う地殻変動説があるようだが、有史以前の大地震によってできた説が有力だそうだ。

帰路は、ヒメシャラの木肌の美しさをもう一度確かめて通り過ぎ分岐点から天狗池に向かった。植林の間の急坂を下ると、また分岐があり右へとった。小さな沢が徐々に太くなったころ、空を隠していた林が途切れ、眼前に緑色に澄んだ天狗池が現れた。周りを山に囲まれ人の気配のない静かな池だった。

池を半周して来た道を五分ほど戻り、山腹の巻き道に通じる左側の遊歩道「紅葉の道」を選んで歩いた。整備されていたが思ったよりきつい坂道で、巻き道に辿り着いたころは少し足にこたえていた。

植物学者の牧野富太郎が明治二五年（一八九二）、高知県西部にある石灰岩質の山、横倉山《よこぐら》で発見し、その山と四国カルストにしか自生しないキキョウ科の固有種・ヒナシャジンを見ると、やがて登山口に出た。

車に乗り、このまままっすぐ帰るのは惜しい気がしたので高原を西に向かった。牛を見ながら遊歩道や車道を少し歩いてみた。緑に覆われた天狗ノ森とは対称的な景観に改めて驚かされ、ちょっぴり異国情緒に浸ることができた。果てしなく広がる準平原。振り返ると、天狗荘から向こうは緑が茂った山になっていて、明るいこちらの風景とは対称的だった。本当に同じ連なりかと首をひねったが、あの林の奥には山好きの心を満たす宝物があるのだった。

（二〇〇一年九月一日歩く）

コースタイム

登山口（五〇分）天狗ノ森（四〇分）姫百合平（三〇分）黒滝山（五〇分）引割峠（三〇分）分岐（二〇分）天狗池（五分）分岐（二〇分）巻き道（五〇分）登山口

登山口までの交通

ＪＲ高知駅から土讃線で下車。高稜交通バス梼原線の新田で降り、東津野村営バスに乗り換えて天狗高原まで行く。またＪＲ高知駅から高稜バス梼原線に乗ることもできる。

周辺の見どころ

日本三大カルストの一つで知られる「天狗高原」には、国民宿舎や学習館がある。一帯は尾根筋に道路が走り高原の雰囲気を十分味わえる。また不入山の東麓には全長一九六キロを誇る四万十川の源流地点がある。

高知・四国山地中部

大座礼山《おおざれやま》

一五八八メートル

大ダコが足をばたつかせて踊っているような巨大ブナ

［地形図］二・五万図＝土佐小松　五万図＝日比原

ただ山に登るそれだけでとりとめのない開放感に浸れるのに、なお予想を越えた風景や動植物に出会おうものなら下山して数日は満ちた気分がひかない。感動の塊が熱い芯に代わり心の奥深くまで貫いている。辛かったり疲れたことしか浮かばない過去の山行まで「今日の山を盛り上げ、きっかけをくれた前奏」と思えてしまう。大袈裟なようだが、そんな気で僕は、僕の山登りを納得し一回一回積み重ねている。感想が膨らまない平凡だった山も高山の花や岩稜など象徴の印象が色濃い個性的な峰も、三六〇度の絶景を約束してくれる好展望の稜線も、一つ残らず、僕の経験のあとさきでつながっている。

大座礼山の写真を一瞥すると、複数の山の相が思い浮かぶ。大座礼山には、ブナが相撲を取れば、大関か横綱か、十分に関取以上の貫禄を漂わす胴回りの大ブナが数本、山の証人のように根を張っている。そして徳島県中央部に位置する権田山《ごんだやま》。そこには樹齢五、六百年と推測される目通り約六メートル近い精英樹があるし、剣山山系で最も由緒ある峠とされるニクブチ峠周辺にはブナの群落にとどまらず千手観音ばりの派手な枝ぶりを発達させた珍木まである。高知県魚梁瀬の千本山に立つ大杉など、初めて山に登る人でさえ一目見ただけで心を奪われる迫力がある。四国随一の杉木立ちといって余りある。離れ離れの山が僕の中ではかかわりあっているのだ。

四国の背骨となる四国山地の真ん中に位置した大座礼山は、四県のどの市街地からも本当に遠い。高知自動車道・大豊ＩＣから国道三二、四三九号に入り、土佐町土居から県道本川大杉線に入った。しばらく早明浦ダム北岸を走り、県道高知伊予三島線に合流してヘアピンカーブを切っていくと高知、愛媛県境にほど近い登山口に着いた。

大座礼山は、最初に少し汗をかかされる上り坂があるぐらいで、全般的には大した急登過程もなく歩きよい巻き道状に等高線を重ねて行く。登山口周辺には、夏ならキツリフネやオタカラコウなど山では黄色の代表的草花が咲くという。昔は山越えの往還道だった踏み跡はしっかりしており、富山の薬売りや別子銅山が繁栄した時代の炭焼き夫らが日々利用していた。広葉樹と道のコケが相まって立ち止まりたくなる風景もあった。

スズタケの馬鹿尾根に出た。しかし四囲の風情に取り柄はないし、樹間越しの眺めもさっぱりだった。登り初めから杉の植林が傍らを占め、井野川越のコルに出る手前で夏緑林のトンネルをくぐらなければ「この先に本当に見紛うほどのブナはあるのだろうか」と勘ぐってしまうところだった。幹周り一メートル程度のブナがぽつぽつ現れ始めたが当分の間、退屈な景色が続いた。幅広のマントが波打つような起伏の豊かな尾根になり、植生は見渡す限りスズタケとリョウブの景色に変わり一層不安が増した。

時折、小鳥のさえずりとセミの遠い声が静かな林に響く。「ブナはまだか」。眼の前に、はっきり見える山頂を追いかけるのとは違い、想像だけが先行する待ち時間。山につきものの「ゆったりと流れ

大ブナが並ぶ

る時間」感覚を差し引いても十分すぎるほど長かった。ブナとの対面は、出合い頭のように突然きた。道の左右で壁を作っていた背丈ほどのスズタケがとぎれ、明るい平地に飛び出すと、その向こうでまるで一列に並ぶ大ダコが腕を振りかざして踊っているようだった。

「うわー、すごい」。いろんなブナを見慣れた同行者たちからも僕の口からも、飾り気のない純粋な笑みが感嘆の言葉とともに爆発した。ブナに近付くと人間の微小さと頼りなさに気付かないわけにいかなかった。「安堵感」という言葉に置き換えれば簡単だが、現代社会では避けられない対人関係が生む精神的ストレスも体の疲労も嘘のように抜けていく。大木でも一本しかない権田山と違い、兄弟にも見えるほど大きさの似た七、八本が整然と肩を寄せていた。どれも凹凸の激しい黒い幹をしていて、幹回り四メートル余り、高さ数メートル。根元から三メートルの所から幾本もの太い枝を出していた。

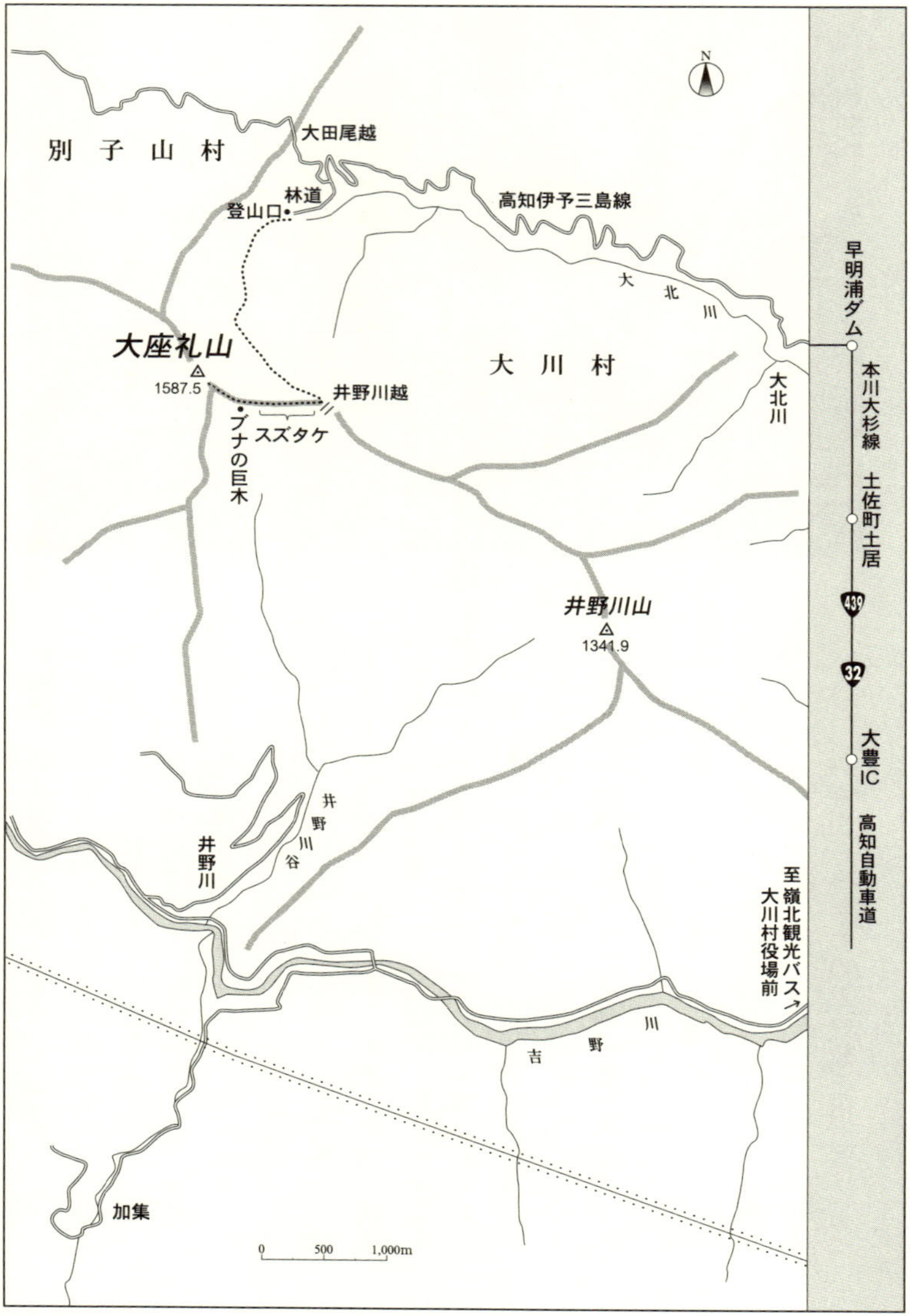
N
大田尾越
別 子 山 村
林道
登山口
高知伊予三島線
大北川
大座礼山
1587.5
大 川 村
井野川越
ブナの巨木
スズタケ
大北川
早明浦ダム
本川大杉線
土佐町土居
439
32
大豊IC
高知自動車道
井野川山
1341.9
井野川谷
井野川
至嶺北観光バス大川村役場前
吉 野 川
加集
0 500 1,000m

横に大きく枝を張り出すブナというのは太平洋側ブナの特徴で、台風の強風に耐え続けた結果だという。

優れたパノラマも及ばない生き物だけが発する生命力の神秘が僕の胸を打ち心を洗った。それは目には視えないが、生物が生物にしか伝えられない恐ろしく強い力を持っていると思えた。ブナの周辺はまるで特異な空間で僕たちは小人になった錯覚を覚えた。ブナの有用性を見いだせず、拝金主義に憑かれ、ことごとく杉や檜に植え変えていったかつての拡大造林時代、大座礼のブナを守った先人の知恵と想像力はどんなものだったろうか、ととても知りたい気持ちになった。真っ直ぐ延びていないせいで建築材に不向きだったかもしれないし、伐採時に頂上でワイヤーの支柱になる必要性があったのかもしれない。また仮に、その大樹を神木と奉っていただけでも何代も残し継いだ歴史は曲げようがない。崩壊から森を救う環境保全を狙っていたのなら、その先見性は無限の功績だと思った。

太平洋型の大ブナ

山の南面にある崩壊地「ザレ場」に由来を持つといわれる大座礼山だが、ブナを活かしておきながら「大ブナ山」と付けなかったことに疑問がわいたが、暫くして「名前などどうでもいい」と内心がつぶやいた。ブナの存在が確かで、ブナが森を守り、人を癒している事実さえあればそれで十分だった。

ブナの前で偶然、山頂から下って来た二人のお年寄りとすれ違った。彼らは世間で見掛けるハイカーの姿でなく「ちょっと野良仕事にでも出掛けてきた」といった気軽な様子だった。作業着姿だったが年相応の落ち着きがブナの風格と釣り合っていて、後ろ姿が消えるまで眺めいった。そのうち一人がスズタケに入る手前で最後列のブナに首をかしげ、数百年、風雪に耐えた樹皮をまとう深緑のコケに視線をやった。ブナへのあいさつか、それとも前に見た時より樹皮に変化でもあったのか、空気の流れや温度に感じるものがあったのか――。二人はやがて視野から消えたが、あのさりげなさは大座礼山の素顔を知り尽くした地元の人ならではのしぐさと映った。

天辺はブナを後にして暫く歩いた先にあった。五分も手前から人声が聞こえていたと思ったら案の定、五、六人のグループが狭い山頂で山座同定に夢中だった。南も北もよく見えたがはっきり判る山は南に稲叢山《いなむら》、西に東赤石山、西赤石山、北側の登山口方向にある東光森山と少なかった。もっと晴れていれば西の石鎚山系まで遠望が効くそうだ。腹を満たして立ち上がると稲叢山にかすみがかかっていた。炎天下のもやのようだった。あっという間に四〇分がたっていた。西に約一〇分歩けば、高知県ではここにしかない薄い紫宛色のコモノギクが根付く断崖がある。しかし「花期はまだ」と隣の一行が教えてくれた。今年の夏は遅いのか、でも花の頃でも行くのを拒んだだろうと思った。ブナの感動が貴重に思われ大切にしたかった。

尾根を西に辿り途中から愛媛県境を下って太田尾越に出られるようだが往路を引き返した。再びブナの膝元に立った。ざらついた木肌に右手で少し体重を預け額を上げてみた。縦横に曲がりくねった大小無数の朽葉色の枝が淡藍色の空に溶け込むような二次元の世界に見え、なお雄大な一枚の絵に似ていた。数歩退くとまた三次元に逆戻りした。

肌寒さも手伝ってか、ふと物哀くなった。ブナを支える数百の年輪に思いを馳せたせいだったかもしれないが濃緑色の葉が目に染みる盛夏、もう一度訪ねたくなった。ブナはもちろん森中が息苦しいほどのエネルギーに包まれていることだろう。そのときは沢にはアメゴやサンショウウオが住み、岩場にはレイジンソウが咲く幽邃境の趣があるといわれる南路から辿って来ようか。それとも、ミズナラやヒメシャラの柳色の若芽がまぶしい春がふさわしいか。山登りのきっかけで悩むのは楽しい。

（一九九七年七月初旬歩く）

コースタイム

登山口（一時間二〇分）井野川越（二〇分）大ブナ（二〇分）大座礼山（二〇分）井野川越（四〇分）登山口

登山口までの交通

ＪＲ高松駅から土讃線に乗り大杉駅で下車。高知県交通バスで田井まで行き、嶺北観光バスの日ノ浦線に乗って大川村役場で下車、後は登山口まで歩く。

周辺の見どころ

本山町が古里の女流作家、大原富枝の文学館があり、著書や手紙、日記などが展示されている。吉野川沿いには「帰全山公園」があり、園内に日本一の規模を目指すシャクナゲ約三〇〇〇〇本が植わっている。四月中旬から五月上旬が見ごろ。大豊町には、野外ハーブ園「ゆとりすとパークおおとよ」があり、約二〇〇種のハーブと温室、ハーブ料理レストランもある。

白髪山《しらがやま》

一四七〇メートル

藩政期から手厚く保護された山
ヒノキの白骨樹とシャクナゲの森

［地形図］二・五万図＝本山　五万図＝本山

白髪山は元は「白峨山」だったとされる。白骨樹がキラキラ光を放つからではなく峨々たる大岩が白く光って見えることにちなんだという。「白髪」の文字は道案内の神「猿田彦神《さるたひこのかみ》」をまつったころから使われていると伝わっている。猿田彦神は農耕神としても崇められ、麓から農民が仰ぐ心の山、生活の山だったのかもしれない。白髪の文字があてられたのは、猿田彦神が白ひげを生やしていたのか、里人が山に長寿を祈願して付けたのか、どちらかだろう。いずれにせよ四国の岳人が即イメージするのには、山頂付近を飾る白骨樹の自然風景の素晴らしさだ。藩政期から手厚く保護されてきた林だけに規模、数ともに四国では他に例をみない。

高知自動車道・大豊《おおとよ》ＩＣを下り、吉野川に沿った国道四三九号を経て本山《もとやま》から行川《なめかわ》林道に入った。道が未舗装になったころ、奥白髪温泉を横に見て過ぎた。そこは帰りにつかるのを楽しみにしていた温泉だった。泉質が四国一といわれる松山市の道後《どうご》温泉に匹敵すると聞いていた。

道には途中から雪が積もり始め、登山口まで五〇《メートル》手前の所に車を置いた。しばらく白くなった車道を歩き標識に従って登山道に足を踏み入れた。尾根道のふんわりかぶった雪の表面に踏み跡を付け

登山口近くからみた白髪山

るのがためらわれた。十数分も歩くと植林帯が終わり、林が薄暗くなった。年代ものの天然ヒノキの斜面に鬱蒼としたホンシャクナゲ群落が現れた。

白髪山は四国を代表する天然ヒノキの産地として有名だ。色、ツヤ、香りの三拍子がそろっているといわれる。大正四年（一九一五）に保護林となり、平成二年（一九九〇）からは約二一〇九平方メートルが森林管理署によって「林木遺伝資源保存林」に指定され保護されている。ヒノキは決して蛇紋岩を好むわけではないが、この山みたいな蛇紋岩が多いと他の木はあまり生えない。

太い根っこが地面を血管のように縦横無尽に走り、その上に雪が積もって滑りやすかった。足を取られるので、森を見上げて感動に浸る余裕はなかなかできなかった。評判通りシャクナゲも見事で「花の季節に一度は来ないと」と思った。七年前の六月、北側ルートから登頂したことがあるが、残念ながら花の印象がない。こちらと同じ規模のシャクナゲがあり多分、咲いていたはずだが何を見ながら登っていたのだろうかと

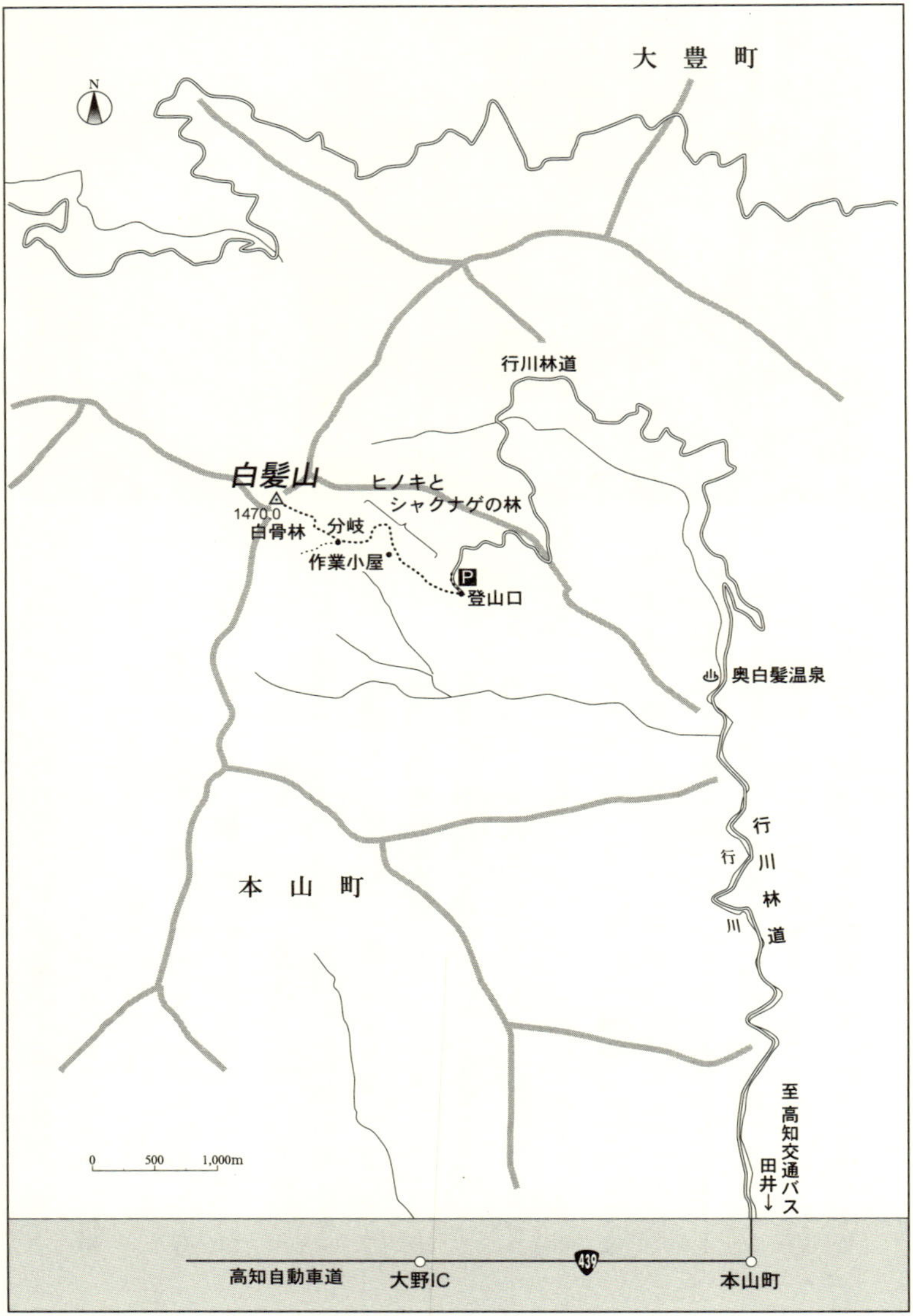
大豊町
行川林道
白髪山
1470.0
ヒノキと
シャクナゲの林
白骨林
分岐
作業小屋
P
登山口
奥白髪温泉
行川林道
行
川
本山町
0
500
1,000m
至高知交通バス
田井↓
高知自動車道
大野IC
439
本山町

反省する。今度はこちらから登ろうと決めた。

今は使われていない作業小屋が出てきてビルほどもある大岩が前に立ちはだかった。白髪山の核心部に近付いてきたことを知る。岩の基部に沿って歩くとやがて麓の本山町の街から続いてきた白髪山登山道の中で最も長い道と合流。さらにヒノキとシャクナゲが続く階段状の道を歩くと林が再び切れた。頂に着いたのかと思うほど明るい空が広がった。また大岩が横に出てきた。岩に手を掛けて慎重に上り安定した岩上から振り返った景色の素晴らしさに息をのんだ。

電波塔が頂にある梶ヶ森《かじがもり》がまず目に飛び込んだ。ずっと左に白銀色の山の塊が見えた。西日本第二の高峰剣山からジロウギュウ、綱附森《つなつけもり》、土佐矢筈山まで延長二〇キロ以上もある連なりなのに一つの山のようだった。その左には離れて矢筈山を盟主とする祖谷《いや》山系の連嶺があった。

シャクナゲのトンネルをくぐり、平坦になったかと思うとひょっこり山頂の三等三角点に到着した。南側の林がとぎれていたので行くと石灰石で構成された展望地に出た。以前訪れたときに記念写真を撮った場所だった。雲一つない上天気で東に剣山山系、祖谷山系のほか、南に太平洋が広がっていた。空は青く見張るかす山々は粉が吹いたように白かったが、海はまるで陽を浴びて染まる朝の曙色をしていた。海だけが異なる時間にあり異なる世界にあるようで不思議な感動を覚えた。西方にも遥かに山並みが続き、割合近くに手箱山《てばこやま》がくっきり望めた。「四国は山国だ」というか、あの悠々と横たわった山並みは果てがないのではないかと疑った。

眼下には早明浦《さめうら》ダムがあった。吉野川上流部にある四国有数の大きなダムで高知、徳島、香川の暮らしを潤す四国の水瓶だ。小雨の夏に干上がることもあり、湖底に沈んでいる旧村役場の庁舎がお目

山頂の白骨林

見えすることでも知られている。白髪山に立ってまさに四国の中心にいることを実感した。

　山頂一帯をあたらめて見回すと、老いて皮を剥いだヒノキが白骨樹と化し無数に立っていた。枝は光沢のある灰色をして振り上げた腕のように延びていた。白骨樹を眺めるだけで風がなくても強風が吹き荒れているかのような錯覚をした。この日は暖かかったがふだんは絶えず強い風が白骨樹を震わせ強度を鍛えているのだと思った。よく見ると付近にはゴヨウマツやコメツガもあった。

　帰りも同じ道を辿ったが雪はまだ解けておらず何度も転倒しそうになりながら冷や冷やしながら下った。

　車の運転にも注意した。行きに林道で三頭も見たニホンジカにはお目にかかれなかった。奥白髪温泉は一〇年前、山の所有者が山勘で掘り当てたそうだ。目の前に銅山があり「銅があるということは硫黄がある」と推測したのだという。確かにその弱アルカリ性の単純硫黄泉の湯は香り、肌触りともしっかりして予想以上だった。自然石を生かした岩風呂で、僕一人だけ、行川の流れと銅山跡を対岸に見ながらしばし時間のたつのを忘れて過ごした。

（二〇〇一年一二月一六日歩く）

コースタイム

駐車地点（五分）登山口（四〇分）分岐点（二五分）白髪山（二五分）分岐点（二〇分）登山口（五分）駐車地点

登山口までの交通

ＪＲ高松駅から土讃線に乗り大杉駅で下車。高知県交通バスで田井まで行き、タクシーで登山口まで。

周辺の見どころ

本山町の吉野川沿いにシャクナゲ約三〇〇〇本が植わる「帰全公園」がある。四月中旬から五月上旬が見ごろ。西日本屈指の縄文遺跡「松ノ木遺跡」も有名。

隣の大豊町には日本一の杉「杉の大杉」（国指定特別天然記念物）がある。根回り二〇メートルと同一六メートルの二本の杉がある。この隣には平成五年（一九九三）にできた「美空ひばりの遺影碑と歌碑」がある。彼女は昭和二二年（一九四七）、地方巡業の際、大豊町でバスの事故に遭い九死に一生を得て一か月半の療養生活をした。このとき大杉に「日本一の歌手になれますように」と願をかけたとされる。

三傍示山《さんぼうじやま》

一一五八メートル

高知、徳島、愛媛の三県境にあり
四国山地のヘソでもある山

［地形図］二・五万図＝野鹿池山
五万図＝伊予三島

縦横にがっちりと肩を組む四国山地のヘソの部分に三傍示山は位置している。徳島、高知、愛媛三県の境にあって三角点がある山頂は三〇〇メートルばかり北方に寄っている。「傍示」はつまり境界の印という意味だ。周囲の山や麓からはあまり目立たず、その存在感は薄い。低山だがれっきとした奥山なのだ。西の尾根に聳える笹ケ峰と合わせて登れば、歩き過ぎず、かといって歩き足りないというほどでもなく〝足八分〟で地理的に興味深いこの山のハイキングが楽しめる。途中、由緒あふれる旧土佐街道を通過し、歴史遺物の予想外の感動を与えてくれる。

マイカーで向かった。高知自動車道・新宮《しんぐう》ＩＣで下車し、県道川之江《かわのえ》大豊《おおとよ》線に入った。笹ケ峰トンネルを抜けて高知側に入り約八〇〇メートル行くと、山側に登山口があった。身支度を素早くしていざ登行開始。すぐに地図にある点線に乗った。登山道は、八世紀に官道として開かれ、江戸期も高知の立川《たじかわ》から愛媛の新宮へ越す往還道として使われた。江戸期はすなわち参勤交代の道で、六代藩主・山内豊隆から一六代藩主・豊範まで百四十六年間、籠の行列が折々に通った。この道は平成八年（一九九六）、文化庁の「歴史の道百選」に選定された。南麓の立川《たじかわ》集落には、藩主が休憩や宿泊に使った国指定重要文化財「立川御殿」（寄棟造り茅葺きの平屋建て）と呼ばれる建物が残っている。

　峠の位置とほとんど重なる笹ケ峰まで登る途中、亀の甲羅に似た幅の広い石畳や脇の石垣が今も残っていて深い情緒を醸し出していた。昔は、今われわれがやっている山登りが生活の中に当たり前にあった。だれもが山登りを無条件に受け入れるしかなかった。杉林、リョウブ林を抜けササ原が出てくると、間もなく峠に辿り着いた。「従是北愛媛県　従是高知県」と書かれた大きな柱が目の前に現れて、時代劇の舞台に飛び出した気分になった。肝を抜かれる思いだった。訪れる人は登山者しかいないだろうのに辺りは荒れずにきれいなたたずまいをしていた。

　西の小さな高みへ向け、ひと息で狭い笹ケ峰へ登った。西の工石山《くいしやま》へ連なるゆったりとした山並みと周囲に植わるしっとりとしたブナの大樹のおかげで心が洗われた。

往還道の名残をとどめる笹ヶ峰直下の峠

　峠の北斜面中腹にある笠取峠の下には「腹包丁」という地名が残っている。その名前の通り急な坂道では、腰に差した刀が地面につかえるのを防ごうとして行き交う武士は腹の前で刀を水平にして歩いたのだという。そちらから登ってくることもできる。
　三傍示山へは一旦、大きな柱のある

三県境に位置する三傍示山（笹ヶ峰の東の尾根から見る）

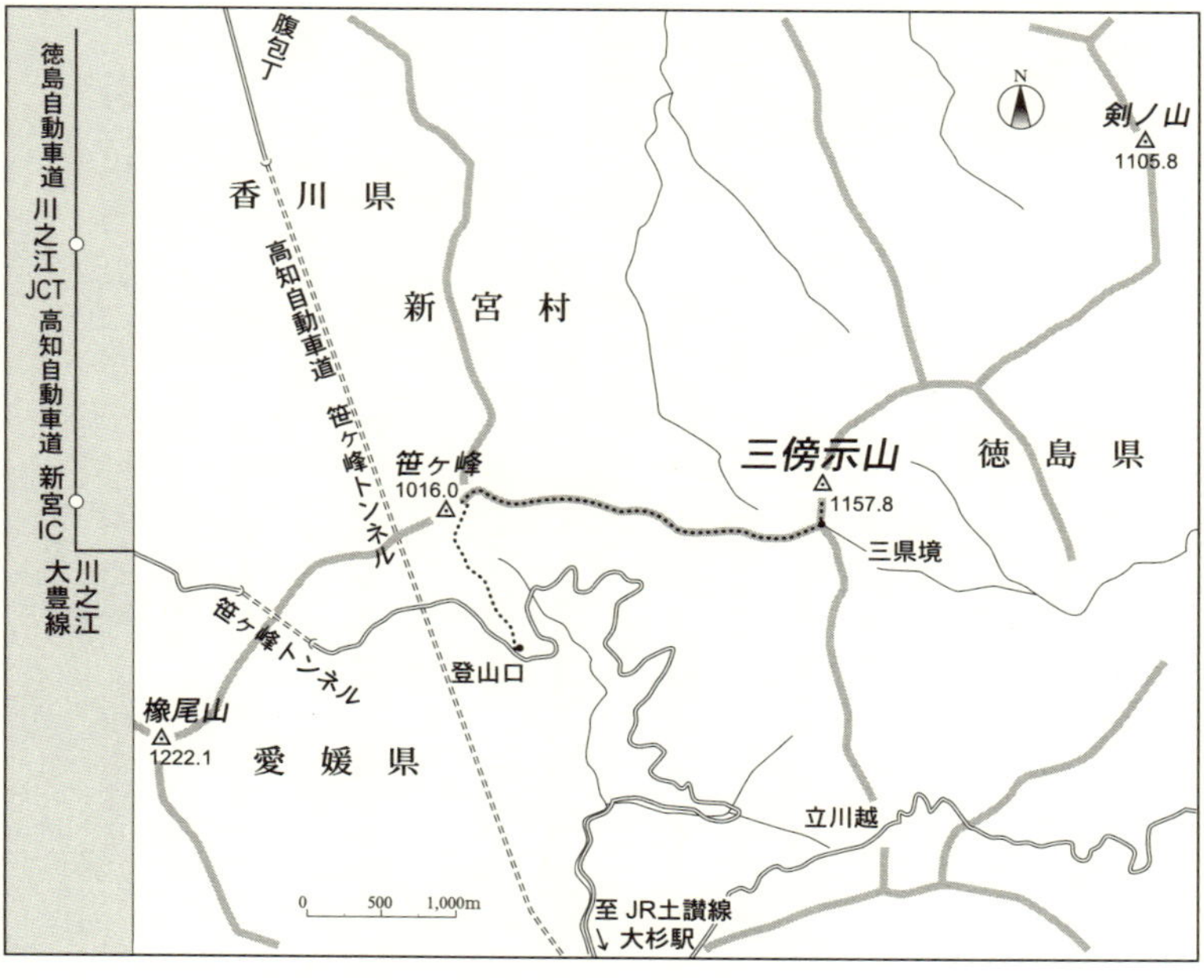

峠に下りてから東へ進む。はじめ踏み跡の薄い箇所もあり慎重に行った。倒木も所々にあって迂回を余儀なくさせられた。スズタケが出てくると、踏み跡ははっきりしてくる。平坦だった尾根が次第に競り上がり出すと左手に三傍示山が木の間越しに覗いた。枯れた自然林が山肌を包んでいた。陽が当たって茶色の山肌がまぶしかった。地図で見ると近く見えたが、山頂まではまだかなりありそうだった。

　尾根が狭まってきて丈余のスズタケを掻き分けながらの登行に変わってほどなく、ひょっこり分岐点に出た。ここが正確な三県の境で、標高は一一三〇《メートル》。南へとれば猛ブッシュとシャクナゲの群落を通過して徳島県境の立川越へ下ることができる。立川越から登ってくる人も結構多い。

　北へ進路をとり、リョウブやカエデを見ながら登る。およそ十分間、ラストスパートをかけた。小さな起伏をやり過ごしてゴールインとなった。三等三角点が埋設されていた。昔、三県を結ぶ街道もあったというが、今はその痕跡はない。北の剣《けん》ノ山《のやま》へは微かな踏み跡はあるが、向こうみずにヤブを掻き分けるファイトがなければ絶対に割って入れない。剣ノ山まで優に二時間はかかる。豊富な広葉樹の大木が手招いているが、誘惑に負けてうっかり首を突っ込んではならない。

　比較的切り払われていて明るく広い天辺でしっかり眺め渡したが、西方に法皇《ほうおう》山脈の一部が見える程度で決して壮快感には結び付かなかった。四国山地のヘソという地の利を考える時、残念な気分を起こさせるほどに貧しい景観といえるだろうか。ただ山脈の真っただ中にいることは実感できた。ひと気のない静かなたたずまいが一帯に満ちて、つい長居してのんびりしたくなる雰囲気があった。山は賑わいもいいが、自分自身としか話し相手がいない静寂も貴い。

下りも往路を戻るが、北方へ踏み込まないよう注意した。三県境を過ぎると「こんなにもきつかったのか」と思わせるほどの下り坂が続いた。
昭和二四年（一九四九）五月、この山が鳴動してやまなかったことがあるという。京都大学地質学教室の調査で、地下に横たわった大断層の地塊運動によるものだということが分かった。ところで、もしもこうして歩いている最中、不意に「グラッ」ときたらどうしようかと思った。深いスズタケに覆われているから、少々の地割れなら地下茎の根っこに助けられて大丈夫だとは思うが、やはり恐ろしい。想像が勝手に頭の中をぐるぐる駆け巡って、無意識に歩くリズムが早くなった。
高知自動車道がこの真下を貫いている現在では、止まったかにみえる地下の自然の動きに代わって、騒々しいエンジン音が微かに土を伝わってきているかもしれない。
馬鹿尾根のそぞろ歩きとなり、峠から左へ石畳を下り始めると「想像がふくらんだ世界」は徐々に遠ざかっていき、二〇分の歩行を経て車を置いた道路に下り立った。

（一九九三年一二月九日歩く）

コースタイム

登山口（三〇分）峠（二分）笹ケ峰（一時間五〇分）三県境（一〇分）三傍示山（一時間一〇分）峠（二〇分）登山口

登山口までの交通

JR高松駅から土讃線に乗り、大杉駅で降り、タクシーを利用するか、歩く。

周辺の見どころ

二五一ページ参照

土佐矢筈山《とさやはずやま》

一六〇七メートル

馬の背のように真ん中がくぼんでいる双耳峰

［地形図］二・五万図＝東土居・久保沼井
五万図＝大栃

「矢の末端の弓のつるを受ける部分」（大辞泉）を矢筈という。つまり矢筈山とは、両端が盛り上がりM字型の山容をした、いわゆる双耳峰をいう。あちこちに存在してよく知られている「駒ケ岳」も、馬の背中のように真ん中がくぼんでおり「矢筈」同様の形をしている。東日本で駒ケ岳といわれている山は、四国では矢筈山と呼ぶのが普通なのだ。

徳島県内には、その矢筈山が四座存在しており、土佐矢筈山は高知県境上に位置している。当然「名は体を表して」いて、一等三角点の埋まった山頂と、およそ二十㍍低い北のピークとがコンビを組んで聳え、眺める者に疑いを抱かせない。

ここで登山口を京柱峠《きょうばしら》にとるのは、道中のエッセンスが草原歩きに見いだせると思うからである。京柱峠は昔、弘法大師が土佐へ越えた時、あまりに遠く京へ上るほどであったということから付けられたとわれる。また、時代を溯った天保一三年（一八四二）、祖谷の百姓一揆勢六〇〇人が土佐へ越境し、のち三人が梟首され歴史に深く刻引された惨劇の場所でもある。

山頂の南東にある祖谷越《いやごえ》（矢筈峠）からも登れるが、その登路だと往復約一時間四〇分の手軽さに魅力があるものの、開放的壮快感には全く欠けてしまう。

登山道から高知側の雲海を見下ろす

徳島市から国道四三八号に乗ったまま神山町、木屋平村を経て東祖谷山村に入り、京柱峠まで一気に走った。峠にはどこからかホースで水を引いてきていて、その水を補給した。林道を少し東へ歩き、すぐに右上の尾根道に入る。早々から爪先上がりの馴染みにくい急斜面に汗をかかせられることになった。植林帯の切れ間からは、峠とやや西に放牧場の綺麗な刈り込みがとらえられる。高知側を見下ろすときれいな雲海が沈んでいた。

上りに次ぐ上りを歯を食いしばって上った。左の旧道と分かれ、道標に従って「原生林のコース」を辿った。希少なブナ、ミズナラ、ヒメシャラなどの大木を見上げつつ、フィトンチッドの充満したさわやかな森の散策を楽しむことができた。野草図鑑や樹木図鑑を携帯しておけば楽しみが増し、自然がぐっと身近になるだろう。

大岩の上にまつられた祠のある地点までくれば、極端に尾根の起伏が変わり体にとって温厚となる。モミが多く、通称「目千本」と呼ばれている所だ。倒木を乗り越えなが

ササに覆われた山頂付近

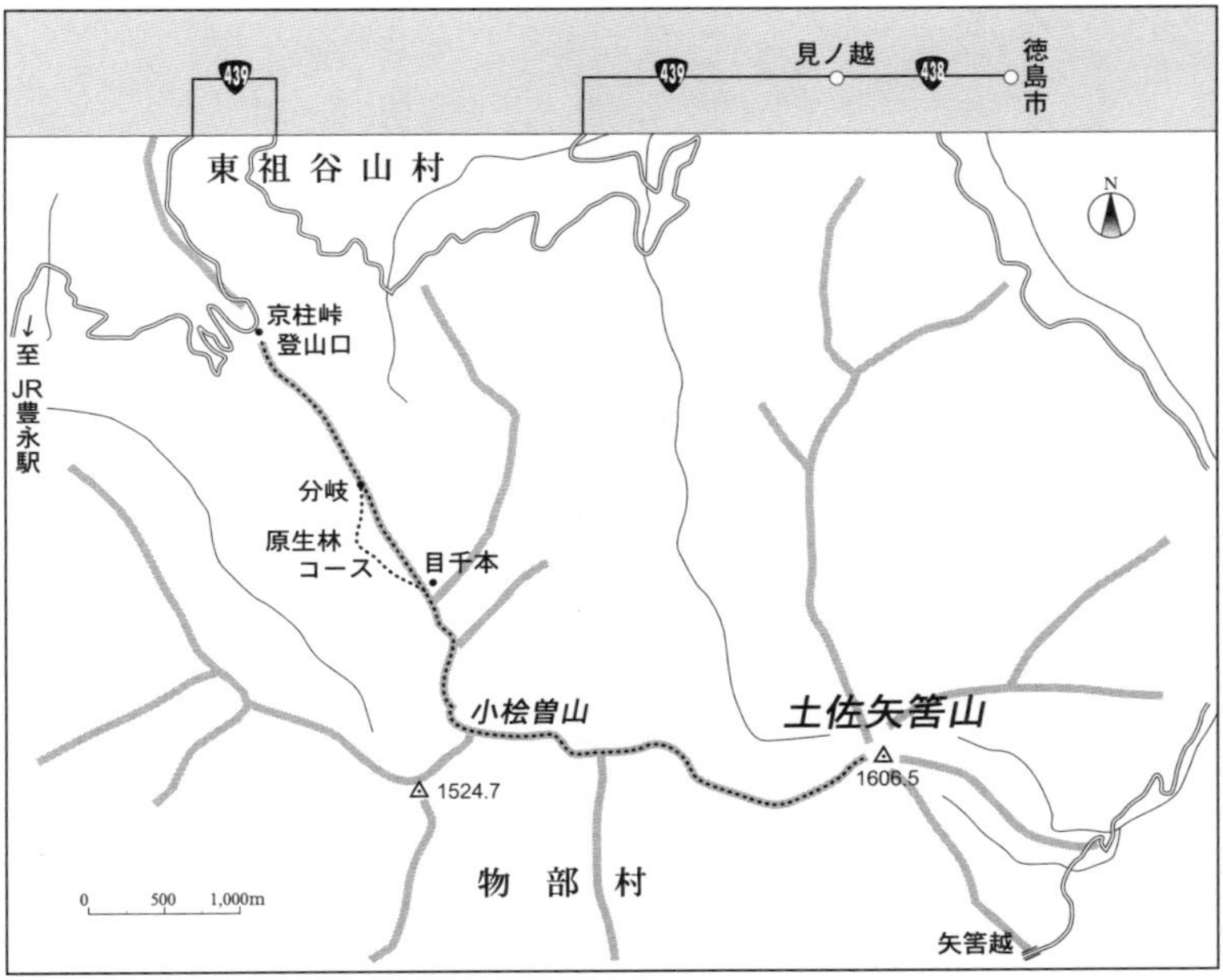

ら行くと、間もなく東側に視界が開け、どっしりとした重量感のある山頂が谷を間に挟んで正面に望むことができた。

そこから、ひと踏ん張りで「笹」とか「小檜曽山」とか呼ばれるピークに到着した。樹林限界を越えていて、土佐矢筈山の山頂までササに覆われた優美な稜線が一目で見渡せられた。ここから時折、灌木の間を抜けることになるが、定かに見分けられる道では余程のアクシデントでも発生しない限り迷路に引き込まれたりはしないだろう。確かに悪天候だったりすれば道に迷う恐れはある。最後の上りは、丈余の笹をかき分けながら前進した。

山頂は広く、実に冴えた展望を備えていた。ぐるりどこに視線をやっても山、山、山。中でも東方にかけて連なる剣山山群が秀でていた。端整な三角形をした天狗塚《てんぐづか》、全国有数のコメツツジの群落を誇る三嶺《みうね》、山系遥かにかろうじてとらえられる剣山とジロウギュウの両巨頭。すぐ近くには綱附森《つなつけもり》、梶ケ森《かじがもり》があった。名を上げれば左右の手を足しても不足してしまうほどの山の数だった。

脚下を飾り立てる花々も豊富で、シモツケソウ、ホソバノヤマハハコ、ツリガネニンジン、シコクフウロなどが小さくても可愛い姿で目を楽しませてくれた。前半の森と合わせ植物愛好家には間違いなく受ける。

例えば、有名な石鎚山や剣山のよりも人は少ないし、大半の日は混み合っていない。ウィークデーにでも行けば、巷が「登山ブームの坩堝《るつぼ》」であることをつい忘れてしまうのではないだろうか。そして、あまりの物静かなムードに絶えられず来たばかりだというのにすぐ里心に侵されたり現実生活から置き去りにされる錯覚にさいなまれるかもしれない。「なぜ山なんかへ来たのか」と顧みて、長居する気持ちなど起こらないかもしれない。

ともかく二重丸でも褒め切れないぐらい別天地さながらの山なのである。そして四国にはこうした山はまだ多いと思われる。

帰路ものんびり休憩を挟みつつ、次に行く山を探しながら歩いた。手を上げて名乗り上げている山は、四方八方枚挙にいとまがなかった。

（一九九五年初夏歩く）

コースタイム
登山口（一時間二〇分）大岩の祠（三〇分）笹（三〇分）土佐矢筈山（三〇分）笹（五〇分）登山口

登山口までの交通
JR高松駅から土讃線に乗り、豊永駅で降り、登山口までタクシーを利用する。

周辺の見どころ
二五一ページ参照。

高知・剣山系南部

石立山《いしたてやま》

一七〇八メートル

四国屈指の骨の折れる山、もとは修験道の山

[地形図] 二・五万図＝北川　五万図＝北川

石立山は高知、徳島県境にあり、剣山山系南部に位置する。周囲のどの山から見ても三角形のどっしりした風貌を持ち、独立峰でないにもかかわらず孤城の趣がある。「石立山の個性は」と尋ねられると、多くの登山経験者は「ひどく疲れる山」と即答するに違いない。どこから登っても標高差一〇〇〇～一二〇〇〇《メートル》を稼がないと三角点は踏めない。しかも下から上まで岩場が点在しスリルとは裏腹の危険性をはらむ山である。立ちはだかるような石灰岩の急峻な岩壁が開発を許さず、長時間かけて歩く昔ながらのルートしかない。ヒノキ科のビャクシン、アケボノツツジなどの樹木をはじめ豊富な希少植物の存在も有名だ。険しい石立山だが、初夏には山上の楽園に変わり多くのハイカーの関心を引くダンディーな山となる。

石立山には主に二つのルートがあるが、過去に登った徳島県側の木頭《きとう》村日和田《ひわだ》集落からの登路ではなく、高知県物部《ものべ》村別府《べふ》から登るルートを初めて選んだ。二昔前まで市街地から遠い山村だった物部村には、陰陽道の系譜を引く土佐神楽の一つ「いざなぎ流御祈祷」があることで知られている。祈祷と神楽が未分化の状態で病人の祈祷や雨乞い、鍛冶、狩猟に関連して行われる。国の重要無形文化財に指定されている。

捨身ヶ嶽からみた石立山

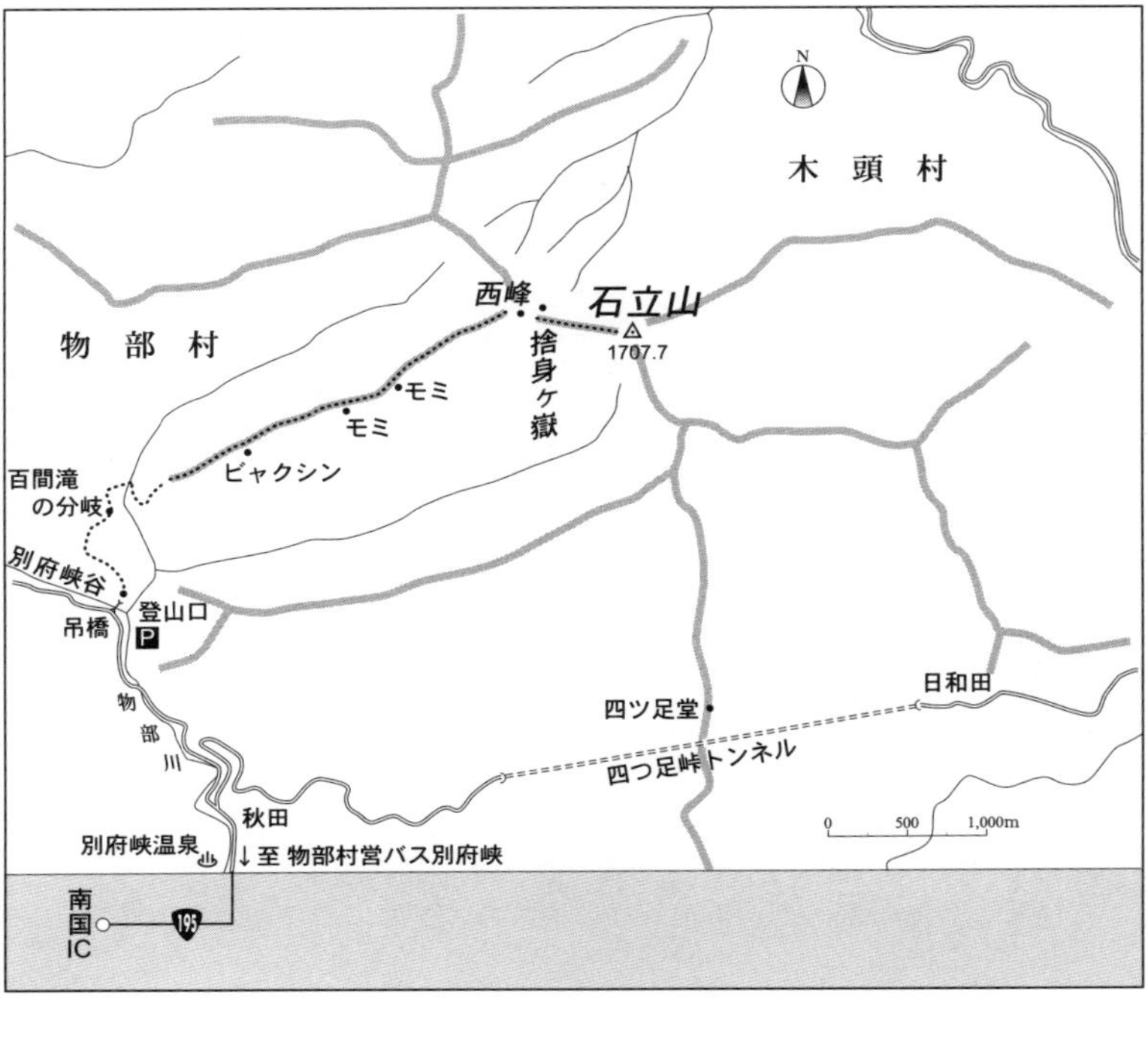

高知自動車道・南国ＩＣで下車し、国道一九五号に入る。二車線のいい道を約一時間も走ると別府峡温泉の入り口を過ぎ、次の分岐から別府峡谷方面に入り、物部川を渡ってすぐ車を置いた。別府峡は物部川源流部の紅葉の名所として名高い。

山仲間三人と歩き始めた。透明な水に感心しながら物部川を渡り、いきなり急坂のおでましだった。岩壁交じりの山肌を無理に削って造ったような細い山道を進んだ。足を滑らせるとひとたまりもない。所々、手すりがあるが落ちてきた石が直撃して谷側で宙ぶらりんになった鉄柱もあった。

ビャクシンの生えた石灰岩の登山道

百間滝との分岐をすぎて間もなく、尾根に取り着いた。百間登り一辺倒の道はやや下り気味になり、谷を渡った。百間滝の上部の谷だろうか。地図を見ると、石立山の西峰から西に張り出した長い尾根の末端に立っていることが分かった。いよいよ苦しい登りの開始だ、と心で気合いを入れた。

石灰岩の岩や石ころが出てきて落石に注意した。ビャクシンの木が現れた。樹肌を見ると縦に凹凸が走り、どれも節くれ立ちねじれたような幹の線だった。人間のたくましい筋肉を想像させた。石立山の天然のビャクシンは森林管理署が「学術参考林」に指定して保護している。

尾根の幅が狭く、左右が切れ落ちた箇所も出てきた。しかしそういう所では緊張感が心地好かった。展望の良さが加わると疲労もあまり感じなかった。標高一一〇〇メートルを越すとモミの大木が目立ってきた。尾根の平坦地で足を止めて見上げると野鳥の声がひっきりなしに聞こえ、至近距離でシジュウカラ、アオゲラの姿を確認した。ホシガラス、オオルリ、メジロなどもいるといわれるが、鳴き声から周囲にいる野鳥が何種類にも及んでいるように思えた。いたずら心で試しに下手な口笛を吹いてみると、それに答えてくれたのかと喜ばせる鳴き方もあった。

急坂は更に続き、高度を上げるに従って植生が変わってきた。春に赤く大きな花を咲かせるアケボノツツジが増え始め、道の両側にスズタケが出てきた。スズタケはきれいに刈り込まれて歩きやすかった。下部では見なかったブナもたくさん出てくるようになった。やがて小さなピークになった一四七二メートルに達した。東側の少し下った斜面にヒノキの大木があり幹に大きな穴が見えた。もしかするとツキノワグマが冬眠に使っているかもしれないと思ったがどうだろうか。

ここまで来て、正面に石立山の山頂部が望めた。手が届きそうに近く、すぐに登れそうだったが実際には三〇分余りかかった。登行中、西方に高知、徳島県境の白《しら》髪《が》山、三嶺《みうね》、天《てん》狗《ぐ》塚《づか》などの名峰群がよくみえた。

西峰からは、尾根伝いに石立山主峰へ行くが、その前に石立山の見所の一つ「捨身《しゃじん》ケ嶽《がだけ》」を往復した。西峰から道が続いている。石立山は大昔から修験道の山として知られ、その道場でもあった。西峰から北へ張り出す細尾根はアルプスさながらの岩稜だった。慎重に辿りながら五分ほど歩いてその

切り立った捨身ケ嶽の岩尾根

突端に着いた。まだ先に下り道が続いていて、修験道の道だろうと推測した。丸ごと石灰岩でできた岩山で、足を一歩踏み誤ると三〇〇《メートル》は落下することは間違いなかった。視線を落とすと、見えない谷底に吸い込まれそうになって足がすくんだ。周囲を見渡せば鳥のように空中に浮いたような心持ちだった。

剣山を盟主とする剣山山系の山並みをはじめ、衛星の峰々が散りばめられまるで山の海原だった。それぞれに登った記憶がよみがえった。北にある剣山や新九郎《しんくろう》山などから眺めたとき捨身ケ嶽は一際白く輝いていた。

石立山は石灰岩地質のため植物の豊富さでは四国の山では群を抜く。ムシトリスミレ、ユキワリソウ、タカネマツムシソウ、ギンロバイ、イシダテクサタチバナ、シコクシモツケソウ、ナヨナヨコゴメグサなどこの山ならではの草花は枚挙にいとまがない。特に星型をした白い小花が可憐なイシダテクサタチバナはこの山の特産種で日本広しといえどもほかの山では易々とみつからないだろう。

残念ながら、初冬のこの日はどの花にも巡り合えなかった。今度は花咲く石立山を訪れたくなった。

切り開かれて広々とした山頂

西峰に戻り、二等三角点の埋まった山頂へは尾根道を忠実に辿る。はじめ下り気味に行った。登り返すとスズタケがサークル場に刈り込まれ、所狭しと登頂記念の標柱が並んだ最高点だった。スズタケの北側にはダケカンバの純林になっていた。この山の印象はだれもが答える通り「苦しい山」だったが達成感、緊張感、眺望、植生に満足でき「山登りらしい山登りができた」と確信した。

山頂には石立神社の祠が祭られている。祭神は日本の山の神の代表格・大山祇神《おおやまづみのかみ》と修験道の開祖・役《えん》ノ行者《のぎょうじゃ》。麓の人たちは、七月の大祭の日に参拝に訪れるという。しかし四国の多くの山と同じく石立山信仰も戦後急速に衰退した。盛況だった昭和初期のにぎわいは見られなくなったそうだ。

帰りも同じ道を帰ったが、下に行くほど絶壁に挟まれた岩道が続いた。最後まで楽にはならなかったが、この充実感は久々に得た山での収穫といえた。

（二〇〇一年一二月一日歩く）

石立山山頂直下から木頭村を望む

コースタイム

別府登山口（四〇分）尾根（二時間）一四七二《メートル》（三〇分）石立山・西峰（二〇分）石立山（二〇分）西峰（二時間三〇）登山口

登山口までの交通

JR高知駅から土讃線の土佐山田駅まで行き、そこからJRバスに乗り換え大栃まで行く。さらに物部村営バスで別府峡まで行く。

周辺の見どころ

物部村には、物部川畔に「べふ峡温泉」がある。含食塩重曹泉の湯は神経痛やリウマチ性疾患に効くとされる。また「物部村民俗資料館」もあり、伝統の生活用具のほか村で捕られたツキノワグマの剥製などがある。同村大栃には「奥物部美術館」があり、郷土出身の作家の抽象画を展示する。下流の香北町には同町出身の「漫画家・やなせたかし館」があり、彼の作品「アンパンマンミュージアム」もある。

高知・東部

千本山《せんぼんやま》

一〇八四メートル

一目千本、樹齢二百～三百年の杉の巨樹がごろごろしている

［地形図］二・五万図＝赤城尾山
五万図＝赤城尾山・土佐魚梁瀬

一目千本。千本山にはそれほど多くの杉が生えている。数だけでなく樹齢二百～三百年、幹周り五～八《メートル》級の巨樹がごろごろしている。大昔からあったのかもしれないが、少なくとも一七世紀には幕府や朝廷への貢献木として伐採が開始されたらしい。そのため土佐藩の御留山、御宝山として管理は厳しく、盗木や木材の越境を防ぐための山番所が周辺に置かれた。千本山のある高知県東部の馬路村魚梁瀬《やなせ》地区の魚梁瀬杉は秋田杉、吉野杉と並んで日本を代表する名杉として名高く、もちろん高知県の県木に指定されている。

登山口は、東洋町の国道五五号から県道安田東洋線に分かれ約一時間走った魚梁瀬から、さらに清流・西川に沿った千本山魚梁瀬線を四〇分ハンドルを握って着く。トイレと駐車場、森林管理署のきれいな案内板がある。昔、一帯で切り出した木は、少し下流から森林鉄道に積まれて魚梁瀬まで運ばれたが面影はなかった。軌道跡は屋久島のように残ってはおらず期待は外れた。走ってきた砂利道の西川林道に変わっていたのだった。

森林管理署が募っている魚梁瀬杉の保護協力金の箱に百円を入れて出発。吊り橋を渡るとさっそく

杉の巨樹が立ちはだかった。その名も「橋の大杉」。直径二メートル余、樹高五四・二メートル。千本山を守る門番を自負するような風格が漂っていた。

　真新しい木道を歩いてどんどん高度を稼いだ。国は大正七年（一九一八）、この山の杉を「学術参考保護林」に指定したが、杉以外にもモミ、ツガ、トガサワラ、コウヤマキ、ヒノキが見られた。ある専門家が千本山は実は杉だけの山ではなく「魚梁瀬六木」と、指摘している通りだった。現在、魚梁瀬杉は「林木遺伝資源保存林」に指定されている。

　斜面を登り切り緩やかな稜線に乗ると、杉の太さが増した。標高七二〇メートル、「親子杉」の巨樹は胸高の幹周りが六メートルもあった。目が大木に慣れてきて普通の森なら注意を引く木が目に止まらなくなった。ひと際、巨樹が増えた道の真ん中に「写真場」と記した札が立っていた。なるほど記念写真を収めるのにふさわしい場所に思えた。そばに「鉢巻き落とし」と書かれた板が杉にもたれかかっていた。木があまりに高く仰ぐと額に巻いた鉢巻きが落ちたと伝えられる。鉢巻きではないが帽子が落ちそうになってあわてて押さえた。

　見上げていた視線を元に戻し左右を見渡すと一瞬、自分が小人になったような錯覚に陥った。ほぼ

登山道に杉の巨樹が無数に並ぶ

傘杉堂の展望台から魚梁瀬ダムを望む

同等の大木の並木道が続いた。人工林でもここまで均整がとれていると森全体が調和して見え、常々抱いていた人工林への不愉快さが湧かなかった。目が眩むほど何度も上を見上げるうちに、杉の語源が「まっすぐ伸びた木」からきているということを思い出した。

千本山一帯は台風銀座で四国でも有数の多雨地帯だった。年平均降水量が三五〇〇ミリを越えているのだ。この水が千本山の木を伸ばし太らせているのだろう。

歩き出して約一時間で標高差三五〇メートルを登った。展望台があり東屋「傘杉堂」があり幹周り七・六メートルの杉があった。展望台からは車で通り過ぎた魚梁瀬ダムが青く見えていた。西日本一大きなロックフィルダムとして知られ無数の岩塊が台形状に積み上げられていた。かつての魚梁瀬集落が、その底に沈んでいた。馬路村にとって近代文化の使者だった森林鉄道もその湖底を走っていたことになる。千本山に生えた無数の杉の巨木は、ここから村の栄枯盛衰を見届けていたはずだった。

千本山の頂までは集材作業のため立入禁止の看板が立

っていた。しかし休日には作業をしていないだろうと自分勝手に判断して進むことにした。所々に「精英樹」とラベルの付いた木が現れた。成長の度合や樹の姿、材質が優れており、品種育成の目標となり種子を採取する木を指すのだそうだ。山頂を目指す登山者が少ないのか、極端に道幅が狭い。展望台まではいかに人が手を加えていたかを理解できた。しかし山腹を巻き、小さなコブを越しても杉の巨樹はどこまでも減らなかった。約二〇〇㌶に及ぶ巨大杉が宿った森の広さは尋常ではなかったのだ。

豊臣秀吉が京都方広寺《ほうこうじ》に大仏殿を建築するため全国から名木を選

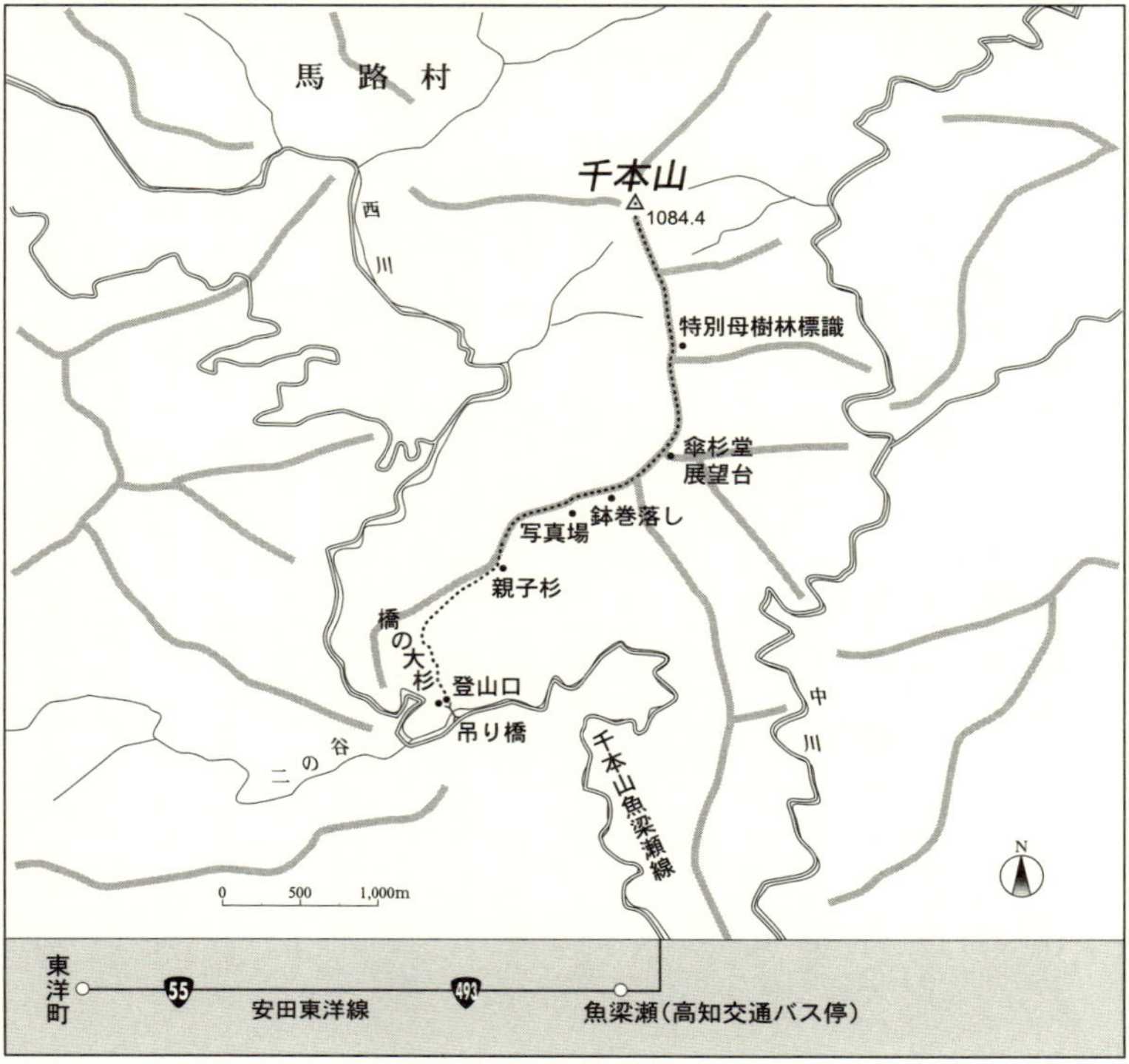

山頂の北側にのみ展望が効く

んだ際、九州材、木曽材、紀州材を押し退けて一位になったのが魚梁瀬杉だったことも納得できた。道の途中で頭上にワイヤーが張られていたが、伐採した木の運搬は予想通り休みだった。展望台までに見かけなかった看板が目に入った。「特別母樹林」と書いてある。旧農林省が指定していた。今まであちこちの山を歩いてきたが初めて合う立て札だった。

紅葉したカエデ、ヒメシャラもあり、思わず立ち止まってしまう秋色の光景があった。樹間からピークをとらえて間もなく平らな頂を踏んだ。三等三角点と周りに数本の標柱が倒れていた。

切り開かれた北側には徳島県境の海部《かいふ》山系が横たわっていた。千本山からも尾根伝いに辿れる馬路村の最高点・甚吉森《じんきちもり》の峰頭が右端に見えた。七年前には甚吉森から西又《にしまた》山まで縦走したが、その尾根もくっきり見え懐かしかった。横長の尾根がたわんで少し低くなった真ん中辺りに、西又山の北に位置する高ノ河《たかのこ》山のボサボサの頭がのぞいていた。地図はないが、高ノ河山から魚梁瀬ダムが望めたことを忘れていなかった。

魚梁瀬の名の由来は、この地に逃れた平家一族にちなんでいる。徳島の祖谷《いや》地方から数多の山を越え、甚吉森に立ったとき「この森は甚だ吉なり。山の下を住居としよう」と満足して山を下り、川に仕掛けて魚を採る梁を流してかかった所が魚梁瀬だったとされる。千本山にも平家伝説はあった。

帰路も同じ道を辿った。手入れが行き届いた杉林を眺めて、幾代にもわたって手塩にかけて保護されてきた森の美しさを記憶に刻まないわけにはいかなかった。手付かずの自然林の美が見直されている現代ではあるが、人が手をかけても山が美しくなる例があることを改めて教えられ、自分でも不思議なほど敬虔な心持ちになった。登山口に帰ったとき、もう一度、募金箱に一〇〇円玉を落とした。


（二〇〇一年一一月四日歩く）

コースタイム

登山口（一時間一〇分）傘杉堂（一時間）千本山（四五分）傘杉堂（四五分）登山口

登山口までの交通

ＪＲ徳島駅から牟岐線に乗り海部線で下車し、阿佐海岸鉄道に乗り換え甲浦まで行く。高知県交通バスで安田まで行き、魚梁瀬行に乗り換え終点まで。また甲浦からタクシーを利用する。

周辺の見どころ

馬路村の「ふるさとセンター」には、トロッコ列車が走った森林鉄道と木材運搬用に水力を利用したケーブルカー「インクライン」（斜度三四度、高低差五〇メートル）が改良復元されて展示され、どちらも観光用の乗車ができる。魚梁瀬ダム湖畔にはオートキャンプ場もある。

高知・南東部

野根山《のねやま》

九八三メートル

巨大杉が眠る街道、
室戸半島の背骨の山稜

[地形図] 二・五万図＝奈半利・入木・名留川・甲浦
五万図＝奈半利・馬路

野根山は、高知県南東にある室戸《むろと》半島の背骨となった連山の一峰だ。最高峰ではないが、地図に山名と三角点が記されている。かつて峰筋に全長四四キロの野根山街道が走っていて、四国の登山愛好家の多くは野根山登頂と合わせて街道歩きを楽しんでいる。街道は、官道として養老二年（七一八）に開かれたとされ、明治三三年（一九〇〇）、道路が海岸線に通じるまで古代、中世、近世にわたり歴史の舞台になった。昭和五八年、廃道同前だった道は整備され遊歩道「四国の道」に生まれ変わった。土《つち》御門《みかど》上皇や紀貫之《きのつらゆき》も土佐入国の際、通ったといわれルートの途中には名所が点在している。また、奥深い地形が幸いして四国屈指の巨大スギの宝庫だ。

高知県室戸市佐喜浜《さきはま》町の国道五五号にある新佐喜浜大橋手前から右折し、芸東衛生組合方面へ向かう。その組合を過ぎ、佐喜浜川を渡って山の尾根の間を抜けると橋を渡らずに道なりに行く。あとはひたすら佐喜浜川に沿って走る。標高二六〇メートル地点で森林管理署がゲートを閉めている林道の手前に車を止めた。この辺りは「段」と呼ばれる地名で木地師の里だったという。

森林管理署が設けた古い登山案内標識を確かめて、黄色いゲートを越えて未舗装の林道に入る。一

天狗の大杉

キロごとに置かれたラベルを見ながら退屈な歩行を続けた。五キロ近く歩くと営林署の小屋とトイレがあった。周りは鬱蒼とした自然林が広がっていた。山の斜面をのぞいたが登山口ではないらしい。もう少し我慢して歩くと、数百メートル行った右斜面に山道と標識が現れた。腹拵えをしてさっそくスタートした。

　山道は森林管理署が森の巡視のため歩くのか、予想以上によく踏まれていた。歩き始めから自然林が広がり、幹周り五～七メートル級のスギも幾つか見え始めた。これらの大木を地元では「暴れ杉」と呼んでいる。幹の皮は荒くれ立ち、枝は自由奔放に曲がりくねって確かに人間が腕を振り回して暴れているみたいだ。手入れが行き届いていてすらりと延びたスギがいかにもこじんまりとして見えた。

　所々、道を掘り返していたのはイノシシの仕業だった。小さな道案内の板と赤テープに従ってジグザグに登行を重ね、約二〇分もたったころ「大杉　左へ」とあった。大杉とは「天狗の大杉」と名付けられたスギだろうか。事前に森林管理署などで調べたところ、一帯には高知県大豊町の「杉の大杉」（目通り二一〇メートル）に次ぐ四国第二位の巨大スギがあった。歩いて一分、涸れ沢が出てきて視線を上げ

街道があった野根山の尾根，中ほどが地蔵峠付近

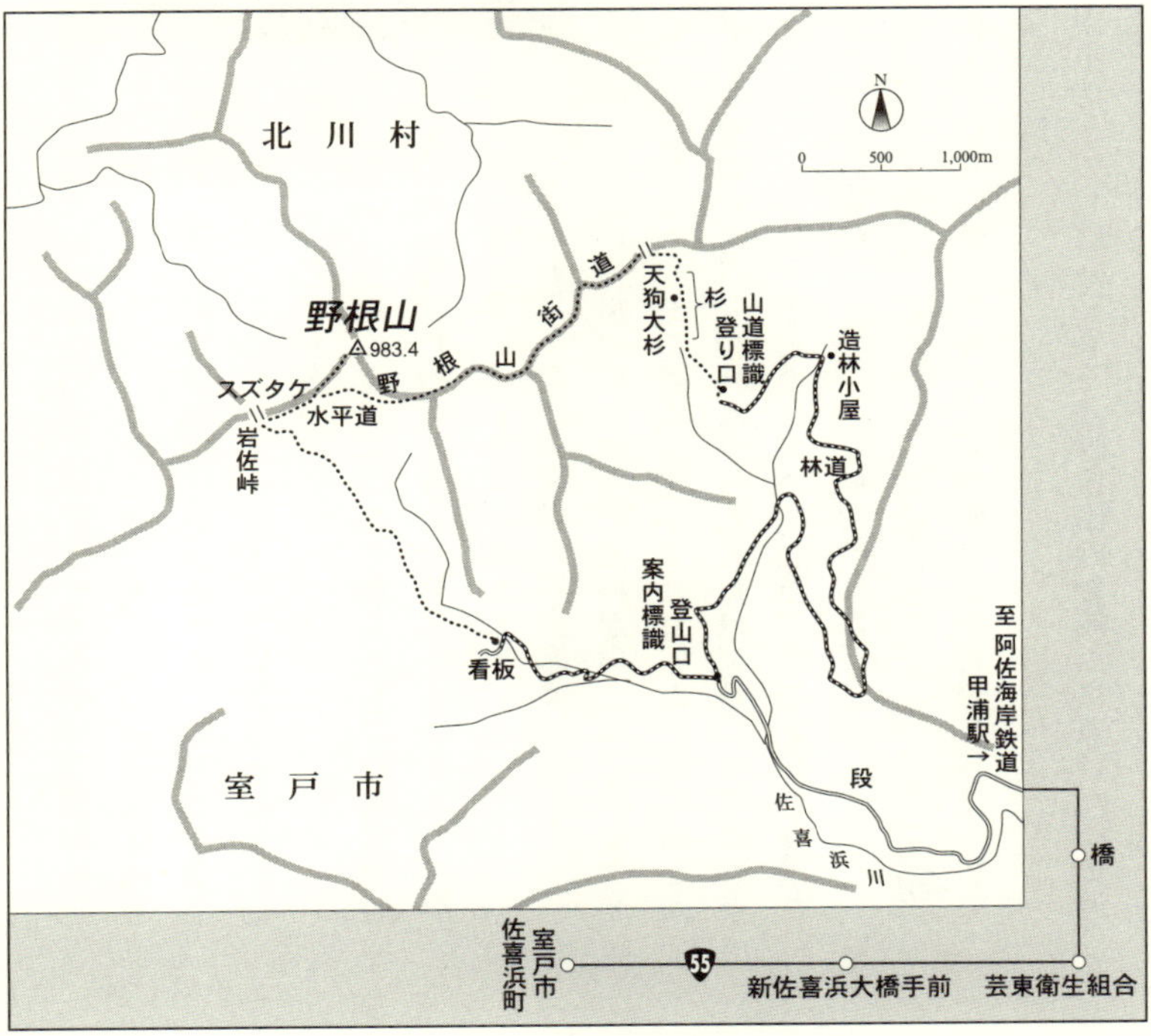

三角点があるだけの狭い山頂

ると明らかに周囲の木々より大きなスギが見えた。近付くと「これこそ天狗の大杉だ」と直感した。根は一つ、地上二《メートル》付近から二本の幹が直立して延びていた。地上約一《メートル》の幹周りを測ると約一二・五《メートル》もあった。

姿、形から建築材にならないとして拡大造林の的から外れたのだろう。全体が一本の幹なら世界遺産屋《や》久《く》島《しま》の森にある「縄文杉」に匹敵した風格があると思った。想像以上に立派で、震えた。

登山道沿いには次々に大杉が出てきた。ジグザグ道の曲がり角には必ずといっていいほど五《メートル》級または六、七《メートル》級のスギが立っていた。石垣のこん跡かと思わせる岩場を通過すると赤肌のヒメシャラがよく目立つ林になった。道は平坦になり間もなく野根山街道のある稜線に出た。尾根道を南に進み、少し上ると地蔵《じぞう》峠に達した。お地蔵様が安置されるまでは、一帯に多くある巨大スギにちなんで「千本峠」と呼ばれていたそうだ。

野根山街道はさすがに知名度も高く、四国の山好きなら一度は訪れた場所に違いない。ところが、最近はあまり歩かれていないようだった。例えば耕した畑に拳ほどの石や頭ほどの石がごろごろしているように見えた。

道はアップダウンを繰り返し、スズタケが出てきてしばらく歩くと野根山の分岐点に着いた。街道

山頂から霞む太平洋を望む

は野根山の南斜面を巻いていて山頂は通過しない。目印の赤テープがなければうっかり見逃しそうだった。山頂へのルートは街道と打って変わって踏み跡は薄く、人一人が通れるだけの道幅しかなかった。街道から山頂を往復する人は決して多くはないと感じられた。杉林を上り一度下った後、再び上り返した先にあった。狭い頂には三等三角点が埋まり木の枝に登頂記念のプレートがあった。一面ススキが生えた東斜面が陽光を受けて金色に輝いて見え、山並みの向こうには濃紺色の太平洋も望めた。巨樹の探訪や街道歩きだけでなく、山頂に立つとやはり達成感と来た道を振り返る楽しみが味わえた。

　元の道に戻って街道を歩き続けた。暗い人工林の林が続いて、道が水平になると標識とトイレがあった。ようやく野根山街道のほぼ中間地点に当たる岩佐《いわさ》峠に到着したのだ。標高は九二〇メートルもあるが、ここはかつての岩佐集落で七〇人を越す人

広場になりベンチがある岩佐峠

が住んでいた。「土佐三関所」の一つでもあり、参勤交代のときもこの峠に立ち寄り、藩主が泊まった御殿もあったという。村には明治三年（一八七〇）まで人が住んでいた。今も屋敷跡の石垣は至る所に残り、往時をしのばせる雰囲気が漂っている。佐喜浜へ下る分岐点の横には屋敷跡の広場があり、ベンチもあった。人が住むためには水も欠かせないが、近くには当時から使われていた水場が現存している。

　後鳥羽天皇の第一皇子土御門上皇は、承久《じょうきゅう》の乱に関与していなかったにもかかわらず自ら罪をきて土佐に下るときここを通ったという。上皇は土佐、阿波へと移ったことから「土佐院」「阿波院」の別称がある。

　岩佐峠から佐喜浜方面へ入った。この道にもイノシシの掘り返しが無数にあり、道はいつか崩れてしまうのではないかと心配した。下り始めてしばらく行くと涸れ沢を横切る道がほぼ消えかけていた。慎重に探しながら越すと、道は二股になり右へとった。さらに杉の人工林の中をどんどん下り、一度、水平道と交わった。テープが見えたのでかまわず直進した。間もなく樹間から林道が見えた。登山口には「野根山街道遊歩道入り口」と書かれた看板があった。しかし下りてきた道が果たして遊歩道と呼べるだろうかと思い返し、苦笑いした。
一服して、林道を一・五キロほど歩いた。午後三時すぎ、駐車した分岐に無事着いた。いつものように林道歩きの苦痛がこたえた。

（二〇〇一年一二月二三日歩く）

コースタイム

駐車地点（一時間）営林署小屋（一五分）登山口（二〇分）天狗の大杉（二五分）稜線（五分）地蔵峠（三〇分）野根山分岐（一五分）野根山（一〇分）野根山分岐（二〇分）岩佐峠（五〇分）林道（一五分）駐車地点

登山口までの交通

ＪＲ徳島駅から牟岐線に乗り海部駅で下車し、阿波海岸鉄道に乗り換えて甲南まで行く。そこからタクシーを利用して登山口まで。

周辺の見どころ

東洋町の生見海岸はサーファーの聖地とされ毎年、サーフィンの世界大会が開かれる。室戸岬には日本最大級の内部レンズ（直径二六メートル）を備えた灯台や、室戸の海洋深層水に関する資料館「アクアファーム」もある。また土佐の鯨史の紹介のほか鯨の骨格標本や鳴き声が聞かれる「鯨の郷鯨館」があり、Ｃ・Ｗ・ニコル氏が名誉館長を務める。

あとがき

山登りがブームになり、四国の山々でも西日本をはじめ全国各地の人の姿を頻繁に見かけるようになった。四国の山に人一倍、情熱がある僕にとってはとても嬉しいことだ。とりたてて郷土を誇る気持ちのない人にとっても決して嫌な気分は起きないだろう。ただ日本アルプスほどではないにしろ、山歩きをのほほんと楽しめる環境ではなくなりつつある。有名峰を中心に、全国で問題になっている駐車場の混雑や山肌の裸地化、トイレの悪臭・汚染問題も広がってきた。

しかし、それでも四国のわが山々に全国の岳人の心を魅了してほしいものだ。しかも単に頂を極めるのではなく、可憐な草花や巨樹が根付く豊かな自然植生、優れた景観、奥深い渓谷、人とのかかわりや特筆すべき歴史・遺物に気付かれることを願っている。

有名だから登る、百名山だから目指す、という発想を否定するわけではない。百名山の登頂は、山登りの楽しみ方の一つに過ぎないという事実に気付いてほしい。百名山でいうと、四国には西日本第一位の石鎚山、第二位の剣山があるわけだが、それに準ずる高さの瓶ヶ森、笹ヶ峰、ジロウギユウ、三嶺、一ノ森、天狗塚、手箱山、石立山などの山々も見どころは多い。それより低くても、ここに披露した山はいい山ばかりだと信じている。

山それぞれに個性があるわけだから「いい山」をこしらえ、特別扱いするのはおかしいが、この本ではマイカーが利用しやすく、登山道がほどよく整備され、四国の山を代表するといってもいいピークや連なりを選び、案内を兼ねる形で山旅の思いをつづった。ほかにもっと藪山や低山でいい山は多いが割愛せざるを得なかったことを断っておきたい。

自戒を込めていえば、四国の山の経験者には、行き飽きたと確信している山にもその山の個性を再発見する歩き方をしてほしい。四国以外の登山者は、まず四国の山に入ってほしい、頂に立ってほしい。

本書の中で大げさな表現があったり、僕の感動を押しつけたりする箇所がないとはいえないが、僕は山を紹介するとき、山の個性に精いっぱい光をあてたい。頂を往復して帰る途中、何か一つでも感動があった方がいい。ここに紹介した五十座余りの山々に大いに四国の山を語ってもらい、大勢の登山者に山の声に耳を傾けてほしいと願う。

ナカニシヤ出版の中西健夫社長は、筆者のこうした気持ちを理解して下さり、本書を世に出して下さった。編集者の林達三さんには編集、校正で迷惑の掛けどおしだった。深く感謝したい。さらに四国の山をよく知る重廣恒夫さんに「序文」をご執筆していただき、本書を引き立ててもらった。ここに記して謝意を表したい。

二〇〇二年四月一五日

尾野　益大

《交通機関の問い合わせ先》

徳島バス	088—622—1811	JR徳島駅	088—622—7935
徳島バス南部	0884—72—0004	JR阿波山川駅	0883—42—6453
四国交通	0883—72—2171	JR穴吹駅	0883—52—1202
コトデンバス	087—821—3033	JR阿波三加茂駅	0883—82—4454
伊予鉄バス	089—941—3574	JR池田駅	0883—72—0022
せとうちバス	0898—72—2211	JR阿南駅	0884—22—0147
高稜交通	0889—42—1705	宍喰駅	0884—76—3700
高知県交通バス	088—845—1607	JR高松駅	087—825—1701
高知東部交通	0887—35—3148	JR坂出駅	0877—46—2116
黒岩観光	0889—22—9225	JR松山駅	089—943—5101
嶺北観光自動車	0887—82—0199	JR伊予三島駅	0896—23—2070
宇和島バス	0895—22—2200	JR新居浜駅	0897—37—2717
阿佐海岸鉄道	0884—76—3701	JR宇和島駅	0895—22—0175
淡路交通	0799—52—0008	JR土佐山田駅	0887—52—2067
		JR高知駅	088—882—7101

《参考文献》

四国花の山へ行こう　徳島新聞社
四国百名山　山と溪谷社
南四国の自然　上村登編　六月社
山と林への招待　山中二男　高知新聞社
生きた植物図鑑　高知営林局
高知の森林　高知県緑の環境会議森林研究会編
高知市文化振興事業団
氷室の話　国道一九四号広域観光推進協議会
土佐の峠風土記　山崎清憲　高知新聞社
滑床の自然と探勝　大谷彰　松野町観光公社
山と信仰　石鎚山　森正史　佼成出版社
石鎚山気象遭難　小暮照　創風出版
石鎚連峰と面河渓　秋山英一編
いはつち文庫出版部
石鎚山系の自然と人文　愛媛新聞社
いしづち　松高山岳史　北川淳一郎編
四国山岳第一輯　朋文堂
大山・石鎚と西国修験道　宮家準編　名著出版
日本山嶽志　高頭式編　博文館

著者紹介

尾野　益大（おの・やすひろ）

1968年、徳島市出身。明治大学政経学部卒。

現在、徳島新聞社記者。

中学時代、郷土研究クラブに入ったのが縁で滝や峠巡りに熱中。高校時代は山岳部に所属した。大学生のときは中部山岳に足繁く通い、南アルプス甲斐駒ヶ岳の仙水小屋、七丈小屋などで小屋番を経験。帰郷後は四国、関西が活動の中心。無名の山から高い名峰まで目指すが、単なるピークハントに終わらせず、博物学的登山を追求している。父方の先祖が剣山の麓の山村・木屋平村の出で遺伝子に山恋の心があると自覚する。

著書に『徳島やま歩記』（1995年、近代文藝社）や共著に『四国百名山』（2000年、山と溪谷社）などがある
阿波あすなろ山の会、日本山岳会所属。

四国の山を歩く

2002年7月15日　初版第1刷発行　　定価はカバーに表示してあります

著　者　尾　野　益　大
発行者　中　西　健　夫
発行所　株式会社ナカニシヤ出版

〒606-8316　京都市左京区吉田二本松町2
電　話　075－751－1211
FAX　075－751－2665
振替口座　01030－0－13128番
URL　http://www.nakanishiya.co.jp/
Email　iihon-ippai@nakanishiya.co.jp

落丁・乱丁本はお取り替えします。

印刷・ファインワークス／製本・兼文堂／装幀・地図　竹内康之
ISBN4-88848-724-3-C0025

瀬戸内海
香川県
徳島県
高知県
紀伊水道
土佐湾
太平洋
小豆島
淡路島
瀬戸大橋線
瀬戸大橋
瀬戸中央自動車道
坂出IC
坂出市
坂出JCT
高松市
高松中央IC
高松西IC
徳島本線
丸亀市
飯野山
高松自動車道
豊浜町
大原野IC
川之江JCT
川之江東JCT
新宮IC
雲辺寺山
池田町
美馬町
美馬IC
脇町IC
井川池田IC
三加茂町
徳島自動車道
高徳本線
大滝山
神戸淡路鳴門自動車道
洲本市
淡路島南IC
福良
諭鶴羽山
鳴門市
鳴門JCT
袴腰山
徳島JCT
徳島市
小松島市
阿南市
矢筈山
高越山
寒峰
黒笠山
赤帽子山
三傍示山
丸石
剣山
三嶺
天狗塚
高城山
大座礼山
本山町
大豊IC
高知自動車道
白髪山
土大豊町
土佐矢筈山
石立山
槍戸山
霧越峠
牟岐線
讃本線
千本山
請ヶ峰
権田山
不入山
新九郎山
南国IC
南国市
安芸市
東洋町
野根山
安田町
佐喜浜
室戸市
0
50
100km